跑者之道

一趟追索日本跑步文化的旅程

亞德哈羅南德・芬恩 著　　游淑峰 譯

THE WAY OF THE RUNNER | A journey into the fabled world of Japanese running ADH ARANAND FINN

目錄

推薦序

跑步是種能跨越國家與種族的共同肢體語言

江湖跑堂國際馬拉松協會理事長
江彥良

回想十多年前，爲了到日本拓展業務，我在東京滯留了很長的一段時間，從申請登記公司設立、租賃工作室、面試社員、採購生財器具、辦理住民證，以至於和稅理士、法律顧問相談，從許多民生事務與待人接物上，都充份感受到臺灣、日本文化差異所帶來的巨大衝擊。最後，總算在文京區東京巨蛋附近落腳，開始了日本上班族的忙碌生活。

二〇一四年，東京馬拉松舉辦前夕的夜晚，我繞著西新宿的中央公園跑步，跑到街角遇見三位西裝筆挺的酒醉上班族，其中一位已醉倒在地，下一圈經過時只見他已完全躺平，另外兩位則不見蹤影，前方不遠處有一個小小的交番，每隔一陣子警察都會騎著腳踏車巡視，心裡想著，下一圈若他還躺在那，就去找警察來處理吧，等到再經過時，街角已不見人影，就像完全沒有發生過任何事情一樣。

日本人很有事，準時上班卻不能準時下班，下班後似乎又不能直接回家，前輩同僚邀約喝酒不能拒絕，通勤時間又長，好不容易回到家，隨意吃個茶泡飯，睡沒多久，又要出門上班了，周而復始，光是上班就累死人的民族，爲什麼會成爲亞洲最強、世界第三，實力僅次於肯亞和衣索比亞的跑步王國呢？

難道，日本人的身體和我們不一樣？還是他們有什麼特別的秘密？

一個人跑得好或許是特例，但是一群人跑得好絕對不是一件單純的事，跑步當然有科學的理論與方法，但是這些方法並不是秘密，全世界的體育先進國家也都有研究，但是爲什麼用同樣的方法，日本人卻可以跑得這麼好呢？

英國作家芬恩，青少年時期是越野賽跑選手，赴日前十公里的最佳成績是三十五分鐘，他和我們有著一樣的好奇心，想探究日本人爲何這麼有事，不同的是，我們只是想一想，上網查查資料，他卻採用了非常積極的方式，舉家遷居日本，爲的只是「想加入日本的驛傳隊」，就近觀察日本跑者到底發生了什麼事！

當我拿到《跑步之道：一趟追索日本跑步文化的旅程》中文書稿時，我被內容深深的吸引，當芬恩提到日本社會封閉、難溝通、很有事時，我總是會心一笑，哈哈，這就是日本啊，如果他們和英國或者和臺灣一樣，他們就不是日本了，芬恩並不是用想像力在寫激情浪漫的跑步小說，他想探究的是「日本人爲什麼會跑得這麼好」的眞實原因，而且，親身經歷去融入、去探究，現實生活中的日本跑步文化。

我們很難想像，芬恩到底擁有什麼樣的熱情，才能在探究肯亞跑者的奧秘後、又汲汲於追索日本的跑步之道，但我們可以翻開書本，追隨他的腳步，和他一起加入日本的驛傳隊，一步一步的揭開日本跑步訓練的神秘面紗。

對於日本各地的馬拉松，臺灣跑者無疑的相當的熱衷，因爲全世界最愛到日本跑馬拉松的外國人，就是臺灣人了，我常和日本的馬拉松大會負責人說，在跑步這件事情上，搞定臺灣就等於搞定半個地球，因爲臺灣跑者來日本跑步的人數，幾乎是日本海外跑者總數的一半。

然而，當我們談到日本的驛傳文化、實業跑團、選手訓練時，說眞的，除了參加過日本實業集團的臺灣馬拉松記錄保持人許績勝，以及曾經短期參與日本集訓的國手，我們幾乎是一無所知。

意志力眞的能夠決定一切嗎？堅實而刻苦的訓練眞的是跑者唯一的選擇嗎？日本人常說：「在日本，凸出的釘子會被敲平」但是爲什麼市民跑者——川內優輝卻如此特立獨行呢？

在寫這篇序的同時，我正在日本洽公，和臺灣跑者歐陽靖約在池袋喝下午茶時，她說，晚上要和日本的跑步社團去跑步，約跑時間是九點，地點在涉谷的錢湯，大家先集合換衣服，跑完步再回去洗澡、吃飯、喝酒，只是輕鬆跑五公里，算是社交性質的休閒跑步，平時大家都會各自練跑，跑量當然不只五公里而已。

在臺灣，跑步社團約跑晚上九點，只跑五公里，還在公共澡堂一起洗澡，這……大概是不可能發生的事情吧，不過對於日本的上班族而言，不這樣約，大概更難有機會揪伴同跑吧？在愈來愈重視保健與運動的未來，在全世界街頭都能有跑者在愉悅地奔跑，跑步也許是最能跨越

國家與種族的共同肢體語言吧！

十人十色百人百馬，日本的跑者並不是只有一種想法，跑步之道，自然也無法一言道盡，讓我們一起出發，一起品嘗這段追索日本跑步文化的旅程吧。

推薦序

非跑不可的理由

昭昀律師事務所律師　邱靖貽

如果被問到，你對跑步有熱情嗎？多有熱情呢？具體而言很難回答吧。那麼，換個方式問——你願意像作者亞德哈羅南德．芬恩一樣攜家帶眷、遠渡重洋，到肯亞、到日本去住一段時間，只為了探索「如何跑得更快」的秘訣嗎？我想幾乎所有人都會告訴我「不可能」。但芬恩做到了，還將他的經歷寫成兩本書，書中處處可見他對於跑步這件事的投入，雖然他在青少年時期曾經是英國越野賽跑選手，但他不當運動員也好長一段時間了，是什麼讓他對跑步難以割捨、無法忘懷？跑步究竟有什麼魔力？

芬恩說：「我常常發現自己會質疑自己跑步的理由。跑步是很辛苦、累人的，我的雙腿變得疲乏，有時，要從沙發或床上爬起來去跑步是很難的。沒有人逼我去跑，或者要求我去。也沒有人在意我跑，或者不跑，但我總是去跑。有某種東西促使我做這件事。」假如你也是一名跑者，讀到這裡應該會讓你會心一笑吧？我也是在不知不覺間對跑步越來越著迷，但真要說有什麼非跑不可的理由？這個問題同樣很難回答。

關於《跑者之道》，主角是日本跑者，堪稱是能與肯亞、衣索比亞跑者在速度上一較高下的一群人。比起手長腳長的肯亞、衣索比亞跑者，我們對日本跑者似乎感覺更熟悉，也和我們比較接近，但事實是，日本跑者的速度眞的飛快，就連我在東京皇居練跑時碰巧遇到的路人甲，同樣是以毫不含糊的速度在訓練著，以芬恩所舉的例子來說，二〇一三年在上尾市舉辦的半馬賽，冠軍是以六十二分三十六秒完賽，有十八人的成績低於六十三分，非常驚人。我和芬恩一樣好奇，爲什麼日本人跑得這麼快？以及想著同樣一件事：我也可以學著跑這麼快嗎？芬恩帶著讀者展開這趟探索之旅。

我不得不說實在非常佩服芬恩的勇氣和行動力，抱著「我想要加入日本的某個驛傳隊、近身觀察這支隊伍」的想法便來到日本，不過，沒有嘗試就沒有成果，跟跑步一樣，單純存在於腦袋裡的想像無法帶著你踏出任何實際的一步，所以當你決定了，那就前進吧！人生的趣味也就特別由那些無法完全按照計畫進行的部分所組成，如同大學男性選手所組成的箱根驛傳賽比職業的實業隊更受歡迎，即在於它的戲劇性與充滿驚奇。

自從芬恩在肯亞待了六個月後，回到英國打破他所有個人跑步紀錄，從五千公尺賽到馬拉松賽（看得我好心動，不知道我何時才有機會爲了提升跑步成績到肯亞住上六個月），他提到：「我在肯亞得到的啓發是，要更常跑，要將我在那裡見證到對於跑步的熱情與熱衷，引導到我自己的練習裡。」你可能會質疑，就這麼簡單嗎？如果要我來說，是的，但並沒有想像中那麼簡單，「要更常跑」不只是一直將跑量拉高，還要配合更有效率的練習，我自己也仍然在學習和摸索中。

在閱讀的過程中，芬恩會不斷讓你點頭稱是、恍然大悟或心有戚戚焉，他極為誠懇的將個人對於跑步的各項困擾和心得分享給讀者，包括他如何解決跟腱痛的問題、怎麼調整跑姿讓自己跑得更快……就好像你的跑團伙伴一樣親切。至於他在日本學到了什麼？他是否如願以償的在日本參加驛傳賽並親身感受到成為隊伍的一員所背負的「責任」？這部分就留給你們慢慢發掘吧，相信我，你們不會失望的。

在寫這篇推薦序之前不久，我去了新北市鐵道馬拉松接力賽現場加油，我看到一場馬拉松賽事的距離，由七個人接力完成，當然不是每個人都為了拿錦旗而來，有人只是為了享受和好朋友一起做完一件事的感動，但也有盡全力為隊伍排名衝刺著，絕不辜負其他隊友期盼的跑者，但無論如何，我看到跑回終點的大家臉上的各種神情，有面帶微笑的、如釋重負的、臉孔猙獰的、開心雀躍的，看起來沒有任何人後悔起了大清早來參加這場接力賽，因為你不光是完成你一個人的賽事，而是完成了整個團隊的賽事，缺少了誰都辦不到。雖然我自己並未參賽，但謝謝那天所有跑者們，讓我親眼看見了所謂「跑者之道」。希望我們在這條路上都能抱持著熱情繼續跑下去。

推薦序

基因VS文化：為何肯亞與日本人的長跑實力如此可怕？

教練 徐國峰

二〇一一年，前一百名馬拉松的跑者中，有六十六位來自肯亞，而且幾乎都來自同一種原住民——卡蘭津族，而卡蘭津族僅占全球人口的百分之〇點〇六。大多數人知道這種結果後，大都會直觀地認為：「那一定和基因有關。」

是否肯亞人，或更具體地說卡蘭津族人，擁有比世界其他地區的人更好的跑步基因。到目前為止，科學還無法對這項論點提出任何證明。亞尼斯・比茲萊迪司孜孜不倦地從事這項研究工作迄今至少十年，花了好幾個月的時間在埃爾多雷特莫伊大學的實驗室裡進行研究的十年之後，他表明自己無法找到一個單一基因或基因組是東非人獨有且可用來解釋他們傑出的跑步成就。

——摘自亞德哈羅南德・芬恩：《我在肯亞跑步的日子：揭開地球上最善跑民族的奧祕》

我在某次跟著尼可拉斯．羅曼諾夫博士巡迴演講時，有人問到同樣的問題：「肯亞人之所以獨霸世界長跑領域，是否因爲他們的基因特別好？」

長期以來一直有絡繹不絕的科學家去到肯亞進行研究，亞尼斯研究了十年也沒有發現任何肯亞人有任何獨特的基因，從來沒有人給過令人信服的答案。但羅曼諾夫博士竟然斷然說道：那跟基因或遺傳沒有關係，是因爲文化。

以目前一百、兩百公尺的世界紀錄保持人——博爾特（Usain Bolt）爲例，他是位身高一百九十六公分、爆發力十足的牙買加人。他的爆發力與彈跳力從小就十分驚人，在年輕時候就展現天分，十六歲拿下世界青年田徑錦標賽的兩百公尺金牌，成爲有始以來最年輕的金牌得主，也是首位兩百公尺跑進二十秒內的青少年選手。博爾特如果出生在美國，絕對不會成爲田徑短跑選手，他會去打籃球或美式足球。美國的籃球、美式足球因爲已成爲職業運動多年，文化根深蒂固，產業生態完整，資源衆多——說直白一點就是比較有前（錢）途。但田徑在美國就相對是弱勢運動。

牙買加則剛好相反，它們的短跑培訓和聯賽制度非常完整，累積了深厚的短跑文化。短跑選手也具有很崇高的社會地位，所以小孩子會把短跑選手當成偶像。因爲這樣的文化，把適合短跑的基因吸引在一起，互相刺激，牙買加才能一直在短跑項目領先全世界。二〇一四年以前，歷史上只有八十七人次在一百公尺跑進九點八五秒，其中牙買加就占了百分之六十四。

牙買加這個國家有一項爲全國頂尖短跑選手舉行的冠軍錦標賽，從一九一〇年延續至今（已超過百年），最終演變成爲該國每年最大的體育盛會。每屆比賽能夠吸引大約兩千名來自全國各地的短跑精英參加，而且門票早早就銷售一空。賽事激勵了很多牙買加孩子從五歲就開始參加短跑比賽。短跑選手是全國的英雄，在牙買加是最閃耀的運動明星，經常成爲媒體頭條與海報看板人物。牙買加國際機場就是以短跑名將諾曼·曼利的名字命名（Norman Manley International Airport），曼利曾在一九一二年奧運會一百和兩百公尺的比賽中有過上佳表現。

肯亞之所以能有如此多的頂尖長跑好手，也是因爲同樣的理由，本書的作者芬恩在《我在肯亞跑步的日子：揭開地球上最善跑民族的奧祕》這本書中提到，肯亞有數量龐大的長跑訓練營，只要想加入訓練營就必須離家，吃住都在裡面，教練要求必須全心投入。目的就是要跑者和外在的世界切割，擺脫家庭或親友的干擾。每個訓練營都有程度之分，十公里三十二分左右的都會待在同一個訓練營裡一起訓練，當你進步到三十分之後就會被要求進入到其他同等程度跑者的訓練營，只要你在這個訓練營中變成最強的，就必須到下一個同等級的訓練營中，教練不會說：你是我訓練出來的所以必須一直跟著我。他們知道選手要進步，就必須跟同等程度的跑者一起練。在肯亞，只要練出成績，就有機會出國比賽拿獎金，最強的跑者可以參加世界盃和奧運，拿牌後國家發送的獎金和福利將讓他們下半輩子都不愁吃穿。最重要的是他們退役後仍享有極高的社會地位，因爲長跑文化制度的完整，他們可以透過各種管道把自己的經驗、知識與訓練方傳承給年輕的跑者。

文化就像篩子，不同的篩子可以留下不同的基因，因爲牙買加文化篩出短跑好手，肯亞文化篩出長跑好手的例子，就像臺灣文化篩出許多棒球好手與世界級的數理人才一樣。臺灣人也有長跑好手的基因，只是我們無法把它篩出來訓練，就算幸運找到了，也沒有好的制度來栽培他，就算有制度了，因爲社會地位不高將來沒有前途，願意全心投入的人當然不會很多。

以日本爲例，我們都是黃皮膚，人種相近，但他們的長跑實力強過我們一大截，也曾出過馬拉松奧運冠軍。以馬拉松來說，日本的實力在全世界排名第三，僅次於肯亞和衣索匹亞。引用本書裡的一段話：「二〇一三年，沒有一位英國選手能在馬拉松賽中跑進兩小時十五分。在美國，有十二位男子選手跑出這項成績。但在日本，一個人口不到美國一半的國家，跑出這項成績的男子選手數是五十二人，超過美國的四倍。」而臺灣在那一年，沒有任何一位跑者跑出這個成績，應該說：只有一位跑者（許績勝），在日本創下兩小時十四分三十五秒的臺灣紀錄，而這項紀錄已經是二十多年前的事了（一九九五年二月五日）。

拿我們的十公里成績來跟日本相比時，結果一樣難堪。臺灣從沒有跑者在二十九分內跑完十公里，而日本，在同一所大學（青山學院），同一年中，就有十位大學生可以跑進二十九分以內（他們十人的最佳紀錄分別介於二十八分二十四秒到二十八分五十八秒之間）。也就是說，臺灣二十多年沒人可以打破的國家紀錄（二十九分十二秒），日本的其中一所大學裡就有十個人可以輕易打破。

我們的長跑成績跟日本相較起來，天差地遠。原因何在，當然不是基因，不是飲食、氣候這等次要因素，更不是訓練方法或運動科學，主因還是「文化與制度」。訓練法當然很重要，但沒有好的長跑文化爲基礎，再好的營養、環境、裝備或訓練法都沒用。文化與制度是關鍵。

作者芬恩之所以會寫這樣一本書，是因爲看到YouTube上的一段半馬終點線的影片，而對日本跑者興起濃厚的興趣，爲什麼這麼小的一個亞洲國家的跑步實力可以如此強大，甚至比所有的歐洲國家都強呢？

後來他發現，日本跑者之所以強，是因爲他們深厚的長跑文化與制度。他們的職業跑者數量也堪稱全世界之最。

但芬恩也提出質疑，爲什麼日本整體的跑步實力這麼強，卻沒有任何一項跑步的世界紀錄是由日本人保持的呢？

從其中一段駐日訓練的肯亞跑者和芬恩的對話中可以回答這個問題：

住在日本的肯亞跑者說：「訓練啊，不好。」

他一邊說，一邊搖頭：「這裡，他們都很愛運動員，實在令人驚訝。超越任何國家，比肯亞都愛。但訓練不好。」

「如果他們像肯亞那樣訓練，所有世界紀錄都會是日本的。」

在訓練的環節出了什麼錯呢？

「他們年紀太輕時，訓練太多，」他說：「我在奈洛比（肯亞的首都），一萬公尺的最好成績是二十八分五十二秒。在日本三年之後，只進步到二十八分三十二秒。我是今天跑最快的，但在兩天後，星期三，我得跑另外一區，再跑十七公里。然後的星期天，我還有一場大學的驛傳大賽。」

「在日本，二十五歲之前，跑步選手就完蛋了。他們在年輕時訓練太嚴，而且全都跑在柏油路上。」

讀完本書，我更深刻了解到日本長跑實力之所以強大，並非科學化訓練，當然更非日本人有異於其他國家的長跑基因，文化才是一個國家運動實力強盛的關鍵。如果沒有正向的跑步文化，不管基因或科學化訓練再好都沒有用。日本的訓練方法很傳統，而且存在許多土法煉鋼的缺失，正如作者所見，日本訓練跑者的方式過於霸道與不夠科學，這的確會縮短跑者的運動生命，也限制了日本跑者的成就，但跑步在日本不只是爲了健康與成績，而是一種鍛鍊靈魂的技藝，更是一種修練自己成爲圓滿之人的道途。也許日本人內裡所追求的並非實質的成績，而是「道」的境界。跑步只是橋，也許金牌並非最終目的，和諧與圓滿才是。

推薦序

驛傳精神——日本長跑文化的根源

臺灣驛傳促進同好會[1]召集人 張烽益

「驛傳」二字，日文爲「駅伝」，起源於中國唐朝，各地爲了將訊息信件以最短的速度讓皇帝得知，因此在各地設置許多驛站，備有快馬交替傳送信件，一站一站傳接下去到京城，這制度在唐代傳到了日本。

日語與臺語都遵循古義用「走」來代表跑步。東漢許慎在《說文解字》當中說：「走，趨也。」清朝的段玉裁引《釋名》說：「徐行曰步，疾行曰趨，疾趨曰走。」由上面解說，來看「東京箱根間往復大學駅伝競走」這段漢字，雖然是日文，但是卻能完全從字面上理解，這是一場從東京到箱根之間來回，以一站一站接力的方式，所進行的路跑賽。而「東京箱根間往復大學駅伝競走」，就是從一九二〇年就開始，每年舉辦的「箱根駅伝」的全名，而這也是

1 臺灣驛傳促進同好會，是成立於二〇一二年的網路社團，每年一月中，都會舉行箱根驛傳的欣賞討論會。希望能推廣驛傳精神，逐步推動臺灣舉辦驛傳賽，透過驛傳的舉辦，磨鍊臺灣青年的堅定意志與團隊榮譽。其網址為：www.facebook.com/EKIDENTAIWAN

吸引本書作者亞德哈羅南德‧芬恩在完成《我在肯亞跑步的日子：揭開地球上最善跑民族的奧祕》，揭密肯亞跑者爲何能在近年來稱霸長跑跑壇之後，再度不遠千里，從英國到日本探究跑步文化最核心的根源——驛傳與其精神。

日本的驚人長跑實力，讓作者芬恩大感吃驚。這也難怪，因爲除了東非的肯亞、衣索匹亞之外，對他而言，日本是另一個謎樣的國家。因此，作者芬恩爲了體驗驛傳精神，以第一人稱的日記式寫法，記錄了他爲了親身體驗與見證的日本「驛傳競走」，想盡辦法加入日本的實業團或大學的驛傳隊，參與訓練，以取得第一手資料。在不得其門而入之下，作者先斬後奏，趕在日本一系列的驛傳競賽舉行前夕，七月間，向公司請長假，房子也出租出去了，全家四口很驚奇的走陸路，先搭長途火車從英國到俄羅斯，再從海參威搭船到日本，移居京都，進行爲期六個月人類學式的參與觀察。

對作者芬恩而言，「箱根驛傳」就像一個黑洞，吸噬榨乾了日本中長距離青年學生選手的所有能量。從高校時期，就被過度期待，連體格與天分明明適合跑中距離一千五公尺的選手，也被整個社會氛圍與期待，被引導成爲長跑選手。因此，日本學生的長跑實力，被高度期待能夠在進大學後，立即就在「箱根驛傳」舞臺上，大放光芒，因此高校生被施以嚴格近乎體罰式的嚴格管教與訓練。作者不時在書中，將日本與英國甚至東非對比，他認爲在日本不光是高中生，連大學生的訓練都是揠苗助長。

這也難怪，因爲日本高一學生的五千公尺記錄，在二〇一四年，首度由遠藤日向跑進十三分台（十三分五十八秒），日本高校生記錄則是佐藤秀和的十三分三十九秒，反觀，我國全國紀錄則是吳文騫的十三分五十四秒，而臺灣歷史上也僅有吳文騫一人跑進十三分台。也就是說，當前日本頂尖高中一年級學生的長跑實力，已經可以稱霸臺灣，更遑論大學生。

當然，透過一個英國人的眼光，進入異文化的日本，其文化震撼後所觸覺到的細微差異，可能是我們所忽略的。例如：作者認爲，日本人在家居生活上，少坐椅子，大都跪坐在榻榻米上，以及西方人難以挑戰的蹲式馬桶蹲法，作者都嚴格地加以分析，認爲可能有運動生理學上的影響，提升了日本人的天生長跑能力。

不過，日本人的驚人長跑實力，絕非體格上的生物性特異功能，毋寧說是社會性的集體產物，其結晶就是「驛傳」。爲了一窺驛傳精神，作者想方設法，以近乎耍賴的方式，觀察日本的驛傳競走，從國小、國中、高中、大學，再到實業團與社區，鑲嵌於整體社會組織當中的龐大體系。

首先，他參加所居住社區居民所組成的驛傳隊，並參加社區比賽，進而結識京都立命館大學男子陸上部教練，並見證了該校在全日本大學驛傳的分區預賽慘遭淘汰，這些年輕的大學生與教練，如何面對來自校友、家長、同校同學與校方等人的強大同儕團體壓力。

後來，作者又成功混進，前來日本參加「出雲驛傳」的美國長春藤聯盟大學代表隊，反正日本人也分不清英國人與美國人，讓主辦單位以爲他是隊員之一，得以第一手記錄這些首度踏上日本土地的美國選手，對日本社會，竟對長跑選手如此熱情與狂熱，感到不可思議與無法理解。

更幸運的是，作者竟然與日清食品實業團陸上部搭上了線，並與陣中的超級巨星佐藤優基、村澤明伸與衆肯亞好手共同訓練，當然他只跟的上前五公里，不過因此訓練機會，作者與曾到美國受訓通曉英語的村澤明伸成爲好友，探究到日本頂尖職業選手的內心世界。本書最後的高潮，是作者以新聞記者身分，到東京實際觀察了從一九二〇年就開始的，目前每年固定在一月二日、三日舉行的「箱根驛傳」，其距離橫跨東京與箱根，來回約兩百一十七公里，共十區間的比賽。這是一場電視直播收視率高達百分之三十，沿途現場加油民衆超過百萬的嘉年華會賽事，但也毋寧說這根本是一場集體狂歡的祭典。能夠站上箱根賽道的兩百名各關東地區的大學選手，幾乎是日本青年長跑選手菁英中的菁英，但也是這些大學選手承受巨大社會集體壓力的精神考驗。

日本的驛傳精神所蘊含的團隊榮譽至上集體主義，作者芬恩認爲它把年輕選手心中的可能的小宇宙壓得透不過氣，進而摧毀，特別是傳統教練的權威與軍隊式管教方式，一直主導著日本的馬拉松界，導致日本近年來在奧運馬拉松沒有突破的表現。他親身觀察的二〇一四年第九十屆的箱根驛傳，由以作風開明著稱的年輕教練酒井俊幸所領軍的東洋大學，擊敗以傳統家父長嚴厲訓練著稱的教練大八木弘明所領軍的駒澤大學。作者芬恩以此驗證他的想法，不過他可能沒想到在之後兩年的箱根驛傳，會由作風更開明自由，業務員出身的原晉教練，締造青山學院大學二連冠的霸業。

當然，順著這個脈絡，作者芬恩自然是絕對不會放過特立獨行於驛傳體系之外，目前任職於高中母校夜間部公務員的「市民跑者」川內優輝（全馬最佳成績爲兩小時〇八分十四秒，爲日本歷史上第十九名）。芬恩參與一場賽後記者會，當面問了川內幾個問題，之後川內又以電子郵件回覆了作者的詢問，更深入探討了日本驛傳體系的得失，川內並表達「我想要展現給前途看好的年輕跑者看，不需要教練，自由自在地跑是多麼有趣的事。」

以西方個人主義盛行，強調個人競爭的英雄主義社會環境，自然很難想像，日本這種強調爲團體榮譽犧牲個人的武士道社會傳統文化，更很難想像，連跑步如此個人化的運動，在日本的驛傳體系之下，能夠演變成如此集體化。

本書讓很多西方人，其實也包括大部分的臺灣人，揭密了日本的強調團隊榮譽的驛傳精神，在過去對於培養長跑選手，有著決定性的作用。但凡事都有一體兩面，過猶不及，也造成限制與危害。

以臺灣與日本驛傳體系關係最密切的許績勝教練而言，他在名古屋商科大學參加全日本大學驛傳奪得一區的區間賞，後來又進入佐川急便參加實業團驛傳的豐富經歷，使得我國馬拉松與一萬公尺全國紀錄，都是在他在日本期間締造的，就可知道在日本驛傳體系之下，會激勵出多大的潛能。

在本書中，作者芬恩在日本挖掘獨特屬日本特有的「跑步之道」，並描述日本的青年好手在驛傳體系之下如何成就與摧殘。當他回到英國後，參加了一場四人接力的的馬拉松賽，在驛傳精神的激勵/壓迫下，他跑出了個人最佳成績並奪得團體冠軍，甚至把隊名取作「Ekiden Man」（驛傳人），這個他引以爲傲的隊名。

推薦序

燃燒內心的路跑魂

立法委員
趙天麟

「十公里三十五分、半馬七十八分、全馬二小時五十五分」這在台灣足以排入百傑菁英跑者的成績，正是本書作者亞德哈羅南德．芬恩的個人最佳紀錄。令人感佩的是，這位路跑高手與愛好者，以田野調查的精神全家總動員，蹲點、採訪與體驗，繼把肯亞這馬拉松常勝軍民族的善跑奧秘介紹給世人後，再一次以更長的時間、兼具深度與廣度的採訪寫作，帶我們一窺日本全國為之熱血、長跑成績質量驚人的究竟。

「驛傳」，一個發源於江戶時代，信使往返帝國首都（京都）與江戶（東京）的代名詞，今是最受日本人重視與喜愛的路跑賽事，也就是俗稱的路跑「接力賽」。芬恩發現，驛傳賽事受重視的程度，超越了傳統田徑賽短程的項目，在長跑的領域，相較於全程或半程馬拉松，都有過之而無不及。除了日本新年元旦的「箱根驛傳」與「全日本實業團新年驛傳」，入秋十月份後的「出雲驛傳」、「全日本大學驛傳」；區域性的「九州驛傳」、「千葉驛傳」，乃至於參賽者年紀更輕的「全日本高中驛傳」，多是有超高收視率的國家電視台全程直播，同時還有成千上萬的現場加油觀眾。

對讀者來說最難得的是，芬恩用半年多的時間，或當觀衆、或當記者，甚至投入比賽，讓我們如臨現場，感受幾已內化爲日本文化一部分的賽事魅力與傲人成績。

優異的成績非限少數菁英，而是爲數衆多的參賽隊伍及選手（根據統計，光是二〇一四年的箱根驛傳，二十三所參賽學校皆有一萬公尺成績達二十八分內的選手，而台灣的一萬公尺全國紀錄保持是二十九分）。

舉家生活在日本期間的芬恩，鉅細靡遺地觀察了日本跑者的飲食、體態、跑姿，還有不同訓練風格教練的比較。除了大學校園驛傳隊，也採訪了社區、實業驛傳隊伍；在台灣頗受喜愛的「市民跑者」川內優輝，其採取自主訓練而非參加跑團的特色，還有略帶宗教傳奇色彩的「一千日跑一千次馬拉松」的比叡山僧侶，都是本書令人愛不釋手的篇章。

「十公里四十七分、半馬一百〇三分、全馬三小時五十九分」，相較於作者，我的成績是如此平庸，何以能爲此好書寫推薦序，或許，是因爲我是台灣國會第一位全馬立委的緣故吧？身爲路跑愛好者的我，用粉絲的心意推薦這本好書之餘，跟大家分享一個秘密：閱讀芬恩作品的同時，內心的路跑魂竟會無比燃燒，止不住想奮力狂奔的熱血！相信，各位會跟我一樣，突破個人最佳成績就在闔上書本的不久以後。

「開悟之前，砍柴，挑水；開悟之後，砍柴，挑水。」

——禪之諺語

00 前言

那是二〇〇一年二月。我站在日本本州西部一個名爲本鄉的小鎮學校圍牆旁，當時的我還有一點宿醉。

前一天晚上，我在那間學校教書的哥哥帶著我從倫敦直飛過來，去參加一場「裸祭」。包括無限量暢飲日本清酒、全身光溜溜，只和相撲選手一樣圍一條稱作 mawashi（相撲帶）的腰布，然後和其他約兩百名裝扮相似的男士們一起站在天寒地凍的夜裡，搶抓一條長長的布。當我們爭先恐後，奮力抓取那塊布時，神社的住持在我們身上潑灑冷冰冰的水。兩百個男人在黑夜裡又踢、又抓、又推擠數小時的混亂後，終於，謝天謝地，有個人成功抓到了那塊布，消失在通往神社的階梯上。

第二天早上，在一家全日本發行的報紙上，有一張衆人激烈混戰的照片，照片正中央恰好照到我慘白的後背。我可以辨認出那是我的背，因爲就在我處於頭昏腦脹、神智不清的酒醉狀態時，我請某個人幫我在背上寫了大大的「Flash」這個字。當時，不知何故，我腦中想到的是飛俠．哥頓（Flash Gordon）[1]。這位來自另一個星球的男人，在一群男士們的混戰中衝鋒陷陣。我們睡不到四小時，我哥哥再次起床。

「我要去跑一場驛傳，」他說：「想一起跑嗎？」當時我對驛傳完全沒概念，但在那天早上，我就算沒事，也不會去跑步。我曾經是個熱衷的跑者，然而在倫敦出版社辦公室工作多年的結果，已經把我養得又軟腳又癡肥。我那跑步的日子已經舉目遠望了。

「不了。」我說，一邊搔抓著我的頸背。

因此，他把我安排在學校圍牆旁邊，遞給我一件雨衣，避免被細雨淋濕，便逕自跑去加入他那一隊了。原來，「驛傳」（日文：駅伝競走；英文：Ekiden）是一種長程的接力賽。日本的每個市鎮似乎都會舉辦，而且每個人都以某種形式參加。如果他們自己不參賽，也會去會場幫忙維持秩序，或者至少走出門幫跑者加油打氣。

我站在圍牆邊，每當有人匆匆地從成排的雨傘下走過時，我就點頭、行禮，賽事的執行人員都穿著整套黃色雨衣。我身後，也就是校園裡，人群正聚集著。我透過欄杆，看見選手們身

1 飛俠哥頓：一九三四年在美國發行的科幻漫畫中的主角英雄人物。（本書中，阿拉伯數字編號的註釋為譯者註）

著短褲、背心，在濕漉漉的碎石地上下跳著，為比賽熱身。他們似乎大部分是高中生，但也有各種年齡層的男性和女性參賽者。他們整齊地排隊，待起跑槍聲響起，便魚貫跑出校園，進入鎮上。

我在空盪盪的路邊站著等的時候，雨水滲透了我單薄的鞋子，兩隻腳格外覺得冷。第一區的選手身上戴著一種叫做tasuki（接力襷）的肩帶，選手必須將這條肩帶沿途傳遞給後面的隊員；這就像田徑賽中的接力賽，短跑選手將棒子交給下一位隊員一樣。在某個時間點，比賽會從我面前再經過一次，我哥哥也在其中。

我決定來回走動，讓身體保暖。馬路對面一對年長的夫妻撐著配色協調的傘，偶爾往路的盡頭眺望。差不多一個小時後，終於看見了跑者的人影，他們沿著街道奔跑，夾道的人群向他們大喊，為他們加油。我哥哥出現時，因為身高六呎四吋（約一九三公分），顯得鶴立雞群，他的臉頰泛紅，雨水在他的眼裡打轉，當他悠閒地大步慢跑經過我前面時，還對我咧嘴微笑。

「加油，溫尼（Vinny）！」我大叫，突然間，我真希望自己也正和他們一起在路上跑著。那看起來好玩極了，比起呆呆地站在牆邊，雙手冰凍到插進胳肢窩裡有趣多了。我有個衝動，想甩掉我的外套，開始跑步。每當我發現自己在觀賽，而非參賽時，我就會有這種感覺，搞不懂自己為什麼不在跑步的隊伍中。這是一個如此親切友善的社區活動，整個小鎮都忙碌著參與，而我卻覺得被隔絕孤立在牆角。

多年之後，我終於再次有機會去日本加入一支隊伍、安排參加一場驛傳。而且這次我可是有備而來，減了十二公斤，迫不及待要出發了。

01 出發

我走進倫敦泰晤士河畔塔伍飯店（Tower Hotel）的旋轉門。那是二〇一三年倫敦馬拉松開跑的前幾天，一個溫暖和煦的四月早晨。我覺得我的雙腿非常有力，而且很有彈性。我已摩拳擦掌，躍躍欲試；而且，我還可以嗅出這間住了許多優秀運動員的飯店裡，空氣中流動著一股低聲嗡嗡的期待氣氛。

在門內的大理石迴旋樓梯旁，一小群人正熱烈地討論著。我認出其中一個人。是史蒂夫．克拉姆（Steve Cram）[1]，他是我孩提時期的跑步英雄。當然，他現在年紀長了，頭髮比較短，線條輪廓已不似全盛時期般英挺鮮明，但依然是我多年前在電視上看到的同一人：穿著黃色的背心，在跑道上呼嘯而過，追求世界紀錄。我繼續往前走，進了大廳。

我站在那裡，跑者一一走過。兩位身著羽絨外套的肯亞女子穿過人群，她們細如火柴棒的雙腿，彷彿會被外套的重量給壓彎。她們說話極度輕聲細語，讓人懷疑她們是否真的在交談。接待櫃臺旁，兩位荷蘭人則是開懷大笑，他們正在和一位圍著頭巾、帶著太陽眼鏡的人聊天。直到我聽到他的聲音，才認出那位是莫．法拉（Mo Farah）[2]。

自從十二年前，我垂頭喪氣地站在日本學校圍牆旁邊至今，中間發生了許多事。在此期間的某個時間點，我重新開始跑步。剛開始，我漸進地花了四十七分鐘跑十公里。有兩年的時間，這一直是我最好的成績。但慢慢地，我對跑步愈來愈認眞，我參加了跑步俱樂部，報名里程愈來愈長的賽事。然後，我千里迢迢搬去肯亞，和生長在東非裂谷傑出的卡蘭津族（Kalenjin）[3]跑者一起受訓。我去肯亞的部分原因是爲了增進跑步的能力，但同時還有另一個任務：去了解與挖掘圍繞著這些偉大跑者的祕密。我想知道他們是何方神聖？他們做了什麼？以及他們的動力來自哪裡？回國後，我寫了這本書：《我在肯亞跑步的日子：揭開地球上最善

1 史蒂夫．克拉姆：出生於一九六〇年，已退休的英國田徑選手，是中距離的跑步好手。
2 莫．法拉：出生於一九八三年，英國長跑好手，是目前奧運五千和一萬公尺紀錄保持人。
3 卡蘭津人：居住在肯亞裂谷地區的一個部族，人口將近五百萬人。

跑民族的奧祕》（*Running with the Kenyans: Discovering the Secrets of the Fastest People on Earth*）。

幾天後，在一群肯亞人和衣索比亞人之間，即將展開一場全世界最著名的城市馬拉松的冠軍爭奪賽。我也參賽了，落在他們後面，在滿身大汗的長長人龍中的某個點。我希望超越我最好的成績，突破二小時五十分。我爲此可是很努力訓練的，吃對的食物、買對的配備。但如今，我站在塔伍飯店的大廳感興趣倒不是自己或是肯亞人。今天，我注意的是日本人。

＊

日本很有事，外人不太容易看出來。說實在的，全世界每一場重要路跑賽的冠軍獎盃似乎都無止境的、一個接著一個的，被跑得飛快的肯亞人和衣索比亞人抱走了。沒有其他人插得進一腳。

但在東亞一群蕞爾小島上的人，他們至少奮力頑抗。二〇一三年，也就是本書故事的時間背景，全世界前一百名跑得最快的馬拉松選手之中，只有六位不是非洲人，而這六位的其中有五位是日本人*。

女子馬拉松的部分，二〇一三年的前一百名女子馬拉松選手之中，有十一位來自日本。顯然也是排名世界第三，僅次於肯亞和衣索比亞。

同一年，也就是二〇一二年倫敦奧運的第二年，沒有一位英國選手能在馬拉松賽中跑進兩小時十五分。在美國，有十二位男子選手跑出這項成績。但在日本，一個人口不到美國一半的國家，跑出這項成績的男子選手數是五十二人，超過美國的四倍。

再說到半程馬拉松，日本就更強了。二〇一三年十一月十七日早晨，日本上尾市舉辦了一場半馬賽。上尾市是東京這座向四面八方擴張的大都會裡，位於東京北邊的一個郊區小市鎮。成百上千的大學生排成一列，希望在隔年一月重要的箱根驛傳之前，吸引隊上教練的青睞。上尾市的半馬賽是各隊主要的熱身賽，但那天仍然有許多名列前茅的大學選手缺席；事實上，全日本好幾百位的專業路跑選手也沒有參賽。然而，看看當天YouTube上模糊影像**中的比賽結果，保證讓你瞠目結舌。

冠軍選手最後頂著鼻尖衝刺在五個跑道的終點線前，以六十二分三十六秒衝過終點線。這個成績算是很快的，但真正精采的是接下來的。如果你觀看世界上任何其他地方的頂尖比賽，前幾位跑者完賽時，他們身後通常是明亮的陽光。而且，他們通常還有時間換衣服、接受採訪、喝個水，做緩和操，然後才會有其他少數的跑者跑過終點。但在這裡卻完全不是那麼一回事。讓人驚訝的是，跑者幾乎是接二連三不斷湧進來。他們一個接著一個通過終點線，有時

* 我沒有把排名第七十五的法國選手 Abraham Kipprotich 算進去，因為他是在肯亞出生長大，只是在效力法國隊後更改了國籍；排名第八十七的卡達選手 Nicholas Kemboi 也是在肯亞出生長大的。（本書中，以符號「*」標示的註釋為作者自註）

** 參見 http://youtu.be/5THRBUH0MdY

候是一大群人，轉身向跑道敬禮，有些則跪癱在地上。每個人都看一眼手錶，每個人都跑得飛快。

在最後的統計裡，那天早上共有十八人以低於六十三分的成績完成比賽，而這僅僅是在這一場比賽裡。相較之下，二〇一三年一整年，全英國只有一個人跑出這樣的半馬成績。而在美國全年當中，也只有二十一人做得到。

上尾半馬賽得到第一百名的學生，以六十四分四十九秒完賽。這個成績足以讓他得到二〇一三年全英國半馬賽的第八名；若是在許多其他歐洲國家，他簡直可以榮登全國冠軍了。這實在是一種驚人的深厚跑步天份。

所以，日本很有事。我這本書的任務，就是要發現其中的祕密。

我的這份好奇心不僅因爲我是作家而誘發，同時也因爲我是跑者。在肯亞待了六個月之後，我回到英國，打破了所有的個人跑步紀錄，從五千公尺賽到馬拉松賽。有六個月的時間，我的成績扶搖直上，一舉打破十項個人紀錄。

但有兩年的期間，我呈現完全停滯狀態。我快四十歲了，忍不住忖想，就這樣了嗎？我已經過了自己全盛時期了嗎？是不是到了該放棄追求個人更好成績的熱勁、放棄對新紀錄汲汲營營的時候？是不是應該開始轉向較爲平靜的後全盛期之旅，享受單純的跑步之樂？在某方面，我是嚮往那種日子的，讓跑步成爲一種溫和的目的，不那麼絕決與執著，我只需單純地享受心跳，感覺清涼微風拂面，而不用煩惱訓練計畫、減量訓練和計時。

但我內在愛競爭的小妖精還渴望最後一次的歡呼。當然，二小時五十五分絕對不會是我最終的馬拉松成績吧？半程馬拉松跑七十八分鐘？成績尚可，但我確定自己可以跑得更快。我在肯亞學到了很多，但也許在日本學到的會有所不同。也許，我可以從那影像不甚清晰的 YouTube 鏡頭裡，那群天賦異稟的半馬好手身上，學到新的東西，某種使我更往前、跨出那最後的一步。我的發現之旅，就從倫敦的塔伍飯店展開。

*

有個男人向我走來，他潔白的牙齒在飯店大廳裡閃閃發亮。那是布萊登．賴利（Brendan Reilly）。每位跟我談到在日本跑步的人，都會提起他的名字，他似乎是日本孤立的跑步圈與外面世界連結的關鍵人物。他安排了一場與我和一位受敬重的日本教練河野匡的三方會議。河野負責訓練位於四國德島縣大塚製藥的驛傳隊，他有兩位運動員將要參加幾天後的倫敦馬拉松。

「哈囉，」賴利說：「你好嗎？」一個結實的，美國式的握手。

他帶我到飯店咖啡廳裡，在一張桌子旁坐下來。河野在那裡等著，他是有點年紀的人，一側靠著，看起來有些疲憊。我坐下時，他點了點頭打聲招呼。

「Hajimemashite，」我用我最好的日文跟他打招呼，意思是「很高興見到你。」他笑了。

「啊，Hajimemashite，」他也回說一句，很像是在玩某種遊戲。但是，我們只能講到這裡。我全部的日文臺詞已經講完了，所以我們只好切換到英文模式，由賴利來翻譯。

「我想加入一個驛傳隊，」我說：「你能幫我嗎？」

日本會提供入隊的長跑運動員薪水，這在全世界可謂絕無僅有。許多大公司如本田、柯尼卡美能達和豐田，都養了職業的路跑選手，他們一起集訓，然後在驛傳中競技。我的計畫是加入其中一隊，不是成爲參加比賽的選手——我跑得太慢——而是融入一個驛傳隊，就像一個戰地記者駐守在一個軍事單位。這似乎是一個近距離觀察運動員的絕佳方式，了解他們是如何運作的，去揭開日式跑步的祕密。然而事實證明，要找到一個願意接納我的驛傳隊，比我想像中的還困難。

我讀過一些報導，說這些職業的跑步選手在日本是偉大的運動明星。事實上，我是讀了一篇賴利在美國《跑步時報》（*Running Times*）雜誌裡寫的文章後，才第一次了解到，原來跑步在日本是一件大事。

「在大多數的日本城市，找一個晚上出門，和你的計程車司機或者壽司師傅聊聊天，」他寫道：「你將清楚知道有森裕子[4]、高橋尚子[5]和野口水木[6]都是國家的代表圖騰，家喻戶曉，就連對從來不運動的人也一樣。同樣地，贊助驛傳隊的企業員工則會像世界盃的球迷一樣熱情。一場全國驛傳的看臺就是一道貼滿企業顏色和標誌的彩虹，員工們身穿公司制服，聲嘶力竭地爲他們的選手打油打氣。」

他接著說：「在日本，馬拉松和驛傳的現場時況轉播，都有像在美國播報國家足球賽一樣的專家全盤技術分析，還有驚人詳細的數字與記錄。」然而，美國馬拉松賽轉播的收視率很少超過百分之一；在日本，一場重要的驛傳或馬拉松比賽如果收視率是百分之十，就很令人沮喪；某些運動員和賽事可以帶來像超級盃一樣超過百分之四十的收視率。」

大塚製藥就擁有一支實業驛傳隊（即職業驛傳隊），而我正和它的教練面對面坐著，我希望他會邀請我和他的團隊一起跑。我問的時候，他點了點頭；但那不是和我握過手，就接著安排抵達日期的那種肯定、明確的點頭。比較像是再觀望看看、不置可否的點頭。他說，他知道其他人可能可以協助我的工作。賴利也認識一些人，爲了這件事，我和他以電子郵件聯繫了好幾個月。他不斷告訴我的是：每件事都很好安排，只是選擇合適隊伍的問題。但驛傳季已經隱隱若現了，卻連一項具體的安排都沒有。

最後，賴利和河野只成爲我收藏的兩張名片。我沒有立刻回家，決定在飯店大廳流連一

4 有森裕子：出生於一九六六年，日本女子馬拉松的開拓者之一，曾獲得一九九二年巴賽隆納奧運馬拉松銀牌、一九九六年亞特蘭大奧運馬拉松銅牌。

5 高橋尚子：出生於一九七二年，日本著名馬拉松選手，曾獲得二〇〇〇年雪梨奧運馬拉松金牌。

6 野口水木：出生於一九七八年，日本著名馬拉松選手，曾獲得二〇〇四年雅典奧運馬拉松金牌。

陣，感受賽前的氣氛。靜靜坐在矮牆邊一些盆栽灌木旁的，是另一位日本男子。他正在看他的手機，但我注意到他會偶爾抬頭看我一眼，所以我走過去和他說話。

「嗨，」他說，一邊站起身說：「我看見你和河野先生說話。」他的英語講得很好。我告訴他，我想前往日本半年、體驗驛傳季的這個計畫。我告訴他，我想融入一支實業團隊時，他若有所思地點點頭。然而，當我說我也想和他們一起受訓時，他笑了。「不，不，不可能的。」他委婉地說，彷彿這是一個愚蠢的想法。

我告訴他，我曾在東非裂谷和頂尖的肯亞運動員一起跑，我相信我能應付日本的選手。但他只是繼續笑。「不，不可能，」他說。雖然他堅持認為我的計畫中的核心元素是不可能的，他仍大方說要幫我。他說，他和整個日本跑步圈都有聯繫，如果我遇到困難，可以打電話給他。他遞給我他的名片，他的名字是小串先生。

*

在接下來的幾個月中，賴利聯絡了他認識的每個人，還是無法為我找到團隊加入。但在六月底，我收到他的電子郵件，說他已經放棄了。

「雖然教練們普遍認為這是一個很棒的想法，但沒有人有進一步的熱情來接待你，或者讓你成為他們常規訓練的一份子，」他說：「他們不太願意作出任何承諾，讓你在一個較長的時間真正融入、就近觀察一支隊伍。」

他還率直地補充說：「他們（日本）有時可是令人惱火的封閉社會，你不幸就遇到了。」

但那個時候，我的房子已經出租，我的上司已經同意給我六個月的時間完成採訪，我孩子的學校也已經安排好，讓他們可以請假跟著我。驛傳季將於九月開始，只剩短短幾個月了，而且一直持續到隔年二月。如果我要見證驛傳，必須立刻啓程。因此，就這樣，在什麼都沒預先安排好的情況下，一個陽光燦爛的七月星期一早晨，我們搭上火車，出發前往日本……

02 從英國走陸路到日本

莫斯科的高爾基公園（Gorky Park）擠滿了擺好姿勢準備照相的男男女女。我們排隊等著租借腳踏車，八月的太陽正慢烤我的後背。我忘了塗一些防曬油，也沒戴帽子，但我不敢走開。我已經排了四十分鐘，我的小孩都靠在我的腳上。

莫斯科河的對岸，正在舉行世界女子馬拉松賽。我很想去看看，但我已答應小孩要幫他們租車。終於，我們排到了最前面。用英文書寫的告示上寫著，觀光客必須拿出他們的護照，所以我把護照交給了坐在櫃子上的男子。他連看都沒看我一眼，便搖搖頭，然後看著我身後的下一位客人，問他們需要什麼。

「護照，」我說。也許他沒看到。我把護照舉起來，以便讓他看清楚一點。

「外國人不行，」他語畢，便繼續理會後面那位客人。

我簡直就要變成巴西爾・富爾提（Basil Fawlty）[1]了。外國人不行？這裡到處立著的告示都是用英文寫的：「Welcome to Gorkey Park Cycle Hire」（歡迎來到高爾基公園單車租借處）之類的。是誰立了這些牌子？我帶了三個小孩，我們已在俄羅斯的大太陽底下排隊排了一小時。而且，我還錯過了馬拉松。

「規定改了，」他一邊說，一邊瞇著眼睛看著我，彷彿很驚訝我竟然還在那兒。

所以我們悻悻然走開了，嘴裡咒罵著。「怎麼了？」小孩問我，他們不懂爲什麼沒看到腳踏車：「爲什麼我們不能租腳踏車？」

*

我讓太太梅瑞爾塔帶小孩去買冰淇淋，而我在人群中穿梭前進，去看馬拉松。如果我動作夠快，或許還來得及追上領先群最後跑過的時間。要過莫斯科河，可以走一座大型的行人專用橋。我急忙跑上階梯，相機掛在脖子上甩晃著，我的襯衫汗水淋漓。現在溫度是攝氏二十七度，我不知道他們怎麼有能耐在那裡跑馬拉松。

橋上擠滿了要去公園的人。到處可見修長的的赤腳雙腿；在下面一個河邊酒吧，女士們都

1 巴西爾・富爾提：英國一九七〇年代一齣喜劇《非常大酒店》（*Fawlty Tower*）中的主角人物，後來成為喜劇人物的象徵。

裸露著上半身做日光浴。空氣裡瀰漫著令人目眩的富足與無政府的混合氣氛。有點像是《慾望城市》（*Sex in the City*）[2]遇見《衝鋒飛車隊》（*Mad Max*）[3]。橋上，兩個女人神態自若地走在撐住橋的巨大拱形鋼梁頂上；似乎沒有人注意她們，彷彿這是件稀鬆平常的事。在拱橋頂上，她們坐下來欣賞風景，她們的長裙被風吹到身後。

然後，我離開了橋。走下鋼材階梯，回到街上。路上有交通管制，在河的這一邊，四下非常安靜。一組水管在空地上噴灑著水柱，一些人則耐心地靠在橋下陰影處的欄杆上。

在一個小涼亭裡，幾位電視臺技術人員正坐在一堆電子儀器和一個電視螢幕之間。螢幕裡是一小群跑者，領先的是一位義大利女子。她後面的是常見的角色：一位肯亞跑者、一位衣索比亞跑者和兩位日本跑者。

我靜靜地看著螢幕，口好渴。站在那裡時，我聽到遠處傳來直升機螺旋槳轉動的聲音，它必然正追蹤著跑者。河的對岸，公園人聲鼎沸。

突然間，兩名日本女子好像是從洞裡跳出來似地，出現在我身後。她們都穿著日本國家田徑代表隊的衣服，正興奮地交談，她們焦急地看著路的盡頭，直升機的方向。我注意到對街有幾個人已將日本國旗披在欄杆上。當跑者一出現，她們便開始高聲加油。五位參賽女子經過時，我這一側的日本女子向她們的隊友一邊跳，一邊大叫。

「Gambare, Gambare,（加油，加油，）」她們離開前這麼叫著，大概要去路跑路線另一個地點，追上這些選手。

*

經由陸路前往日本，是我太太的主意。我帶著家人去肯亞六個月後，我聽到數不清的評語，說梅瑞爾塔多麼善解人意。他們半開玩笑地說，如果他們向另一半提出這種想法，可能會在一個小時內收到離婚協議書。然而，他們不知道的是，梅瑞爾塔是天生的冒險家，她可說是興高采烈地前往肯亞。

一開始，日本並未具有同樣的吸引力，也許是這點子還不夠瘋狂。直到她想到走陸路的計畫，才開始全面熱衷起來。

「搭飛機好奇怪，」她說：「你從地球的某個地方被抬起來，然後在另一個天差地遠的環境和時區被倒下來。這對身體系統衝擊太大，而且你對兩地中間的時空和世界完全一無所知。」

她辯解說，經由陸路穿越世界是比較自然的。而且，孩子們喜歡搭火車，一定很有趣。想

2 《慾望城市》：一九九八至二〇〇四年播放的美國影集。
3 《衝瘋飛車隊》：此系列最早為一九七九年的澳洲電影，後來於一九八一年、一九八五年與二〇一五年分別上映續集。二〇一五年最新的續集在臺上映時，片名為《瘋狂麥斯：憤怒道》，屬於末日幻想動作片。

一想我們沿途將拜訪多少地方！

我緊張地看著她。想到要帶著三個小孩旅行九千哩（約一萬五千公里），我也想要像她這麼興奮，但這個想法只讓我充滿了不知所措的恐慌。

*

就這樣，一個七月底的星期一早晨，我的手心還冒著汗，就搭上了九點零六分，從德文郡（Devon）的蒂弗頓百匯（Tiverton Parkway）出發的火車，前往日本的京都。

我們規劃的路線是走波羅的海北邊，經過丹麥、瑞典和芬蘭。斯堪第納維亞半島是帶小孩旅行的好地方。當我們從芬蘭西南部的圖爾庫（Turku）搭車到首都赫爾辛基，售票處的女士注意到我帶著小孩。她問我：「你需要靠近遊戲室的座位嗎？」那裡有溜滑梯、可以騎坐的玩具火車，還有一個小圖書館。這段旅途，時間過得很快。

但是一到俄羅斯，情況就改觀了。我們抵達莫斯科不到一分鐘，根本還沒離開車站，我最小的女兒烏瑪（Uma）就看著我說：「爹地，我覺得我比較喜歡芬蘭。」

我不想急著下結論，但我知道她的意思。

我們的預感在接下來的幾個星期得到了證實。在俄羅斯，親切的服務似乎是一種陌生的概念。在這裡，不論是在咖啡廳或火車上，大部分的員工顯然都有一種共同的認知：客戶就是不需要理會的，如果他們堅持不識相，就對他們慪氣地聳個肩。

很幸運地，我們抵達莫斯科時恰巧遇到世界田徑錦標賽的賽事進城。大部分的市民似乎對賽事渾然不覺，雖然我也是在幾處公車候車亭看見幾張尤塞恩·博爾特（Usain Bolt）[4]的海報，才知道這項消息。

結果，從一個專訪上看來，博爾特本人對這個城市的好感也沒比烏瑪多：「他們（俄羅斯人）並不常笑。」

看完女子馬拉松賽——比賽結果，兩位日本跑者得到了第三和第四名——我與家人在高爾基公園重新會合。當我發現他們在塵土飛揚的遊戲場上痴痴地等時，太陽的威力已經減弱一些。他們眞幸運，我還有另一個節目等著——當晚在盧日尼基體育場（Luzhniki Stadium）觀看田徑賽。

雖然有博爾特現身參加一百公尺比賽的加持，體育場的一半還是空盪盪的。我們發現身旁坐著從英格蘭貝辛斯多克（Basingstoke）和卓特咸（Cheltenham）來的英國人，手上正揮舞著旗子。聽到他們熟悉的口音抱怨俄羅斯的服務，某種程度眞是一種安慰。

我們前面坐著一對俄羅斯的長者，看起來像是從某個窮鄉僻壤來的，一些乾草還黏在他們

4 尤塞恩·博爾特：出生於一九八六年，牙買加短跑選手，也是男子一百公尺、兩百公尺和四百公尺接力的世界紀錄保持人。

的襯衫上。我喜歡田徑賽如此吸引人們。這是一種打自心裡的老式運動，雖然多了一些光鮮亮麗的運動明星。

今晚的大賽是男子一萬公尺項目。我和每個人一樣興奮，期待看英國的奧運冠軍選手莫·法拉與肯亞和衣索比亞的高手同場競技。撐場的還有其他歐洲和幾位日本選手。雖然日本人的跑步實力不容小覷，但他們在田徑上場上的紀錄並不怎麼光采；看見三位日籍跑者在比賽步伐加快後便開始落在領先群後面，也就不足為奇。

法拉操弄全場，他起初跑在後面一陣子，後來才追上，並在最後輕鬆贏了比賽。比賽結束後，我衝到跑道邊，趕上他勝利的繞場；我到的時候，剛好他的教練阿爾貝托·薩拉扎（Alberto Salazar）[5]也剛好到場向他道賀。他們相擁微笑後，薩拉扎經過我身邊。

「表現得很精采，」我跟薩拉扎說。他是全世界最厲害的教練之一。和在二〇一二年奧運贏得兩面金牌的法拉一樣，薩拉扎指導的另外一位美籍選手蓋倫·魯普（Galen Rupp）[6]也在倫敦奧運獲得銀牌，他今晚則獲得第四名。如果有人想要向世界證明肯亞和衣索比亞跑者是可以被擊敗的，他就是這個人。

「謝謝。」他說完，便走開了。

＊

打從我們計畫由陸路去日本，一直讓我感到胃絞痛的，就是從莫斯科到海參崴這一段長達七天的跨西伯利亞鐵路之旅。

這段旅程是從一個晴好的星期天早上開始。全家人帶著成堆如山的行李，在月臺上散慢地地走來走去。等到火車緩緩進了月臺，我們爬上火車，找到我們的車廂，和大家一起依序在狹窄的走道上推行李。很多人在外面擦拭窗戶。畢竟，這段旅程之所以引人的一部分，就是在火車的軋軋前進聲中，坐著看窗外景物的變化；但窗戶上卻有一層厚厚的污垢。梅瑞爾塔翻出幾條毛巾，找到我們的車窗，也加入了清潔大作戰的行列。

幾分鐘後，她被列車員催上車，我們出發了。列車緩緩駛離莫斯科，經過許多木造的房子和暗灰的公寓街廓，接著經過一個個小村莊、一望無際的樹林，經過白天、經過黑夜、爬上烏拉山，然後進入西伯利亞。鐵道兩旁的鄉村景色出奇地美，充滿了童話世界裡的小房子，有尖尖的屋頂，花園裡有木頭圍起來的井。

俄羅斯人通常很訝異觀光客因爲好玩而選擇搭乘這條鐵路。對他們而言，這條鐵路只有

---

5 阿爾貝托．薩拉扎：出生於一九五八年，古巴出生的美國教練，也是前長跑好手。於二〇一三年獲得IAAF（國際田徑總會）頒發教練成就獎，目前是位於美國波特蘭 Nike Oregon Project 的總教練。

6 蓋倫．魯普：出生於一九八六年，美國長跑好手，於二〇一二倫敦奧運獲得一萬公尺項目銀牌，目前跟著薩拉扎受訓。

運輸功能，沒有其他的價值。火車上的情況當然是可以忽略的。在我們的列車上，車廂裡有霉味、浴室裡只有骯髒的金屬製馬桶和洗手臺，而餐車裡都是拼湊的木桌和褪色的窗簾。乘客大部分是德國觀光客，或是眼神哀怨的俄羅斯醉漢。當我們來到餐車時，服務生拿給我們一份菜單，上面有好幾頁寫著堂皇菜名的佳餚，但幾乎全部都無法點。「羅宋湯，」她說，顯然意思是：「就這樣，不然就沒了」。

我們在中途的伊爾庫斯克（Irkutsk）停留兩天，坐在全世界最深的貝加爾湖畔吃冰淇淋、打水漂，重新搭火車時，發現自己搭上了一列更古老、更破舊的火車。車廂裡的空氣悶熱，煙霧繚繞；更令人驚嚇的是，我們發現窗戶是密閉、不能開啓的。當火車隆隆駛離車站，我脫了上衣，滿身大汗，想趕快鋪床休息。我幾乎是立刻開始倒數抵達海參崴還有幾小時。

接下來的三天，我靠著打開我們與隔壁車廂的門，讓殘存的空氣從狹小的空隙散出去，但總是有人又把門給關起來。這三天，我們把自己埋起來，把門關著，以保護我們車廂裡乾淨的空氣，然後整天一起看書、下棋、看影片。這對我的日本跑步探險之旅來說，實在不是理想的準備行程。除了在哥本哈根時，我固定在阿邁厄島（Amager）附近跑步之外，整個旅程我都無法安排適合的訓練。當我離家旅行時，我通常很享受跑步的時光，把它當成一種探索新世界的方式；但是這次的旅程中，沒被關在車廂裡的時候，我們得先做其他的事，例如找東西吃，或者找地方睡。

最後一天，火車在熱烘烘的西伯利亞針葉林中嘎的一聲完全停下來時，我覺得自己終於要發狂了。隨著時間分秒過去，想到有可能錯過渡輪而困在海參崴，就足以讓我急得想咬床欄。幸好，小孩現在已經不得不習慣這裡的煙霧繚繞，開心地在走道上跑來跑去，和其他小孩玩起來了。

最後，就在我覺得無法繼續忍受的時候，火車抽動了一下，活了起來，繼續緩慢地爬行過世界。

第二天早上，我們都興奮極了，終於可以搭上韓國渡輪，離開俄羅斯。當渡輪啓航，駛離海參崴時，新鮮空氣吹拂過我們的臉龐；在溫暖的太陽下，我們感覺好像重新能夠呼吸。經過兩天平順的航行，我們抵達了日本。

03 抵達京都

我們搭乘子彈列車前往京都，這是我們旅途的最後一站。車廂裡寬敞得像飛機客艙，座位是三個一排。列車擠滿了人，但幾乎安靜無聲，都是下班回家的人。這是一整天工作後安靜的放鬆時間。我和最大的女兒萊拉（Lila）一起坐，她正在看書。靠窗邊的男子正把手機放在腿上玩手機遊戲，窗外，城市在漸藍的暮色中往後飛。我們的列車沿著屋頂的高度奔馳。越過街燈和建築物，披上了森林的山脈映入眼簾，笨重的黑影裝點著白色飄緲的雲霧。

「哎呀，停下來！」我聽到坐在庫廂後面某處的烏瑪大叫：「這樣很頑皮耶，奧西恩（Ossian）。」

她的斥責引來一聲令人翻腸的號叫。

「喔，天啊！」我跟萊拉說。她傻笑著，應該是想到她的弟弟妹妹是整個安靜列車裡唯一的

吵鬧聲，覺得很好笑。

接著爆發了一場全武行。萊拉回頭看了一眼，對著我咯咯笑。

「他們太吵了，」她說。

自從我們拖著行李在英國德文郡的蒂弗頓百匯上火車，到現在已經四個星期了。終於，終於，我們到了。

「列車即將停靠京都站，」當列車開始減速時，聽到了列車廣播，幸好也有英語廣播：「右側開門。」

*

我們拖著行李，從明亮的車站大廳通過龐大的地下購物街，然後出站進入溫暖的夜晚。我們的行李共有十三袋，有幾個相當重，每次把它們拖上火車時，你幾乎可以看到車廂往下沉了一下。我們最小的兒子奧西恩坐在他的行李箱，抬頭看著櫛比的高樓。「現在我們要去哪裡？」他問。

「我們到了，」我說：「只要最後再搭一次計程車，我們就成功了。」

我們走到一個超大的停車場旁邊。計程車一臺一臺減速，但沒有眞正停下來。他們看著我們，以及一堆行李和三個小孩，然後就繼續開走了。它們都太小了，是轎車型的計程車，有著白色蕾絲套的座椅，司機穿著整齊的制服，帶著白手套。車頂亮著燈的計程車標誌是愛心造型的。最後，終於有一臺車子停下來，司機下了車。

「Hoteru？（飯店？）」他問。

我遞給他一張寫有日文地址的紙條。我們將先住在麥斯（Max）這位老朋友家幾天。司機看著紙條一陣子，做了一個鬼臉，然後點點頭，他先把最大的那個行李抬上了後行李箱。

把全部的東西塞進這一車實在太擠了，但司機信心滿滿，他把行李堆滿了我們的腳邊、放在我們腿上。等一切就緒，我們往北穿越京都中心，經過舊皇宮，車子緩緩行駛，街道上有很多立起的腳踏車，人們像觀光客一樣的成團散步，年輕人站在便利商店的窗邊看漫畫。

車內的孩子們看著用日語發音的小型衛星導航。司機把它轉到電視臺，是遊戲節目。一堆人笑著，也有人跌得四腳朝天。外面的街道愈來愈安靜，也愈來愈小，約莫二十分鐘後，車子停下來了。一個人影出現在街上，是一個穿著亞麻長褲和白色襯衫的英國人。

我第一次在倫敦遇到麥斯是十二年前的事。當時，我們一起追隨一位名叫普倫·拉瓦特（Prem Rawat）的印度人，聽他講解生命的本質、人類存在的眞善美這一類的。麥斯四處流浪，像是一個開悟的靈魂，每天打坐四小時。他有一種沉靜的特質，略顯令人不安。

我不記得他的工作是什麼，如果他有工作。十六歲時，他的人生似乎就要變成失敗組。他年紀還小時，父母就已離異，在里茲（Leeds）的老師視他爲一個麻煩製造者。普通中等教育證書（GCSE）[1]成績不及格後，他說他想要留下來完成A Level[2]的學程，別人告訴他，那只是浪費他的時間。

「這是一個挑戰，」他告訴我：「而且正是我需要的。」兩年後，他在知名的牛津大學薩默維爾學院（Somerville College）攻讀生物。

一天晚上，在倫敦的一間咖啡廳，他告訴我他申請去日本教英文，而且已經接到一個職位的邀請，他想接受這個機會。後來再聽到他的消息時，他已經啟程了。十二年後，他在這裡，站在他位於京都北邊寸土寸金的賀茂區的房子外面，看起來有點擔心計程車司機會擋住他的車，並用日語請他往前開一點。

麥斯不僅說得一口流利的日語，他也用日語演講，講題包括親子、生活與夢想，任何人們想要聽他分享的主題。他似乎有一小群忠實的麥斯迷追隨者。

「請進，」他說，他幫忙拎了一個行李，帶我們走進一個入口門廊，我們在那裡脫鞋子。當我們一個接一個擠進去，先爬上幾個臺階，走進一個有榻榻米地板、矮桌和幾個坐墊的小房間時，他的妻子瑪杜加（Maduka，音譯）和他兩歲的兒子森（Sen，音譯）在旁迎接我們。傍晚

---

1 普通中等教育證書（GCSE）：全名為 Geneeral Certificate of Secondary Education，是英國學生完成第一階段中等或中學教育後重要的考試證書。完成該課程後，學生可以繼續升讀 A Level 課程、大學預科課程或其他同等課程。

2 A Level 學程：是英國十六到十八歲學生就讀的典型課程，也是升讀英國高等教育最普遍的一個途徑。

時分，天氣還很熱，所以當麥斯開始用一種有點特殊氣味的水潑灑在我們身上時，不會覺得不舒服。

「有益微生物（Effective microorganisms）[3]，」他解釋：「好菌。這很適合長途旅行的人。」小孩子咯咯笑著，他們很喜歡灑水的清涼。很快地我們知道，微生物是麥斯喜愛的主題，它們似乎對什麼都很有益。他把它們拿來喝、泡澡、噴灑東西，也包括人。

那晚稍後，麥斯帶我在他家附近散步。在微溫的夜裡，我的頭腦還停留在穿行世界的中途，每件事似乎還帶著卡通的性質。街道顯得如此整潔又寧靜，街燈像是水彩鉛筆畫的，城市裡森林的葉子，每一片都清晰分明。偶爾有個人騎著吱吱作響的腳踏車從旁邊搖晃而過。

在麥斯家的路底，有一間神社掩映在樹林中。在紅色柱子的鳥居前，他虔誠地鞠了一個躬，然後教我行禮如儀。進到神社裡，寂靜的夜似乎更加寂靜，彷彿幾乎可觸摸到它。我們沿著碎石子路走到神社的主建築，它的飛簷和黑影在枝葉間若隱若現，彷彿是早被人們遺忘的處所。夏蟬有韻律的唧唧聲填滿了空氣。我們都不發一語，我跟著麥斯一樣洗手、搖鈴和鞠躬的簡單儀式。

「你現在可以許願了，」他低聲說。我站在那裡，從四面八方包圍的寂靜似乎充滿了魔力。這是來自於神社嗎？後來我歸結出來，是透過先前的行禮和儀式，我們被賦予了對神社的敬意。也許，對每位參拜神社的人而言，這種敬意會延續，而且增長。我知道，我應該許一個比較大，或者比較有價值的願望，但那個時候，我想到的只是我千里迢迢來到日本的原因：驛傳。

措辭都還沒想好，但我還是許了幫我找到一個驛傳隊的願望。我們在樂捐箱裡丟了一個五日元的銅板，然後轉身、鞠躬，退回到街上，讓這個願望由樹木封包起來，讓日本神道的神祇有空時慢慢消化，好好考慮。

*

第二天晚上，我出門回到同一條路上，展開我在日本的第一跑。麥斯和我一起出門，他不是一名跑者，但他說我在的時候，他也許可以試著跑。他曾經是學校足球隊的隊長，「約克郡冠軍，」他自豪地說。

我們以輕鬆的步伐出發。雖然前一個月因爲旅途勞頓，沒有機會跑步，但在西伯利亞鐵路上的食物不足，也意謂著至少體重輕了一些，而且我發現自己能輕鬆跑跳地跟在麥斯旁邊。

我們出發時已經幾乎是晚上十一點了，但空氣中仍有濃重的濕氣。經過一天的喧嘩，街道

3 有益微生物：一個綜合菌群的通稱（也可有稱為有效／有益微生物或 EM），兩種以上的菌群依照特定的配方組合而成進而達到某些特定的功效。

回到夜原本的寧靜，只有偶爾慢慢駛過的汽車或腳踏車劃破寂靜。有個男人騎著一臺摩托車慢慢行過，發出吟吟的聲音，他的狗兒跟在旁邊蹦蹦跳跳的。

麥斯告訴我，他的太太和一位之前一起工作的同事有聯絡，他的名字是高尾憲司。他之前是職業跑者，與驛傳界有聯繫。他也組了一個業餘的跑步隊，我們受邀加入。第一堂的訓練課就是那個週五晚上，地點是在大阪。

當我知道沒有任何一個實業驛傳隊可以讓我加入，我們便可自由選擇住在日本的任何一個城市。我仍希望能有訪談的機會，也許還能說服某個隊讓我加入，所以，其中一個選項是東京，那裡是許多驛傳隊的總部。但考量到我的家人，這個選項並不理想，因爲我們正努力找一個比貨櫃屋大一點的地方住。

第二個首選似乎是京都。這裡的驛傳隊可能不如東京多，但還有一些。無論如何，從這裡搭子彈列車到東京只要兩小時，而且有朋友麥斯住在這裡，也願意協助我們定居下來，還能幫忙翻譯。此外，京都也是一個美麗的城市，臨近比叡山，山裡住了許多著名的馬拉松僧人。這些佛教徒用跑步的方式修行，他們用一千天經歷不可思議的一千次馬拉松，以此作爲懲罰性的挑戰，這是極少數人能完成的壯舉。我不知道是否有機會遇到他們其中一人，但我希望試看看。

京都也恰好是驛傳的發源地。在日本江戶時代（西元一六〇三至一八六八年），信使來往於東京和京都之間傳送訊息，京都是當時帝國的首都。他們在兩地之間設置若干驛站點休息、養神，通常也在這裡將信息傳遞給下一位信使，帶到旅程的下一站。驛傳就是從這個概念發展出來的。

「驛傳」這個詞，事實上是日文的車站「駅」和傳送「伝」來的，而為了象徵傳遞某種東西的概念，跑者會在肩上披戴一條叫做tasuki的「襷」（或稱「接力襷」），交棒時，就把它傳遞給下一位跑者。歷史上第一次舉辦的驛傳是在一九一七年的京都，一路跑到東京，總長五〇八公里。在這座城市的某個角落還有一塊牌匾，標誌著這個比賽發源的地點。

最後一個讓我們決定住在京都的原因是學校。在英格蘭的時候，我的孩子就讀的是華德福學校[4]，他們的課程與一般學校不太一樣。我們希望如果小孩能就讀日本的華德福學校，他們也許會覺得比較熟悉，有學習延續的感覺。

華德福學校在全世界都有，日本也有一些。最大，而且最有名氣的其中一所，就位在京都的衛星市鎮京田邊。所以我們決定去那裡。

---

4 華德福學校：Waldorf（Steiner）Education，是由奧地利哲學家華德福．斯坦納（Waldorf Steiner）所創立的，著重人性化的教育哲學與方法。全世界第一所華德福學校創立於一九一九年，目前有超過六十個國家有華德福學校，包括臺灣。

＊

我們才跑了大約二十分鐘，麥斯就得停下來。他已經大汗淋漓，兩手插著腰。我踮著腳在原地跳了幾分鐘，看看他是否恢復了，但他搖搖頭。我們開始一起走回家，路上都沒說話。過了一會兒，麥斯恢復到原來的氣色。他告訴我，他太太認識的那位組了一個業餘隊伍的前跑步選手憲司，其實就是京田邊的人，也就是華德福學校的所在地。我們一旦搬去那裡，他就會成為我們的鄰居了。

回到麥斯家之前，我們在神社再次停下來，啜飲清水，順便提神。在鳥居旁是一個小型的小孩遊戲場。一對年輕的夫妻擠坐在一個小小的板凳上，手牽著手；當麥斯往盪秋千走過去時，他們裝作一副沒看到的樣子。

麥斯一路上不斷告訴我，他有一位擔任瑜珈老師的朋友教了他幾個動作，他想要表演一個讓我瞧瞧。他把自己撐上秋千最上面的橫桿，肚子頂在橫桿上，整個人開始旋轉，兩隻腳也懸空轉著。他的表情堅毅，深吸一口氣後，開始把兩隻腳盪高到天空，再回復到原來的姿勢。盪高、旋轉，他呼出又深又有力的氣息。坐在板凳上的夫妻仍然試著不看他。幾次之後，他停下來了，但停在雙手撐在橫桿上的倒立姿勢。

「一位年紀大的大學衝刺教練告訴我，」他說：「如果你可以一次連續做這些動作十回，你就可以在十二秒內跑完一百公尺。即使只做一次，都需要花很大的力氣。」他的雙眼緊盯著前方，又做了一回，我則在一旁看著。後來他跳下來，拍拍手上的灰塵。他說：「我一直沒練，所以現在只能做六回。」

＊

一個英國家庭要在日本找到一間出租六個月的房子並不容易。數不清的消息人士告訴我，日本人對於把房子租給外國人格外謹慎。日本通常被描述成一個同質性很高的島國，不願意和外國人打交道。過去曾經有超過兩百年的時間，它是全世界的北韓，禁止人民進出這個國家，否則就以死刑相送。這種孤立感從某種角度來看，依然存在。幾年前，日本的國土交通大臣發表了關於促進觀光的簡短談話，當中提到一般日本並不喜歡外國人，結果不得不引咎辭職。最近一份調查發現，上百家飯店承認，他們眞的會拒絕外國賓客。

二〇〇二年，哈佛經濟研究院（Harvard Institute of Economics）在一個同類的最大型研究中發現，日本是全世界同質性最高的國家之一。日本身爲一個獨特、孤立的島國的概念已被多次提及，書寫的人包括日本作者與外國作者，數量之多，以至於自成一個類別，稱爲：「Nihonjinron」（日本人論）。一些學者反駁這個概念，認爲那是一種過時的文化國家主義的形式；但在我還沒踏上日本土地之前，似乎已爲加入一個驛傳隊吃了數不盡的閉門羹。就如同布萊登．賴利在他的電子郵件中曾經說的：「日本有時可是令人惱火的封閉社會。」

然而，就在我們剛出發前往日本，歐洲之星的列車即將進入英法海底隧道前，麥斯打電話到我的手機。

「德哈（本書作者名的暱稱），我幫你找到一個租處了，但你必須現在告訴我是否還需要。」肯特郡（Kent）[5]的鄉間景致在窗外斷斷續續閃過。烏瑪請我爲她念點東西。奧西恩用他的最高音興奮地唱著，在椅子上跳著。

「屋況不錯，不貴，而且鄰近學校，」他說。

「我們租了，」我說。這是我開始想辦法在日本做任何規劃以來，第一個具體的消息。我不想錯失它。此外，每件事已經感覺如此不定，如此不銜接，有一個居所就是一件好事。我覺得我們別無選擇，這件事只能託付神明。以及麥斯。

幾秒鐘後，我們的列車俯衝進入英法海底隧道，手機斷訊了。

「我們到那兒時，似乎有個房子可以住了，」我告訴坐在前面的梅瑞爾塔。

「眞的嗎？房子怎樣？」

「我不知道。」

*

這間房子又瘦又高，恰好座落在市郊京田邊一個陡斜的死巷裡、兩棟相似的房子中間。爲了去那裡，我們擠進麥斯那臺空間不大的紅色跑車。一上車坐好，他就在我們身上噴灑他的有益微生物，然後噴噴車子。甚至連輪胎也噴了，他耐心地解釋說，這樣可以延長使用壽命。

車子繞過市區、經過皇宮，出城進入京都南邊的市郊，然後上了高架在水泥柱上的高速公路。再次回到地面上之前，道路在一個超大的交流道轉了大彎，而且相互交叉；之後，我們在一片看似荒涼的平原上行駛，滿眼都是稻田，之間點綴著廢棄的倉庫、穀倉和脫皮的廣告板。

大約十分鐘後，我們到了另一個聚落，放眼可見大型倉儲式賣場、停車場，和得來速麥當勞。

「歡迎來到你們的家，」麥斯說，而梅瑞爾塔和我則緊張地面面相覷。經過一個消防隊時，孩子們格外興奮。這些停在棚屋裡閃閃發亮的消防車，體積只有英格蘭消防車的一半，外面也停了一輛迷你救護車。

車子繼續往前開，我發現想要在櫛次鱗比的建築物縫細間尋找一些公園、可以玩耍奔跑的綠地，或是連綿的水泥間的喘息，似乎是徒勞的。

我們在一家羅森（Lawson）便利商店右轉，爬上一個陡坡，經過華德福學校，進入一片居宅區。現在仍是暑假，街道上頗爲安靜，氣溫大約是攝氏三十度。馬路兩旁的房子一幢接著一

---

5 肯特郡：位於英格蘭東南部，是英國連接英法海底隧道的門戶。

幢，兩幢之間的空隙幾乎不到一個人的寬度，大部分房子的窗帘都是下拉的。

最後，我們在我家前面停下來。未來六個月的家。我們下了車。一群外國人在這裡應該是不太尋常的景象，但這裡沒有生物的跡象，沒有人看我們。麥斯開了前門。裡面一片漆黑，窗帘都是拉下來的，而且家徒四壁。沒有家具，沒有鍋碗瓢盆，連冰箱或洗衣機都沒有。

「我們去大採購吧，」麥斯說。

04 「和」的精神

就這樣，我們在日本的新生活展開了。我離開英國前，讀了日本作家村上春樹寫的《發條鳥年代記》，故事是發生在一個不起眼的市郊社區，就像這裡一樣。然而，在正常的平靜外表下，潛藏著一個晦暗的、扭曲的超現實。我不禁想像，當我們把新被單鋪在光禿禿的木質地板時，會在小房間裡發現什麼？

第一位向我們自我介紹的鄰居住在隔壁，一位叫理惠（Rie，音譯）的女士。她是一位穩重、笑容可掬的女士，而且她會說英語。她年輕一點、還沒結婚生子的時候，曾在倫敦住了六個月。在接下來的六個月，她成了我們的仙女教母。當我們遇上麻煩、看不懂信箱裡的信、不知如何付錢、不知怎麼在圖書館借書，或者怎麼找醫生，她總是乘雲駕霧來到我們家門口，叮叮我們的門鈴，幫我們大忙。

在搬來後幾個月，有一次我們不小心訂了一大盒的牡蠣。門鈴響起，一位男子出現在階梯前，手上抱著一個箱子和一張紙。我完全聽不懂他說什麼，或者這張紙上寫什麼，所以我把它們都收下來了。小孩來一探究竟。我們打開蓋子，裡面裝滿了冰塊，以及一袋袋裝著蠕動牡蠣的水。

「梅瑞爾塔，」我叫她：「妳知道這怎麼回事嗎？」

這個時候，唯一能做的事就是去找理惠。她看了看那張紙，然後說，我們一定是在表格或哪裡勾錯了。我們很常利用當地這種食物宅配。有一次，我們也誤訂了一箱一百顆的洋蔥。就在第二個星期，這些洋蔥看起來還原封不動的時候，另一大箱的洋蔥又送來了。

但這些牡蠣從牠們在裝水的袋子裡蠕動的樣子看起來，得趕快吃掉才行。問題是，我們全家是素食者。理惠一如往常地咯咯笑了，並告訴我們不用擔心。她幫我們買下這些牡蠣，晚餐就會把牠們煮掉。

「我的小孩會非常開心，」她告訴我們，彷彿是我們幫了她一個忙。

我們在最初幾天認識的其他人，是住在對街的一家人，他們有三個小孩就讀華德福學校。其中一個女兒在萊拉班上，一個在烏瑪班上，這實在是個美麗的巧合。他們還有一位十五歲的兒子。他們一個英文字都不會說，但是當他們聽說，我是來日本撰寫一本關於跑步的書，這位名爲佳子（Yoshiko，音譯名）的媽媽顯得非常興奮。我們費了一點工夫理解她說的話，原來，她的兒子會和朋友去跑步。每天早上上學前，大約五點半的時候。

我想，我一定是聽錯了。一群十五歲的男孩每天早上日初時分去跑步。眞的假的？她說，他們不屬於任何一隊，他們只是跑著好玩。我不太能想像，所以我問她，我是否能找一天早晨加入他們。她看著我的眼神，彷彿我是一位聖人，給了她一張通往天堂的免費通行證。

「謝謝你。」她不斷地說謝謝，我一邊忖想，我是否招惹了什麼？

*

第二天，清晨五點二十分，我的鬧鐘響了。我抓起我的跑步衣服，踏出家門，走進了寧靜的早晨。天氣已經開始暖了。對街的男孩良平（Ryohei，音譯）戴著一個白色的口罩，已經在路邊等了。他牽著一臺腳踏車。他很謙虛地鞠了個躬，然後對著我們門前一字排開的腳踏車點頭表示讚許。我們家每個人都有了一臺腳踏車，除了我，所以我爬上梅瑞爾塔的，跟著他騎上路。

在羅森便利商店外面，他停下來，下了車，開始暗自四處張望，彷彿他的朋友可能躲在樹叢裡。在灰濛的晨光中，四下毫無動靜。時間還很早。接著，我們看到另一個男孩在空盪盪的馬路上，朝我們騎過來。他在我們旁邊停下來，不發一語，跳下腳踏車。看到我，他似乎不覺得很驚訝。幾分鐘後，第三個男孩到了。轉向其他人輕聲說話前，他先對著我微笑，用英文說哈囉。他們都穿著短褲和T恤。沒有特別的跑步裝，就是普通的棉T和短褲。

很難想像英格蘭的青少年會這麼一大早起床，一起去跑步。我也不知道這在日本算不算尋常。這可能只是某種瘋狂的巧合，在全日本的後街靜巷裡，我剛好搬進這個唯一有青少年會在清晨五點半起來跑步的巷子裡。但事實似乎不是如此。過了幾天，我提早出門時，在街上發現一個男孩在練習籃球。他反覆把球對著牆壁丟，然後接住。另一次，回家的時間較晚，我發現兩名男子用大約兩百個羽球練習打棒球。街上到處都是羽球，像是鋪滿了小紙燈籠。這兩名男子、那位男孩，以及我今早一起跑步的三個青少年的共通點，就是他們對於練習的熱衷。他們不是在「玩」，他們顯然是在訓練。這是認真的。這是我在日本停留時間不斷見證到的一種對於運動的一種態度。

又等了幾分鐘，不見其他人出現，三個男孩跨上腳踏車，我們一起出發了。他們騎的是拉風的越野自行車，順溜地滑過安靜的街廓。梅瑞爾塔的腳踏車則是一臺笨重的老爺車，沒有變速器，後面還有一個咯吱咯吱響的兒童座椅。這臺車對我來說也太小了，我得費力才能追上他們。

騎了約莫五分鐘，我們離開了市郊的街道，進入一個寬闊、平坦、一塊塊整齊的農田。太陽剛升起，在一排排的茄子和橘子樹上灑下金黃。突然間，我明白這麼早起出門，像四個拓荒者騎過新大陸，其實是有道理的。

我們靜靜地在原野中騎著，直到一條河邊。接著，我們順著河，在一座大橋下停了下來。

橋面上，今天第一批打頭陣的車子呼嚕而過，是特殊用途的卡車。這裡的路邊是倉庫、汽車展示場，和一些公寓街廓。一些年長者已經出門，沿著河邊步道走。他們不像英格蘭的老人是慢慢地散步，或是遛狗；他們全身運動配備，故意甩動他們的手臂，在做運動。

我們把腳踏車留在岸邊的草地上。不需要上鎖。然後往上面的起點走，上到橋面的路邊。

站在路邊熱身似乎有一點丟臉，因爲河邊有一大片空地，但這裡是他們的起點，有一條線畫在地上。「五千，」良平告訴我，意思是五公里，而我也不懷疑他們標得很準確。不管怎樣，他們的熱身很快。他們用日文數著：「Ich, ni, san（一、二、三）……」然後我們就起跑了。

他們立刻衝出去，彷彿這是一百公尺競賽。我的一雙老腿咔吱咔吱地開始跑。這麼一大早跑這麼快，會傷了我還沒醒過來的腳腱。我得先做一些慢跑，但他們已經沿著河跑遠了。他們眞的這麼快嗎？我努力讓身體移動快一點，去追上他們。

幾分鐘後，他們之中跑最快的已經往回跑了。我經過他的時候，他勉強慢跑了一下。良平和他另一位朋友也跑回來了，他們現在跑得慢多了。雖然等我一追上他們，良平又突然加速。我們抵達路上的一個標誌，他們兩個又折回來。我們一起用正常的步伐往起點跑回去，良平不斷地忽快忽慢。最後，他放慢腳步，他的朋友和我跟了上去。我現在開始覺得熱身夠了，跑起來很輕鬆，但我不想和他們一樣跑遠。我們一起跑完，回到路邊，每個人都按停他們的碼錶。良平終於拿下他的口罩，我得以第一次見到他的臉。他很喘，但滿臉笑容。

「謝謝你。」他說著，一邊向我鞠躬。

他們現在的話開始多了。良平的朋友，那位跑得最快的，會說一點英語。我問他爲什麼每天早上那麼早起床訓練。

「這是我的嗜好。」他只說了這一句。

當我們打起精神騎上腳踏車往回家的路上，時間才六點半，但今天的訓練已經完成了。明天，他們的嗜好會再次把他們一大早叫起。

在回家的路上，他們一邊聊天，一邊把手肘撐在腳踏車手把上慢慢、懶散地騎。他們預留了很多時間，所以不用趕著回家。每到一個紅綠燈，他們就停下來，耐心地等，即使在一個寬大的路口，連最微弱的汽車引擎聲都沒有。

願意遵守規定，是我在日本隨處可見的特質。即使是青少年，反叛的表現最多僅限於服裝和髮型上。

有一天，我搭上我家附近的區間車，三位青少年坐在車廂的地板上。他們穿著有破洞的牛仔褲，並且大聲喧嘩。這可能是我整個在日本期間所看到最反社會的行爲了。他們沒有對任何人做出粗魯的動作或言語，但因爲習慣在安靜的車廂坐了好幾個月，突然看見有人聊天這麼大聲，還坐在地板上，這景象確實有點嚇到我。

然而，當列車往前行，車廂裡的人愈來愈多，我注意到這三個男孩起了身，把空間讓給其他的乘客，講話也變小聲了。事實上，他們很有禮貌，因爲其中一位還戴著口罩。也許他得了一點感冒，不想把病菌傳給別人。

當然，日本還是有犯罪事件——雖然這裡的犯罪率比任何一個工業化國家都還低——青少年叛逆也存在，但我大致得到的印象是一種去符合、遵守規則、融入的渴望。

這種現象的核心，在於對個人在社會中角色認知的基本不同。我在日本重複聽到一句諺語是：「凸出的釘子會被敲扁。」聽在西方人的耳裡，簡直是匪夷所思。它的意思是，不要強出頭，不要做和別人不一樣的事，只要低著頭，一起跟著做。

在《了解日本社會》（*Understanding Japanese Society*）這本書裡，英國學者喬埃．韓德瑞（Joy Hendry）撰寫有關這種社會和諧與合作的觀念，如何從小在日本小孩心中根深蒂固。

她說，在她曾經服務的幼兒園的年度運動會裡，強調的是合作，而非個人的競爭。她說，常見的項目「包括拔河，以及兩人三腳、六人五腳或八人七腳比賽，合作是得勝的關鍵。」

她補充：「兒童電視節目經常重複合作的主題，像是一個主角努力去打敗惡魔，或其他的惡勢力，卻失敗了：直到他獲得其他受害者的合力協助，才打了勝仗。」

在成人之中，比起我在英國所熟悉的，這裡有更多井然有序的團體活動。不管你去哪裡，尤其若是在觀光景點，但通常是不知名郊區的不起眼城鎮，你可能會看到一群人由揮舞著旗幟的人指揮，秩序井然。通常他們也穿著相同的夾克或戴著一樣的帽子。

這種循規蹈矩的特質，也許可以部分解釋爲什麼驛傳在日本如此受到歡迎，爲什麼這種個人的長跑運動變成一種團體運動項目。

許多日本首屈一指的驛傳隊成立於第二次世界大戰戰後，是日本重建過程的一部分。在重創的戰爭後，競賽被視爲團結人民、振奮士氣與社群精神的方法之一。在此時期，許多日本最知名的馬拉松競賽開始了，如琵琶湖馬拉松（始於一九四六年）、福岡馬拉松（始於一九四七年），以及許多頂尖的驛傳，其初衷都是爲了培訓運動員，以便參加更正式的馬拉松賽。

當時主要的比賽是由報紙贊助的——目前大部分仍然是——所以人們能從報紙上看到比賽隊伍和跑者的訊息、追蹤結果，這有助於大眾對他們更熟悉。隨著日本經濟在戰後的成長，企業開始投入更多資金贊助他們的實業隊，簽下最優秀的大學運動員，給他們訓練假。

所有這些對長跑的支持和關注是值得的，到一九六〇年代，隨著日本復甦成爲世界經濟強國，它的跑者開始稱霸馬拉松賽，就像今天的肯亞和衣索比亞選手一樣。一九六五年，全世界的十一次馬拉松賽裡，十次爲日本人奪冠。一九六六年，十七次的冠軍中有十五人是日本人。

這個時期，日本社會的普世價值是「wa」（和），或者稱爲「團體和諧」。這是由日本最知名的讀賣巨人棒球教練所擁護支持的。讀賣巨人隊從一九六五年到一九七三年，蟬聯了九年全國棒球賽冠軍。

在日本，棒球是比驛傳更爲風行的運動，根據耶魯大學的人類學與日本研究教授威廉·

W．凱利（William W. Kelly）的說法，讀賣巨人隊的成功「之所以被讚揚，是因爲它是一個很有力的縮影，彰顯日本是一個自信、勤勞的社會，以及一個日本正眼見它成形的有競爭力的復甦經濟體。讀賣巨人隊由一位軍事將領般的領隊所領導……巨人隊投射出一個合作的、全心全力的、集體的球員形象與表現風格。」

很多日本蓬勃發展的企業將巨人隊視作一個理想的原形，並用他們來培養自我犧牲的精神，員工被期待要融入團體的和諧中——在此的團體即爲企業。這意味把工作放在第一位，家庭第二，自身利益放在最後。日本典型形象的業務員，就是早到晚退，下班後和同事喝酒，回家抓了幾個小時的睡眠，然後在第二天早上又急急忙忙早到。我在夜車上看到許多穿著西裝昏睡的人，可以清楚說明這一點。這也許不像過去那麼普遍，但仍然相當常見。

很多公司將「和」作爲公司的口號，而日本在戰後的經濟持續成長，很大部分得歸功於這種精神。

羅伯．懷亭（Robert Whiting）在他一九八九年出版的關於日本棒球的書《你要懂「和」》（*You Gotta Have Wa*）裡寫道：「在日本，*kojin-shugi*（個人主義）幾乎是一句罵人的話……團體和諧，或說『和』的概念與行動，幾乎是美國職棒與日本職棒最戲劇性的不同之處。這是連結所有日本生活與運動的絲線。」

「連蜜蜂都有這種精神，」有一天，我們開車在京田邊郊區找一臺二手洗衣機的路上，麥斯告訴我。

「蜜蜂？」

「人們一度試著將歐洲的蜜蜂引進日本，」他解釋著：「但牠們卻被巨型日本黃蜂消滅了，歐洲蜜蜂全無招架之力。當黃蜂兵臨蜂巢，歐洲蜜蜂會一隻一隻急忙飛出去抵擋攻擊。但牠們不是巨型黃蜂的對手，黃蜂用牠們鋒利的爪子，將歐洲蜜蜂的頭一個一個撕裂。一小中隊的黃蜂可以在幾小時之內屠殺整個蜂巢。」

「然而，日本本地的蜜蜂則採取不同的手段。牠們不急著飛出去打一場必死之戰，牠們等到第一隻探員黃蜂飛進蜂巢。然後，全體一致地蜂擁而上，緊緊圍住那隻黃蜂。牠們也不試圖螫刺黃蜂，牠們全都震動自己的翅膀，直到溫度開始上升，而且他們製造出來的二氧化碳也充滿了蜂巢。這隻黃蜂無法忍受如此的高溫，或者二氧化碳的濃度，找不到機會，便死了。」

「這就是群體的力量。」他說著，一邊煞車，停在另一間回收店前，一排排的腳踏車和洗衣機陳列在外頭。

驛傳完美地擁抱了「和」的精神。一個驛傳隊伍只有在它的每一位成員盡好本分時才能成功。每個人都齊心協力爲團隊努力，這很符合那個時代的精神，漸漸地，驛傳受歡迎的程度超越了馬拉松。

當然，若將驛傳的興起完全歸因於日本社會循規蹈矩的特質，那就把事情太簡單化了。確實，就連日本普遍被認爲是集體主義社會的這種觀點，在放大檢視下，也開始在接縫處開始解體。

「若說日本人是如此順從的民族，」哥本哈根商業學校的商業人類學教授布萊恩．莫倫（Brian Moeran）問到：「爲什麼他們所有的運動——柔道、空手道、相撲等等——都是這麼個人的？」

這是一個好問題。《日利堅共和國：日本的流行文化如何入侵美國》（*Japanamerica: How Japanese Pop Culture Has Invaded the US*）的日裔美國作者羅蘭德．柯爾特斯（Roland Kelts）說，驛傳適合日本的部分原因是，因爲它保留了對個人表現的重視。

「雖然日本有一種團體和諧超越個人利益的傾向，」他寫道：「這並不意謂個性與個人的表現和責任是不被重視的。事實上，『amae』（互信），或者必需互相依賴、互利的概念，對於個人行爲與表現是很重視的。若要別人仰賴你，你必須是一個較爲傑出的個人。」

他說，如此一來，驛傳就成了一種日本人的理想運動，因爲每個個體都必須表現出最高的水準，目標則是團體的成功。

棒球的核心也包含了這場個人之間的戰鬥——在這個例子裡是投手和打者的對決——爲團隊而戰。

這兩種運動都不強調順從，或者低調，重點是強調個人的責任，每個人都盡己之力，爲團隊贏得勝利。驛傳比其他團體競賽更明顯，一個人的失敗演出，就能毀掉全盤的努力。的確如此，在接下來的幾個月，當人們和我談起驛傳，我最常聽到的字眼，就是「責任」，這在個人與團隊成就之間，明顯占有一席之地。

隨著所有這些想法湧進我的腦袋，幾天之後，我終於有機會見到幾位驛傳選手。

05 憲司與Blooming

我在日本跑步界的第一站，是麥斯的友人高尾憲司經營的業餘隊，他本身之前也是職業跑者。這支隊的隊名爲「Blooming」。

「Blooming 不是一句罵人的話嗎[1]？」烏瑪聽到這個名稱時問我。我想，他們將「blooming」解釋爲花朵綻放，或是一個人領悟到他的潛能，而不是「What a blooming mess.」（多麼該死的一團亂）裡的「blooming」。「喔！」她似乎有些失望地說。

這支隊伍在大阪一個名爲「黎明中心」（Dawn Center）[2]的地方集合。我和麥斯一起前往，他正計畫加入他們的訓練課程。雖然從家裡

1 Blooming：在英國俚語中，有「可惡的」、「該死的」意思。
2 黎明中心：是當地一座地方性的青少年與性別平等活動中心。

出發的路上他還一路掙扎著，但麥斯說，他的目標就是在六個月結束前跑贏我。他可不是說笑，或是想激怒我，他的語氣彷彿這已經是非常確定的。他告訴我，到了車站要在哪一個月臺搭車，然後說，六個月內，他會跑得比我快。他說這兩句話時，是用相同的肯定語調。

他的自信部分是來自他認識我時，我並沒在跑步。這一段記憶顯然掩蓋了我其實是一位跑者的印象。

「我從來不知道你對運動有興趣，」他說：「我無法想像你跑步的樣子。」

剛開始跑步時有一次，他提議要借我一條短褲。「我覺得會不合身，」我把褲子拿高，看看後說。

「少來了，」他說：「我確定你一定塞得進去。」當我套進去，褲子實在太寬大時，他簡直無法置信。

我們從大阪的地鐵站出來，站旁即是一個超大的路口，水泥高架橋橫跨在我們的頭頂上。黎明中心就在附近，是一座玻璃帷幕大樓，裡面滿是會議間，有點像是會議中心。

「在上面四樓，」麥斯說著，一邊用手指著接待處旁的一塊板子。這塊板子上的日文字在我看來，全是隨機的波浪線條。我很高興他一起來。

Blooming 的會議間排滿了桌子，全都面向一面牆上的白板，看起來像一間教室。憲司身材不高，體形削瘦，當他看到我們，急忙上前來，臉上堆滿了笑容，我們鞠了個躬。他請我們坐下。這個房間裡都是男士，大部分年紀比我大。他們全坐著，雖然天氣很熱，身上卻都穿著一層層的跑步裝備。他們輕聲閒聊，無視於我們這兩位剛走進來的高大「gaijin」（外國人）。在前面的一排桌子上，憲司攤開一些供販賣的東西，大部分是治療運動傷害的產品。

幾分鐘後，門打開了，女士們走進來，坐滿了空下來的座位。憲司說了一些笑話，但其他每個人都靜靜坐著。麥斯環視一下，笑嘻嘻地，似乎覺得非常有趣。

憲司提到我，叫我「Finn-san」（芬先生）。麥斯說，我們得上前自我介紹。麥斯負責翻譯，我則站在憲司身邊。隨著夕陽西下，窗戶外大阪的霓紅燈漸漸亮起。

我告訴他們，我寫過一本在肯亞跑步的書，現在我來日本，想了解日本的跑步狀況，特別是驛傳。在日本的每個人聽到我來了解跑步的事，都大感驚異。他們不曉得日本人是全世界長跑最強的國家之一，也不曉得驛傳是日本特有的運動項目。

他們給我一陣掌聲。坐下後，有個男子走過來，蹲在我們的桌子旁跟麥斯說話。他問我跑十公里的最好成績。我說三十五分鐘，他們互看一眼，顯然覺得很不錯。他說，他會在琵琶湖的一個驛傳隊短待幾個月，我要不要和他們一起跑？

我抓緊這個機會。這是我一直期待的。「Arrigato（謝謝），」我說完，也深深鞠了一個躬。他點點頭，他的一撮頭髮幾乎蓋住了眼睛。他看起來和別人不一樣，似乎多了一些心思，顯得孤傲，看起來一點也不笨拙或過於謙虛。基於某種原因，讓我想起查理士．布朗遜（Charles

Bronson）[3]。麥斯告訴我，他的名字是森田，是 Blooming 隊的「王牌」，隊裡跑得最快的跑者。

晚上出發訓練前，憲司先隊員們行前講話。他們付了一筆不少的錢來這裡跑步，合約的一部分是，他們要從這位前冠軍跑者身上，學得一些智慧與啓發。憲司也和他們一起跑，雖然他剛因爲一個舊傷動了手術，所以現在只能一拐一拐地跑。即使如此，他還是跑得很快。他的一切動作都很迅速，講話亦然。

不知道是不是爲了我的緣故，憲司對他們說了一段關於驛傳的事。他說，在日本，驛傳比馬拉松更受歡迎。還說，驛傳不只是場比賽，而是在於衆人團結起來，爲相同的目標努力。「沒有一個釘子是突出來的，」麥斯說用一副「你看吧」的表情說：「沒有人按自己的想法跑。」

憲司對著團隊說，最受歡迎的驛傳是箱根驛傳，是大學男子隊的比賽。他說，因爲這場比賽太具有戲劇性了。它的距離比絕大部分的驛傳長，連續兩天跑在崎嶇的路線上，領先群總是不斷地換人。他說，職業的實業隊跑得太流暢、太有組織、太機械性。他們總是按著預計的方式，步調精確、沒有驚奇。但是在箱根驛傳，所有的選手都是大學生，任何狀況都可能發生。

我勤作筆記，這全是寶貴的訊息。高尾憲司版的驛傳指南。

終於到了開始跑步的時間。憲司的教練團——他有三位教練——在白板上解釋了這次的課程，他們稱之爲「四十分鐘健身」。基本上，我們先慢跑二十分鐘，然後加快速度。

教練一發號施令，我們便整裝出發，一群拖拖拉拉、看起來有點老弱的隊伍，沿著有照明的走廊，進了電梯。當電梯下樓，電梯門打開時，我第一個走出電梯，但顯然這是一個失禮的動作。麥斯告訴我，我應該讓憲司先出來，因爲他是這個團體中最重要的人物。

「還好啦，不知者不罪，」他說。很難看得出來我這個行爲有多冒犯。他們似乎不怪我，當我們跑進悶熱的夜晚，沿著大樓後面的巷子慢跑，穿過一條馬路，進到一座公園的大門時，他們還彼此繼續交談。不遠處，自漆黑的樹影中突出一座巨大的多層建築，映襯著天際。

「大阪城」，憲司驕傲地說。這是個美麗的風景。「Sugoi」我用日文說。太美了。

公園裡滿是慢跑的人，全在部分圍繞大阪城的同一條路上來回跑著。他們大部分是成群的，慢慢跑著。

我們加入了其他跑者的長龍，彼此緊緊跟著，形成一個大隊伍。我們的步伐非常慢。幾位同隊的跑者鼓起勇氣問我一、兩個問題，麥斯則鉅細靡遺地幫我回答。我完全不知道他跟他們

3 查理士·布朗遜：生於一九二一年，卒於二〇〇三年。美國知名動作片演員，他的特徵是兩撇鬍子和滿臉滄桑的皺紋，以性格巨星著稱。

說什麼，但他們一直「喔」、「啊」，然後看著我，彷彿我做了什麼偉大的事。我放棄請麥斯逐句翻譯，只能相信他正爲我這位正在寫書，而且第一個走出電梯的英國人，形塑一個良好的形象。

剛剛好二十分鐘後，步伐開始加快，隊伍也開始拉長。這條路繞著大阪城約一哩（一．六公里）長，所以我們只是在同一條路上來回跑。我覺得跑起來很輕鬆，所以一直跟著最前面由森田帶頭的領先群。我以爲步伐會繼續加快，但步伐一直維持著，差不多是每哩七分鐘（約每公里四分鐘）的速度。我實在忍不住了，剩下一分鐘時，我加快了速度，把他們拋在後面。多年來我參加許多不同的跑步俱樂部，在最初那幾晚總是特別的吊詭。每個跑步俱樂部都有其既定的跟隊秩序，他們最不喜歡的，就是有一些自命不凡的人出現，一副目中無人地跑著。

我記得當我從肯亞受訓回國，第一次參加德文郡的俱樂部的情景。負責的一位先生問我可以跑很遠嗎？我告訴他，我去肯亞六個月，剛回來。我在那裡跑馬拉松的成績是三小時二十分鐘。但那是在大熱天，在沙子的跑道上，而且海拔超過五千呎（約一、五二四公尺）的情況下。

「那我把你歸在三分組，」他說。我先前看過該俱樂部的網站，說明他們分成五個組，一分組是最慢的，五分組是最快的。三分組似乎有點慢。

我抗議說：「我在肯亞是和威爾森．基普桑（Wilson Kipsang）[4]一起受訓長達六個月的。」

他半信半疑地看著我。「好吧，」他說：「你可以和我一起加入四分組。」

我們用輕鬆的步伐，以小組的方式出發，下到了托基（Torquay）[5]。剛從高海拔的地方受訓六個月回來，我滿腦子縈繞著要跑更快的想法。這時，我們開始被許多跑更快的跑者追上，他們跑到馬路上，以便超越我們。

「他們是誰？」我問負責的那位先生。

「五分組的，」他說。他們看起來比較像我的步伐和速度。那一群人也很多人，我覺得我被遺漏了。

「我可以跟他們一起跑嗎？」

「如果你跟不上，他們是不會等你的，」他說：「但我們會等你。」

我遲疑了一下。我知道，若我表現一副比他厲害的樣子，必然會惹惱他。我承認，三小時二十分無法堪稱馬拉松的亮眼成績，但那是在一個艱困條件下跑出來的成績。在他們即將消失在視線之前，我做了決定。

4 威爾森．基普桑：出生於一九八二年，二〇一二倫敦奧運馬拉松銅牌得主。
5 托基：英國西南部德文郡的一個濱海城鎮。

「我要試試看，」我說，然後，我加速追上五分組。

結果，一切很順利。這個團隊實力堅強，但我還能輕鬆地跟上他們。雖然，最後那位負責的先生對我板了一個臉，但沒說什麼。過了好幾個月，他才完全原諒我。

在大阪，我告訴自己放輕鬆，和團隊一起跑。在第一次團練就大鳴大放，似乎是很不敬的行爲。但是，放馬出去的衝動，讓雙腿做自己的感覺，實在太強烈了。最後，他們對我跑得如此快，都不敢置信地搖頭。麥斯在結束前放棄了一圈，也站在那裡乾笑。唯一不發一語的是森田。他從蓋住眼睛的頭髮後面看著我，幾乎是皺著眉頭的。

我必須承認，我也很驚訝自己超前這麼多。我的狀況並不太好，而且還爲日本的濕度所苦。這次團練讓我懷疑所有日本快腿的跑者在哪裡？他們全是職業的嗎？在日本，共有大約一千五百名職業跑步選手與企業簽約，爲他們的驛傳隊而跑。在英國這個人口只有日本一半的國家，可能只有不到二十名的職業長跑選手——以跑步爲業。這意謂英國最有天份的運動員從事和平常人一樣的工作，然後在晚上付錢去體育俱樂部跑步。這些頂尖的俱樂部跑者可以成爲日本的職業選手嗎？若我是日本人，我能靠跑步維生嗎？

日本職業化的水準，可以部分解釋兩國之間在結果上的懸殊差異。若能投入更多的時間與資源在訓練上，許多英國的頂尖跑者有可能跑得更快，也會激勵更多人精進自己的才能。然而，大部分的跑者只能在他們的工作和家庭之間，擠出一些空檔來做訓練。在大部分的情況下，他們不會有什麼動力跑步，因爲得早起做額外的活動、花錢做按摩、到健身中心做核心訓練。在英國，即使是非常傑出的運動員，跑步也只是嗜好。日本，對於相同水平的運動員，這可以是一種行得通的職業，有教練、有贊助，而且能獲得認同。

回到黎明中心的路上，我們的後背和眉毛都在滴汗，麥斯跟我說，他對他今天的跑步狀況很滿意。他說，這是一個好的開始：「我可以感覺到，我的身體正在製造血紅蛋白。我一向擅長這一點。六個月後……你最好小心了。」

回到會議室，大家都換回上班穿的衣服，用小毛巾把身體擦乾，回到自己原來各自的角色：會計師、醫師、業務主任。只有憲司和我繼續穿著跑步裝。男士們換好衣服後，輪到女士們，她們也回復成平民了。有人傳遞包裝精美的小餅干時，憲司爲他們做一個總結講評。麥斯沒有翻譯，我想他是太累了。

*

雖然探究驛傳的計畫開展順利，讓我在一個驛傳隊找到一個容身之處，但在京田邊，我的女兒們適應日本學校的課題更加艱困。

開學日將近時，她們倆都無比樂觀，第一天上學時，都不吵不鬧地起床，準備上學，至少看起來滿心期待。

「萊拉說，上學很棒，因爲這樣下雨時還有事做，」烏瑪這麼告訴我。

她們背著書包、穿上新鞋、新衣，帶著新的鉛筆盒，一路跳在我們前面，我們一起從郊區的住家，走一小段路到學校。直到距離學校不到五十公尺，烏瑪開始慢下來，用手拉住了我。

「我想要你一起進到教室，」她說。我們已經告訴她們我們會這麼做，我們甚至也跟老師說過了。我想像會有其他小孩盯著她們，也許也會有些小孩用手摀著嘴巴咯咯笑。但不會有他們在肯亞的學校時經歷的那種騷動。

「當然，」我說：「一切都會很好的。」

*

當我們進入校園，場面頓時混亂成一團。這是暑假過後小孩返校的第一天，他們都興奮異常，當他們看見我們，便開始在我們周圍跑來跑去，在木地板上滑過來、滑過去。當我們想辦法進門時，他們對著我們大喊大叫，指指點點。這一幕就像我們進了一間滿是興奮的小狗的屋子，他們衝上前，停下來，滿臉疑惑，然後汪汪叫著跑走了。

我們努力穿過這段路的混亂，才能進教室。梅瑞爾塔和奧西恩與萊拉一起走，我和烏瑪一起。她的頭放得低低的，緊緊抓著我的手。小孩帶我們去烏瑪的位子，但即使是我，也覺得很難招架這樣的場面。他們不斷拍我的手臂，問我聽不懂的問題。放眼四望，看不見老師的蹤影。

我們找到了烏瑪的位子，她坐下來，仍然抓著我的手，等著風暴過去。我尷尬地站在那裡，對著繼續在周圍奔跑的小孩微笑。我眞希望我知道怎麼說：「我聽不懂。」但我連這句都不會。

最後，鈴聲響了，表示老師來了。小孩很快安靜下來，但是當老師笑著向我們走過來時，他們仍繼續聊天。她握住烏瑪的手，用英語和她說話。烏瑪第一次抬起頭來，淺淺地笑一下。我告訴她我必須離開了，她用濕潤的眼角望著我。她終於放開我的手臂，我溜了出去，希望一切順利。

*

那天稍晚我去接她們時，她們看起來相當開心。我試探性地問學校今天如何，她們兩個都說「還好」，這是她們沒心情重複事情時的標準答案。那天下午，她們和街上的其他小孩一起在外面玩，開心地把水球扔到空中，然後重摔在地上破掉。感覺我們這麼輕易就成功了。我們在郊區的小屋、孩子上了學、交到了朋友、我們前院的自行車整整齊齊地並排著。我們在日本的生活，似乎有了起色，正常運轉起來了。

然而，那天晚上，當我們坐在我們的「日式房間」，有著滑動式的紙門和榻榻米地板，還沒吃完的晚餐還留在矮桌上，萊拉坐著玩她的筷子，把最後一顆米在她的碗裡轉呀轉的。「烏瑪說，她明天不想上學了，」她一邊說，一邊抬頭看著我們。接著，她倆突然大哭起來，說小孩們都盯著她們看，問她們聽不懂的問題，很可怕。她說，她們吃錯午餐、戴錯帽子、穿錯鞋子。「我不喜歡和他們不一樣，」烏瑪說著，她的啜泣聲眞讓我心碎。

那晚，小孩睡著後，梅瑞爾塔和我對看著。這不是我們的計畫。我們可以感同身受，但不能試了一天就放棄。我認為，如果她們能夠過得了這一關，將會是她們人生中重要的一課。她們將會知道與了解，與眾不同是什麼感覺。而且，如果她們能夠應付的了，甚至融入其他小孩，說一點日語，學習適應她們所處的情境，那麼，這將會是一個她們終身帶著走的一種成就。我對她們有一幅願景：有一天，她們進學校時，用日語和朋友們打招呼，開開心心地坐進自己的座位，笑著男孩們說的笑話。但這眞的有可能嗎？

第二天早上，當我坐在烏瑪的教室十分鐘，試著協助安頓她，我覺得這眞的很可困難。嘰嘰喳喳的字句像霰彈槍一樣在教室裡飛來飛去。想在其中拼湊出它的意義，似乎比登天還難。十分鐘後，我把她留在座位上，她的表情看起來一副很忍耐的樣子。我溜走時，她沒有抗議，也許是認清了我也幫不上忙。

接下來的幾天，抗議變多了，但漸漸地，她們的情緒開始緩和了。梅瑞爾塔告訴我，不要一大早和小孩爭執，或者拜託她們去上學，只要堅定地假設她們會去。所以，一旦她們說她們不去，我們只是安靜地準備她們的午餐，幫她們拿衣服、找書。這招似乎奏效。雖然我擔心忽視她們關心在意的事情的後果，但我也知道，若我們還沒眞的努力就放棄，所有人的心情都會更低落。況且，我們搬到這個不知名的郊區，就是為了接近學校。我們已經為這個沒有院子的房子付了六個月的房租。若她們不去上學，我們最後可能會得到嚴重的幽居病。

*

女兒適應學校的問題，讓我重新審視爲什麼我大老遠來到日本？我還沒遇見一位偉大的跑者，但從我遇到的人看來，一定有某個地方做了什麼對的事。我只要更努力發掘，就會找到。然而，爲什麼這件事這麼令人感興趣？

有一部分的原因是，我很好奇長跑在日本竟然是那麼受歡迎的、吸引許多觀衆的體育競賽。在世界上其他地方，只有最忠實的粉絲才會爲長跑比賽瘋狂。在歐洲或美國，大部分觀看馬拉松比賽的人，不會知道跑在最前面的精英選手姓啥名啥。他們只會對跑在隊伍中間，玩票參賽的親友的跑步過程感興趣。領先群只作爲基準參考，是最佳表現的指標。看到他們跑過固然令人振奮，至於他們的名字、他們的戰績、他們的對手，都是無關緊要的。然而，在日本，這些精英選手全都是明星。

另一個日本跑步文化的迷人原因是，也許我可以從中學習到如何在跑步方面更上一層樓。人們經常問我，在肯亞受訓六個月後，我的跑步形態有什麼改變？眞實的答案是，大部分沒什麼改變。我在肯亞得到的啓發是，要更常跑，要將我在那裡見證到對於跑步的熱情與熱衷，引導到我自己的練習裡。但是，使他們成爲偉大長跑選手的一些關鍵原因，我是無法複製的。我無法捏造一個自己在農村成長的經驗，每天光著腳丫子跑步上學，去河邊、田間玩耍，而且是住在超過兩千公尺的高海拔。

然而，沒有一個日本人有這樣的經驗。日本社會在舒適與便利性方面——諸如電視、汽車、辦公室，這些會削弱跑步能力的現代文明——與英國相當類似。但是，日本有數千位超快的跑者。爲什麼？這是一個有趣的問題，我追尋答案的下一站，是位於京都的立命館大學。

06 女子驛傳隊

當你抵達京都郊區的立命館大學，首先映入眼簾的就是跑道。它座落在一個草地圍起來、比公路還低的一個窪地，後面即是大學的主建築。每位搭乘一班接一班的接駁巴士來往於車站與這所大學的人，都可以看到這個跑道，以及在上面跑步的運動員，它提醒了人們：運動，尤其是跑步，在日本大學生活的中心角色。

就像組織 Blooming 業餘隊一樣，憲司最近開始擔任立命館大學男子驛傳隊的教練。這是東京地區以外，最大的的驛傳隊之一。

在日本，最受歡迎的驛傳隊是大學隊伍。部分原因如憲司對 Blooming 跑者所指出的，實業隊的訓練太精良，比賽反而不那麼刺激，但主要的原因是箱根驛傳。

有一場賽事是日本跑步界的核心，它的地位比任何一場賽事都重要：箱根驛傳。它的名聲在日本早就家喻戶曉，但一直到我停留日本的尾聲，甚至連「箱根」的字和聲音，似乎仍呼應著戲劇性與意義。我看得出當我提到箱根驛傳，人們的眼睛會突然睜大。「Ikimasu（我會到場）。」我告訴他們，一副虔誠的樣子，彷彿這是一個朝聖之地。彷彿，聽到這句話，現在他們知道我有多認眞了。

箱根驛傳不只是日本跑步界行事曆上最大的比賽，也是全日本整年度最大的運動賽事。整整兩天，通常會吸引將近百分之三十的電視收視率。這個數字相當於美國的超級盃，也比英國的足總盃冠軍賽還高。而且，這場賽事的日期是一月二日和三日的黃金收視時段，這時人們還在放新年假期。

除了守在電視機前面的人，還有沿著跑道路線兩百一十七．九公里的街道上，層層疊疊的夾道觀衆。這幅景象實在很壯觀。

比賽前的幾個月，我們就開始在京田邊的信箱裡收到垃圾郵件，推銷箱根驛傳的周邊商品：毛巾、夾克、棒球帽。三寶樂（Sapporo）甚至會特別推出紀念啤酒。箱根驛傳賽的威力會擴及到那些平常對跑步根本完全沒興趣的人。這是一場全國性的大事，可能是全世界最多人收看的跑步比賽。

然而，箱根驛傳就像一個黑洞，把靠近它的東西全吸進去，它的超高人氣也爲日本跑步界帶來了許多問題。

箱根驛傳只開放給關東地區的大學男子隊伍參加，也就是東京的鄰近地區。本質上，這是一場地方型的大學校際比賽。所以，第一個問題就是，它排除了日本其他地區大學參賽的機會，包括位在京都的立命館大學，因爲它位在關西地區。

所有最優秀的高中跑者都想參加箱根驛傳。這意謂著，像憲司這樣爲非箱根驛傳大學尋覓優秀跑者的教練，只得在箱根賽隊伍選完頂尖選手後，再進行挑選。當然，還是有大器晚成者，或者有些跑者在高中時受了傷，或者訓練不夠專一，這些人會成爲後起之秀；但一般而言，頂尖的高中跑者會順勢成爲頂尖的大學跑者。

所有這些的結果，便形成難以逾越的兩層架構：關東地區的選手，和非關東地區的選手。

關東地區的大學願意爲贏得箱根大賽所付出的程度，可以表現在一棟在我抵達日本前不久揭幕的新大樓，那是東洋大學爲二〇一二年的箱根勝利隊伍所興建的。這所大學爲自己的驛傳隊蓋了最先進的訓練基地，有完整的健身房、熱水和冰浴，可以容納一百人的餐廳和宿舍。這幢建築就位在大學田徑場的旁邊，但所有的房間都是朝向附近的一座公園。

「如果你整天都看得到田徑場，便無法好好休息，」東洋大學的總教練在這棟建築的設計上扮演了關鍵角色，他向我解釋。

有趣的是，在女子驛傳部分，箱根大賽卻有著相反的作用。由於關東地區的大學執著於男子賽，希望在當中大放異彩，相形之下，他們的女子隊則被忽視了。然而，在日本其他地方，因爲沒有箱根驛傳可以參加，各所大學爲他們的女子隊付出更多時間與精力；結果是，全國最好的女子驛傳隊是來自非關東地區的大學。而其中最優秀的，即是立命館大的女子隊，他們在二〇一二年再破紀錄，第七度獲得全日本大學女子驛傳冠軍[1]。

我第一次造訪立命館大學是搭憲司的車，坐在後座。他從火車站接了我和麥斯。有另一位年輕的女高中生坐在前座。「大阪第二名，」他驕傲地說。原來，她是臨近的大阪同年齡賽的三千公尺第二名。憲司悉心地訓練她，對她期望很高。「東京奧運，」他說，他的雙眼露出興奮之情，女孩只是有禮地笑著。

當我們開進校園，女子隊正大群跑過田徑場。她們全都採同樣的日本女子跑者獨特的小碎步跑法。這可能效果很好，但看起來絕不特別令人驚奇。從遠處看去，她們看起來只像一群慢跑的人，一點都不像全世界最強的女子跑步隊伍之一。

不幸的是，這個女子隊的教練禁止她的選手和憲司或者任何男子隊交談。她不希望她們變得「腐敗」或「誤入歧途」。幾個月後，有一次我們無意間在立命館大學的販賣部遇見兩位女子隊跑者。她們很友善，但不停地往四周看，確定沒有人看見她們。最後，她們還是太擔心被發現，便離開了。

當我問憲司，我能不能訪問她們當中任何一位，憲司大笑。

「不，不可能的。」他說著，一邊搖頭。他停好車，我們走到田徑場邊的水泥看臺，男子隊正在那裡消磨時間、聊天，在地板上的橡膠墊上任意伸展。我們接近時，他們全都發出「Os」的聲音（類似「嗨」的意思），比較像是呼吸時發出的。憲司抱了一疊檔案夾和板夾，說了一個笑話，自己咯咯地笑。幾位跑者苦笑了一下，但大部分人只是繼續做自己的事。

我不確定他們對我有什麼寄望。麥斯告訴我，憲司很高興我和隊員聊上幾句，可以的話，和他們一起跑，所以我全副武裝地來了。麥斯也是有備而來。

「讓我們看看會有什麼好事。」他說。

憲司和大家問好後，把我們介紹給隊長細田大地。他有一頭順髮和稚氣開朗的笑容，他握了我的手，謙遜地行禮，歡迎我們加入訓練活動。全部算起來，在這個驛傳隊大約有三十位選手。憲司解釋說，今晚的訓練是團體的十五公里限時跑。他問我們要不要加入。「Ju kilo，」他說，意思是十公里，他建議我和麥斯跑輕鬆一點。「OK嗎？」他們打算以每公里跑四分鐘的速度訓練，這比 Blooming 隊最快的速度還快上許多。但也沒那麼快，否則我應該沒辦法跟上十公里。自從我們長達一個月的旅程結束後，我已經跑了幾個星期，開始感覺回復到健身的狀態。這條路線是沿著一條一・二五公里的路來回，所以我們每二・五公里就會跑回原點，給我們很

1 隨後，立命館女子驛傳隊後來又再二〇一三年、二〇一四和二〇一五年繼續蟬聯冠軍。

多退場機會，如果有必要的話。那是一個炎熱的晚上，但濕氣已經比前幾個星期消退。

開始跑之前，我們圍成一大圈，憲司正式地向大家介紹我和麥斯。他告訴他們不用害羞，勇敢和我們說話，一位伙伴也立刻提膽問我們幾歲。麥斯告訴他們，我今年三十二歲，他三十五歲。他們回了一些話，麥斯回應了，他們都笑成一團。

「他說什麼？」我問麥斯。

「他說我看起來年輕多了。」麥斯笑著告訴我。

可惜我沒得到這種讚美，我們往起跑線走，很快排好隊，每個人都調好自己的錶，最後一次清點人數、最後幾句打氣加油的話，我們就出發了。我讓自己跑在中間的位置。最前面，是由隊長領隊。我和大家保持速度一陣子，在團體裡的感覺很好，我們的腳步一起在路上卡嗒卡嗒作響。每個人都輕鬆地跑著，但沒有人說話。挑戰在後面，現在我們得有耐心。

這條路蜿蜒在大學的後面，經過網球場、幾座停車場，然後在路邊的一個標示點，我們繞了一圈，往回跑。

往回跑時，我們迎面遇到麥斯。他放慢了步伐，但還是很努力，麥斯的表情看起來很專注，我們經過時，他沒有特別理會。當我們返回起點，準備第二圈，領隊和教練群站在那裡喊出我們的時間，其中一位教練還用 iPad 照相。

第二趟出去又回來。現在，我才發覺去程這段路有點坡度。跑步的時候，悶熱的夜晚似乎沉降下來，壓在我的臉上、肩膀上，將能量從我的雙腳排出去。我感覺自己落到隊伍的後面了。回程到起點的下坡路段，我特別努力一點，想追上其也人，但我的身體感到一股壓力。

出發跑第三圈時，我突然發現自己落隊了，還有另一位跑者也是。我望向他，他也回望我，他的頭微微傾向一邊，臉上有焦慮的表情。

對我來說，我可以隨時退場休息。每個人都覺得應該會這樣。我不是跑者，我是作家。對我而言，這只是一點樂趣。這樣的想法在這個危機開始醞釀的時候，雙腿發熱而慢下時，總是很大的安慰；雖然這也會帶點悲傷的色彩。在我內心的想法是，我是一位跑者。我與眞正的跑者一起跑的時候，眞的是。但半途而廢的經驗會很令人洩氣。

然而，我這位同樣落後的朋友是爲他的未來而跑，爲他在這支隊伍裡的地位而跑。他能在大學裡得到的這個位置，很可能是因爲他在高中時優秀的跑步表現。他可能希望成爲一位職業選手。在我們跑步之前，另一位跑者告訴我，這個隊伍裡大部分的成員都希望大學畢業後能朝職業選手發展。這是他們正在走的道路。但不是所有的人都可以成功。

我和我那位有點憂愁的朋友一起跑完了第三圈，這時候，我已經精疲力竭地退出場了。他轉了身，開始第四圈，勇往向前跑。現在，其他人也開始擺脫隊伍的尾巴，跟上速度。隊長依然負責領著隊伍。

我檢視了我的手錶。我用三十分鐘跑了七．五公里。我發誓下次要跟著他們跑十公里。

我們等著他們跑回來時，憲司問我，肯亞的選手是不是也這樣訓練？不太是這樣，我只好告訴他。他們不是在一小段馬路上來回跑，他們傾向沿著泥土路跑好幾哩。事實上，如果他們可以選擇，絕不會跑在混凝土上。

憲司說，驛傳的選手在馬路上訓練是很重要的，因爲這樣可以讓他們的雙腿適應比賽時跑在馬路上的感覺。當我指出肯亞人似乎在馬路上賽跑也跑得很好*，他說，如果他們是在混凝土上訓練，成績會更好。

這個話題我與憲司之後還會討論，但此刻，我只是點點頭，表示我認同他的推論，即使我不完全同意他的論點。

那晚我們離開之前，憲司告訴我，下一週他們會啓程到山裡進行一星期的訓練營，他邀請我們一同前往。我很快答應了。畢竟，我似乎爲自己找到了一個可以跟隨的認眞的驛傳隊伍。

*

雖然箱根驛傳是大學男子驛傳的巓峰競賽，在醞釀它的過程，還有另外兩場重要賽事：十月的「出雲驛傳」和十一月的「全日本大學驛傳」。來自全國的驛傳隊伍都能參加這兩場比賽，只有最後的箱根驛傳限制關東地區的隊伍才能參加。

對日本其他地區的隊伍來說，這意謂著他們有兩個機會躋身榮躍，與魅力無比的箱根隊伍同場競技，如果他們夠強，甚至可以擊敗箱根隊伍。

所以，憲司的任務是讓他的立命館大學男子隊夠強大，足以參加這兩場比賽，彰顯在箱根驛傳之外，還是有強隊。

爲了讓他的隊伍成軍，面對挑戰，他帶領他們到山中進行長達一星期的訓練。我和麥斯在第三天時，從京都往北，開了六個小時的曲折公路到新潟加入他們。在這裡，空氣比較不悶熱。海拔是九百公尺，不特別高，但已經足以讓肺部的運作較爲吃力。

我們抵達的時間是下午三點左右，便去田徑場加入他們。這裡也有其他幾支隊伍正在訓練。他們所使用的田徑場只有三條跑道，而且沒有任何跳遠或擲鉛球的標示。這是一個單純爲長跑而建造的田徑場。在夏季的月份裡，這整個區域已準備好接待各個驛傳隊，包括田徑場和分布各處的越野路徑。由於冬天的積雪深厚，住在這裡的居民不多，除了跑步選手外，大部分地區是荒涼的。這裡是跑步的天堂。

立命館大學的隊伍早上已經跑過了，他們現在正在外面做他們所謂的「自由跑」。基本上，這是讓每個人設定自己的步調、路線和距離。憲司告訴隊長，請他帶我們跟著他跑。

雖然這座山綿延數公里，我們跑的是一段短距離，但呈Z字形鋸齒狀的路線，這在田徑場

---

* 二〇一三那一年，前二十位世界頂尖的馬拉松選手當中，有十三位是肯亞人。另外七位是衣索比亞人，他們也偏愛在鬆軟的路上訓練。

旁邊的樹林裡有標示出來。它的曲折和轉彎大約有半哩長，所以我們只是一直繞著它跑，直到隊長認爲跑夠了。其他的選手也做相同的訓練，有如蒸汽火車在一個模型軌道組上，隆隆來回地跑。

我問隊長，他畢業後，是否希望成爲一位職業驛傳選手。就我所知，職業生涯的激勵，是所有這些訓練的動力之一。在英國，成爲一位職業跑者的前景微乎其微，大部分人在他們上大學前就放棄了這個念頭。在英國，除非你是莫．法拉，否則，成爲一位全職的職業長跑選手差不多是意謂著刮到了樂透，如果你夠幸運，會得到贊助商的一些免費裝備，以及微薄的比賽獎金和出場費。但隨著肯亞與衣索比亞選手在世界各地贏走了大部分的比賽，對大部分的英國跑者而言，他們只能這裡那裡撿一些幾百英鎊的零頭。在日本，即使是跑得最慢的職業跑者，都能賺到和一般辦公室職員相當的薪水，而對頂尖的選手而言，激勵就更大了。

所以，當我聽到隊長說，他並不想成爲職業跑者時，我很驚訝。他想當消防隊員。他說，他的父親是消防隊員。然而，身爲驛傳隊隊長，他必然是跑得最快的選手之一。爲什麼他不想當一位職業跑者呢？

他羞澀地笑著，好像不喜歡被逼問這個問題。原來，他並不是最厲害的選手之一。他之所以是隊長，部分原因是他是隊中年紀最長的；部分原因是，他是一個陽光的、受大家歡迎的學生，擁有良好的社交技巧，能應付外國記者的這種人。

「驛傳選手的職業生涯很短，」他說：「當你的黃金時期過了，你得回到公司上班。這算是在一間好公司的情況，有些公司直接把你開除了。」

我得承認，這樣聽起來，的確不太妙。當我們跑回田徑場，一隊三人的職業女子跑者正全速經過。她們臉上呈現痛苦的表情，每個人似乎都接近含淚崩潰的邊緣。

我們與她們錯身後，回到樹林裡。

「你會參加消防隊的驛傳隊嗎？」我問他。

「會的，」他說。

我問他爲什麼跑步，是什麼動機讓他持續的訓練，成爲隊員？他有點腦筋一片空白地看著我，沉默地跑了一陣子。我們的步伐輕輕地踏踩在小徑上。一分鐘後，他瞟一眼麥斯，很像希望這個問題已經消失了。

「我不喜歡跑這麼多，」他說。他很快笑了一下，也許是終於說出來，鬆了一口氣：「我在學校做很多種運動，但這是我最擅長的。大家都支持我，爲我加油。」

幾個月後，他眞的找到了一份消防隊員的工作。我眞爲他高興。也許他終於可以不用跑步了。或者，也許他會違背自己的意願繼續跑，讓別人開心。

*

跑步結束後，我們回到隊上的住處。屋主是一對老夫婦，這是一幢有著尖屋頂的建築，隔成好幾間像宿舍的寢室，裡面都是讓運動員睡覺的雙層床。我們輪流進浴室盥洗，每次三、四個人一起擠進一個裝滿熱水的磁磚大浴缸。由於一天的訓練已經結束，浴室裡充滿了熱絡的談笑聲。

洗完澡，我們齊聚在一個有長條日光燈照明的餐廳。長長的桌子鋪著綠花的桌布，上面擺滿了食物。一碗碗的醬料和生菜。每張桌子的中間是個小型瓦斯爐，上面滾煮著一鍋魚和海帶的清湯。麥斯和我最後到。憲司對面的兩個位子已經空著，筷子整整齊齊地擺在桌上的筷托上。

我是素食主義者，但我打算入境隨俗一下。鍋子裡滿滿都青菜、麵條和魚。我盡量避免撈到魚塊，而是舀其他的東西放進我的碗裡。有很多飯可以填肚子。還有味噌湯。還有納豆——一種味道刺鼻的發酵黃豆，一人一份。我第一次試吃納豆，是十二年前拜訪我哥哥時，那次他在裸祭後，第二天早上參加了他們學校的驛傳。當時，我完全無法忍受納豆的氣味，而日本人則樂此不疲地把它奉送給不知情的外國人品嘗。除了聞起來像是潮濕的臭鞋子，還裹著一層不知是什麼的黏黏滑滑的東西。但今天第二次試吃，覺得還滿好吃的。麥斯告訴我，它有很多的好菌，就跟味噌湯一樣。「日本食物到處是類似這種發酵食物，」麥斯解釋說：「它會增加你腸子裡『好的』微生物。它會讓消化更順暢，有助全身健康相關，而且對運動員特別有益處，因爲它會幫助能量更容易吸收。」

我在日本遇到的所有的運動員，都食用相當傳統的日式食物，飯、味噌湯、納豆、海帶、魚、蕎麥麵、豆腐、青菜是他們日常攝取的主要食物。他們每天的早餐、午餐和晚餐，都是吃這些食物的組合。這是極健康的飲食，日本是全世界最健康的國家之一，應該與此有關。他們不止是全世界有名的最長壽國家之一，而且，在二〇一三年聯合國調查世界上最肥胖的已開發國家中，日本墊底，只有百分之四．五的成人被認爲是肥胖。相較之下，英國排名第二十三，有百分之二十四．九的成人被認爲是肥胖*。

二〇一三年另一個大規模的研究，是由美國心臟協會進行的，他們發現，目前已開發國家兒童跑一哩（約一．六公里）的平均時間，比三十年前的兒童多了九十秒。在每個已開發國家都記錄到某種健身方面的退步，除了一個國家：日本，他們今天的小孩可以跑得和他們的父執輩一樣快。雖然這部分可歸因於運動在學校的中心地位，以及肥胖數據所顯示的，健康的飲食很可能也扮演了一定的角色。

在日本，加工過的早餐脆片、三明治、漢堡、比薩，以及所有那些不健康的食物都存在，但不如大部分西方國家那麼普遍，而且，當然不是大部分日本人的主食。

* 全世界最肥胖的國家是墨西哥，有百分之三十二．八的肥胖率，美國以百分之三十一．八排名第二。

小麥，這個歐洲與美國的主食，近年有些負面報導，被認爲是不健康的、有問題的食物來源，它在日本的消費量相對低了許多。如果你想在超市買一條麵包，它的包裝袋裡只有三片。我的小孩很喜歡早餐吃吐司，這個意思是，每次我們去採買，基本上就是把架上的吐司掃光。

在日本，大部分東西的份量都比較少。有一次在餐廳，我發現可以點一份附洋芋片的套餐，我忍不住點了一份。餐點來時，只有區區三片洋芋片放在一個小碗裡。

有許多研究探究份量對飲食習慣的影響，結果，你應該可以預想到結論了：全部的研究結果指出，提供較大份量的食物，會導致讓人吃更多。在一份研究中，即使這份食物已經變質，是放了十四天的爆米花，那些得到較大份量的人還是吃比較多，即使後來他們坦承那東西很難吃。

少量、限制卡路里攝取，現在是西方健康世界的流行語，但這些在日本早就廣泛執行多年了。日本常用的片語「hara hachi bu」，意思就是「只吃八分飽」。

用筷子吃飯也能避免吃太多，因爲這會迫使你吃慢一點，也就是你吃少一點，卻覺得更飽。因爲我現在已經習慣用筷子了，每當有機會用叉子吃飯，我都會覺得自己好像某種怪獸，一直把食物剷進我的嘴巴，急著在時限之前，把所有的東西吞進去。

精製糖，這個你可能吃到的最糟糕的食物之一，它基本上會剝奪你身體的活力和健康，而且已經被科學家羅伯．魯斯提（Robert H. Lustig）[3]歸類爲毒藥，這在日本的消費量也少很多

——不像西方國家，吃完一餐時，都要行禮如儀地來一份點心。在立命館大學的訓練營，糖完全不在菜單上。

當然，這裡也不是完美的。在日本每一個街角都卡進了一間便利商店，一包包令人產生罪惡感的垃圾食物疊得高高，幾乎頂到梁柱了。但在這裡，即使是巧克力棒和甜食的包裝，一般都比其他國家的同質商品小。而美味的小吃不是糕餅類和洋芋片，而是飯糰配上發酵的梅子或小魚，用海苔或豆腐包起來。

我詢問傑出的運動和飲食專家提姆．諾克斯（Tim Noakes）[4]對日本飲食的看法，以及這種飲食習慣是否能幫助運動員表現得更好？他的回答很直白，說這聽起來「棒極了」。

英國運動研究院（English Institute of Sport）的運動營養主任凱文．克雷爾（Kevin Currell）也贊成這種看法。

「這是提供給任何運動員的優質食物組合，包含了碳水化合物、蛋白質和蔬菜，而且最重

---

3 羅伯．魯斯提：美國加州大學舊金山分校小兒科醫師兼教授，著有《雜食者的詛咒：當一卡路里不是一卡路里，食品工業的黑心糖果屋》（*Fat Chance: Beating the Odds Against Sugar, Processed Food, Obesity, and Disease*）。

4 提姆．諾克斯：出生於一九四九年，南非的運動學科教授，出版過運動與飲食的書籍。他以支持高脂肪、低碳水化合物的食物聞名。

要的，我認爲食材的品質很好，新鮮烹調。這是我們鼓勵所有運動員的飲食習慣。」

我在日本的六個月結束前，大部分都是吃日本料理——除了早餐，因爲我的味蕾太習慣吃一些甜食，所以我吃吐司或粥——我的體重是我成年以來最輕的（六十七公斤，而我離開英國時的體重是七十三公斤）。雖然這六個月中，我的確花了不少時間跑步，但並沒有超過我前兩年在英國的運動量。即使我爲倫敦馬拉松做訓練，更常跑的時候，我的體重也從來沒有降到七十一公斤以下。

*

晚餐後，運動員都不見人影，進房間了。我和麥斯同睡一間。典型的日式房間裡，會有榻榻米地板和一櫃子的床具。這時候就把自己關進房裡好像太早了，所以我們穿著拖鞋在外面遊蕩。他們已經在樓下成立一間臨時治療室。門是開著的，所以我探頭看看。在一張桌子上，一位治療師正爲一位運動員按摩。一位女學生助理也正在地板上爲另一位跑者按摩。另一位身材矮胖、戴著一副眼鏡的學生正拿著一個超音波器材在自己的膝蓋上來回滾動，其他人則坐在地板上聊天。憲司也坐在地板上，但他的筆電開著，正在電子表格上塡寫今天的時間。

「請進，」他們異口同聲地說，他們挪移身子，讓出空位。我坐下來。我的出現讓房間裡暫時沉默了一下。我看得出有人正想著用英文說點話。

「板井（Itai，音譯）？」我問那位手拿著超音波器材的跑者：「會痛嗎？」他們全笑了。

我不確定是因爲我講的日文，還是因爲這個機器會讓人痛的想法令他們發笑。或者，只是一般的尷尬。

還好，麥斯很快出現了，每個人都鬆了一口氣，話匣子再次打開了。他們繼續互相談天說笑。大家進進出出的，把他們的夾腳拖留在門邊。每個人都只是殺時間而已，似乎很享受在群體裡的感覺。

這所有歡笑、輕鬆的氛圍，是憲司想要營造的團體氣氛的一部分。他說，其他的教練比較嚴肅，嚴格多了。我問他，他還是跑者的時候，是否也很享受在跑步營的時光？他的眼睛忽然睜大了。

「不，」他說，還搖著頭：「那非常，非常嚴肅。不好玩。」

他跟麥斯說了一些話。他想要我們看他的電腦裡的一段影片。我們靠了過去，他翻出一段老舊、有些模糊的賽跑畫面。那是一九九八年亞運的一萬公尺決賽。一個年輕的日本人戴著一個緊項鍊站在起跑線，神色焦慮，臉都漲紅了。那個人就是憲司。

他不耐煩地跳過了前半段比賽的片段，當中有六位跑者，包括年輕時的憲司，已經把其他人拋在後面。「好了，」他說，他坐著往後靠了一下，螢幕上的跑者已接近比賽的中間點。就在他們一通過五千公尺，憲司衝上前，開始奮力往前跑，他跑的時候，肩膀搖晃得很厲害。這是一場爲國家奮鬥的長跑。

我們全擠在螢幕前。憲司繼續加緊腳步，直到後面只剩一個人跟在他後面。那是一位個子很高，來自卡達的選手。

「強勁的對手，」憲司說，一邊指著那個人。當年輕的憲司使勁全力，揮舞他的手臂，眼神充滿惶恐，卡達選手卻看起來泰然自若、輕鬆自在，等待屬於他的時刻。我們早就看過這種情況無數次了，幾乎總是後面那位跑者得勝。

還剩下一圈，卡達選手繼續跟在憲司旁邊，但憲司持續加速。接近最後一個彎道的時候，他們兩個一起採攻勢，他們的雙腿現在幾乎起飛了，卡達選手展開全速，與憲司較勁。但憲司不讓他超過，彷彿他伸開雙臂，把另一個人擋在後面。他們全奮不顧身地，肩並著肩，衝刺到終點，中間超越看起來好像沒在動的前一圈跑者，而且看起來卡達選手就要通過終線了。但憲司硬是突圍，率先通過終點線，舉起雙臂。只聽到日本評論家的掌聲，激動地說不出話了。這是一場令人嘆爲觀止的比賽。

其他人顯然已經看過這段影片，他們沒說什麼，繼續做他們的事。

「很棒的比賽，」我對憲司說；「我以爲他最後會超過你。」

「我贏了，要歸功於驛傳的訓練，」他說：「在驛傳裡，你絕對不能讓任何人超過你。」

07 歸屬感

第二天清晨五點四十五分，我兩眼惺忪地站在宿舍旁的路邊等麥斯。隊上的跑者都肩上背著鞋袋，爬上了兩臺迷你巴士的後座，大家都不發一語。我們四面都是森林，既黑又寧靜。

麥斯跳著出來，滿懷興奮。巴士不會等我們，我們遲了三十秒，車子已經開走，上山了。

「別擔心，」麥斯說：「我們幾秒後就會追上他們。」

我們上了麥斯的車，他加足馬力，車子繞過幾個大彎，發出刺耳的聲音，一路沿著路穿過森林，驚醒了還在睡覺的動物。

迷你巴士在我們前面搖搖晃晃地行駛著。我們跟著他們，這條路在樹林間蜿蜒曲折。麥斯說起了滑雪。他說，冬天時他要再回來這裡。雖然現在是一個溫暖的早晨，他仍不斷比劃著雪會積多高。我們出了樹林，看見了環繞四周的山頭。

眼前一個寬闊的平臺上有一棟建築，它的前面是個空曠的停車場。

迷你巴士在建築物外面停了下來。跑者魚貫下了巴士，沒有人嘻笑或者說笑話。每個人都很安靜，思索著，想著停車場附近各自的方向。部分原因是，現在還很早，但也因爲今天稍晚，他們會進行一場計時賽。在最近的關西地區驛傳，立命館大學只拿下第三名。憲司剛開始擔任他們的教練不久，這樣的結果意謂他們還不夠格參加三大大學驛傳的第一關——出雲驛傳。由於他們不能參加箱根驛傳，他們只剩另一場大型比賽——十一月初的全日本大學驛傳。現在是九月中，所以全部的訓練目標就是爲了那場比賽。憲司告訴我，今天的計時賽會跑一段長路，以決定哪七位選手將代表出賽。

憲司請大家圍成一個圓圈。他說話時，大家全稍息站好。他說，他希望隊員在下午的計時賽裡，全力以赴。他說，他已經挑好了幾位隊員，但不是全部，所以每個人還有奮鬥的空間。

他說完話，選手們開始做伸展操，並穿上跑鞋。我很驚訝看見他們這麼一大早就伸展地這麼徹底。在肯亞，跑者很少在跑步前做伸展運動；而在歐洲，更是明確建議，若在身體還覺得冷的時候做伸展，也就是尚未經由輕鬆跑步熱身的身體，可能會使肌肉衰弱，導致運動傷害。

事實上，許多教練建議不要做任何靜態的伸展，像是立命館大學選手做的那一種——保持某種伸展姿勢超過數秒鐘的那種伸展。相反的，西方的教練偏愛動態的伸展，一邊動，一邊伸展。

我問憲司，爲什麼他的選手在訓練前做這麼多的伸展，我也告訴他，在英國，我們總是被建議不要這麼做。他笑了。

「這是日本老式的習慣，」他說：「我們相信，柔軟的身體可以避免運動傷害。但我也懷疑這一點。」

選手們一準備好，他們就出發了。他們都沒說話，就開始跑，一次一個，沿著一條有標示的路徑。這條路比前一天田徑場旁邊來回跑的跑道還大，他們跑進寬廣、海拔低的山坡，以及錯縱複雜的林道。在林地之上，岩峰掩映著清晨的太陽。

在正式的起跑點，有一張金屬材質製作的地圖，畫了各種不同路徑。雖然那是給冬天越野滑雪用的，基本上也是跑步路徑。地圖的主圖是兩個跑步的人，而沿路的木製標示牌也都有兩個跑者的圖像。在世界上其他地方可能也有像這種永久性的、特意開闢的跑步路徑，但我還沒看見過。

憲司建議我和副領隊野村（Nomura，音譯）一起跑。野村也是大學生，大一時就是驛傳隊員。但他一直認爲他將來要擔任教練而不是選手。他說，高中時訓練太密集了，讓他喘不過氣。但他熱愛驛傳，所以有機會擔任副領隊時，他便欣然接受了。

在立命館大學時，每天早上他和運動員六點起床，確定他們都出門跑步。通常他也一起跑，但只用輕鬆的步伐。他那段壓力很大的選手日子已經過去了。

我們以和緩的步伐一起出發，我們的腳輕輕地，啪噠啪噠地踩踏在覆滿針葉的森林地面上。幾句不大自然的交談後，我忍不住加速，想要盡情地跑。我稍後並不需要參加計時賽來讓自己翻身。野村跑在我旁邊，我們一路蜿蜒，與其他立命館大學的選手錯身，他們這裡一個，那裡一個，獨自地跑，像是迷失在樹林裡的遊蕩精靈。

野村似乎能輕鬆跟上我，但是當我們抵達終點，或者他們口中的「目標」，回到起點，他撲倒在地上，痛苦地大聲叫著。憲司站在那裡咯咯笑，他正原地慢跑，測試他受傷的那隻腿。顯然他很想再跑，但手術後，至今仍步履蹣跚。他開始在階梯邊踏上踏下。

他身後的停車場上，麥斯正和隊上的醫生，以及另外兩位副領隊一邊等著其他跑者回來，一邊正在練瑜珈。他們三個人一字排開，同時一隻手撐在地板上，另一隻手舉向空中。憲司似乎盡量不管他們，往我們這裡走來，問我們跑了多遠。野村回答他，他看著我，很滿意的樣子。「很好，很好，」他說。

我感覺自己漸入佳境。再多一些這種集訓，希望我很快可以再打破我的最好成績。當我告訴憲司，我想要超越我的最好成績，他說，他相信我做得到。

「可以的，」他說：「（十公里）三十三分鐘沒問題。」也許他只是禮貌上這麼說，但我接受所有的鼓勵。

*

回到宿舍吃了一餐白飯、青菜、納豆後，選手們一個個起來，離開了餐廳，還走到另一張桌子，從桌上一大罐的營養蛋白素調一些高蛋白奶昔來喝。今天早上不是開玩笑時間。他們做的每一件事都是謹慎小心的，當他們在屋裡走動時，屏氣凝神，不東張西望，每個人都集中精神，準備這項計時賽。

然而，憲司又添了一碗飯，似乎不急著離開。我問他是從什麼時候開始跑步？

「我高中時不是跑最快的，」他說。是他的朋友帶他進入跑步的世界。他們當時都是高二，朋友當時想參加驛傳。

「我們那年沒有如願，」他說：「但三年級的時候，我們兩個都被選上，可以參加驛傳。」他等著麥斯翻譯，看我的反應。

「So desune（原來如此），」我說。這是一句實用的口語，我還不很會用。日本電視上的運動評論家談話時，總是用這一句。它的意思是「是這樣，不是嗎？」這句話的用法很廣，表示你有在聽，而且同意對方說的話。

憲司笑我不太流利的日語。然後，停了一下，他說：「比賽前幾天，我的朋友出了一場車禍，死了。」

我手上拿著筷子，停在還沒吃完的納豆小盤上，不知道該說什麼。這時所有的學生都已經離開了。憲司後面，電視上正在播放溜冰表演。

「我們從來沒有機會一起參加驛傳，」他說：「但在我一生中的每一場比賽之前，我都會想起我的朋友。每一場驛傳，他都和我一起跑。」

驛傳中所融合的團結、團隊和友誼的精神，在朋友往生後，緊緊地抓住了憲司，將他推向人生的高點，而且繼續驅使他向前。

憲司說：「在日本，跑步就是驛傳。驛傳第一，其他的都其次。」

*

然而，那天下午回到田徑場，選手們知道他們將要比賽，爭奪在隊伍裡的名次，因此團結的精神暫時被競爭的氣氛取代了。憲司計畫一場一萬公尺的計時賽。他要他們在前五千公尺控制同一的步調，之後，他們可以開始競賽。

晨跑後，我覺得神清氣爽，因此決定在前一、兩哩加入他們。我答應不擋路，跑在田徑場的最後面。

我們在計時賽開始前，提早整整兩小時就到了田徑場，他們立刻開始熱身。我覺得，如果我熱身兩個小時後，應該會累到什麼事都做不成，所以乾脆坐在溫暖的陽光下等著。隨著時間分秒過去，我可以感覺到緊張的氣氛逐漸升高。連我都開始對跑步緊張起來。這一天似乎靜止了，彷彿有某件事不太對勁。那天下午，沒有其他人在田徑場上，甚至連一臺車都不見蹤影。

終於，憲司把大家集合到起跑線。他們全穿著賽跑的短褲和背心，而不是平常穿的長褲和

T恤。這是我頭一次看見他們穿著少到不能再少的賽跑裝。他們像正式的運動員一樣在場上上下跳著，拍打雙腿和手臂。他們整隊時，我站了遠一點。這支隊伍的王牌跑者吉村直人被告知要跑在最後面，而由隊長領隊帶頭跑。其他的隊員排成一行，一個接著一個，然後我們開始跑第一圈。

打從一開始，感覺上就是瘋狂地快速。憲司把他們的速度設定在每公里三分二十秒，但我一直落隊，然後得衝刺追上他們。那位跑得最快的隊員，就跑在我前面，也和我一樣，落隊，再追上，讓我的步調更加紊亂。好像我忘了怎麼跑，現在我的腿痛了，手臂變重了。跑了四圈，我得停下來。他們還得再跑二十一圈。

在五千公尺的時候，就像一頭終於解開皮帶的獵犬，王牌跑者從最後面一路超過每個人，開始衝到最前面。我明白這是憲司在一九九八年參加亞運時的跑法，也就是我們前一晚在電腦螢幕上看見的。同樣的模式，他把它傳承了下來：在中間開始衝刺，然後跑向你的人生。

現在，每跑完一圈，選手的臉就變得更扭曲和痛苦。後來，我回去看當時拍的照片，覺得看起來滿可笑的，好像他們是在試演殭屍電影的片段。王牌跑者輕鬆地以一百公尺左右的差距贏了比賽，只花了三十一分鐘。他後面是一位年紀較小的高二生，和第二號選手翔太南雲難分軒輊——他是隊上跑第二快的人。因爲是第二年，促使南雲沒命地衝向終點，他的眼睛睜得老大，頭偏向一側。

第四名是一位他們稱呼爲「教授」（Professor）的高一學生。這個綽號的由來，不是因爲他特別聰明，而是因爲他們說，他看起來不像跑步選手。他們的意思是，他身材矮小，又不像一些其他隊員有著輪廓清晰的俊美臉龐。但他顯然跑得很快。

隊長很努力地跑進了第六或第七名。我問憲司他在隊中的名次會不會有危險，他不置可否地擺了擺頭，意思是有可能。

集訓結束後，我參加他們一個到當地溫泉，或稱爲公共澡堂的小行程，算是苦盡甘來的慰勞。在裡面，他們在大窗戶邊坐著聊天，下半身都泡在熱騰騰的水裡。室外，山林已在夕陽中變暗了。學生們低聲談話，有些人斜倚在浴池的石頭邊上，把浸濕的法蘭絨毛巾蓋在臉上。麥斯也進來了，但我安靜地坐著，讓他們不受打擾的談天。這不是問問題的時候。

憲司說，他們雖然是因爲涼爽的天氣和在高海拔跑步的優點而來到這裡集訓，但主要的原因是要培養團隊的團結和歸屬感。

「驛傳最重要的是你在團隊中的力量，」他解釋說：「當你和隊友們一起訓練，專注於相同的目標，它會帶給你心理上的力量。生理狀態倒是其次。」

08 維持均速

回到京田邊，我們還在催小孩穿鞋時，隔壁鄰居理惠和她的家人已跨坐在腳踏車上等我們。梅瑞爾塔正在幫萊拉梳頭髮，奧西恩穿著襪子跑到外面，爬上一棵小樹。烏瑪和平常一樣，早就準備好了，雙手抱在胸前，無奈地看著她的家人如何拖拖拉拉。

「Chotto mate（等一下），」我說著，一邊把鞋子甩開，回到屋子裡找皮夾。

理惠和她的家人要帶我們參加在附近神社舉行的運動會。運動會本來是上個星期，但因爲下雨，所以延到了這一週。

我們不確定這是怎樣的運動會。我穿了我的跑步衣，以防萬一。良平是對街一位十五歲的男孩，他和他的朋友爲了今天的比賽，已經苦練了好幾個星期，每天早上上學前就沿著跑道跑步，我有一天早上加入了他們。他們邀了我好幾次和他們一起練跑，但清晨五點半實在太早了，我不知道他們每天怎麼做到的。

最後，我們終於準備好，踉蹌地出了門，跨上我們的腳踏車。我仍然沒有自己的腳踏車，但因爲運動會的場地不遠，我就跟在其他人旁邊跑。

「Ikimashoka（我們走吧）。」理惠開心地說，她的先生點點頭，然後他們像車隊一樣滑下山坡。

「Ikimasho（我們走吧）。」奧西恩也說，他穩穩地坐在梅瑞爾塔腳踏車的後座，他的遮陽帽蓋住了他的一頭金髮。

*

神社前面是一個小型足球場大小的碎石廣場。我們到的時候，已經擠滿了小孩。神社掩映在竹林裡，環繞在廣場三面的丘陵上。在一個角落，有盪秋千和溜滑梯，後面有幾個涼亭。

在廣場的入口，他們給我們一捲免費的家用垃圾袋作爲歡迎禮。免費垃圾袋是日本出奇常見的禮物。理惠告訴我，這個活動的歷史已有六十二年了，每年都有一場大型比賽。她說，我應該要跑。當然，我早就聽說了。我超想跑的。

理惠向我介紹去年的冠軍得主。他是當地的警察。她告訴他我會是他的對手，他很客氣地笑著，說他很肯定我會打敗他。我盡量表現一副謙虛的樣子，說我跑很慢，而且最近很累；但這些話聽起來頗虛僞。我剛與這個國家前幾名的大學驛傳隊訓練，我應該會輕鬆拿到冠軍。

一位拿著擴音器的人開始廣播，請大家一起加入熱身活動。小孩都成排排好，跟著主持人的動作，把兩手伸向空中，或者彎下腰摸腳指頭。我家的小孩還搞不清楚狀況，決定不要加入，只站在邊線看著。

然而，比賽一開始，獎品吸引了所有參賽者的目光，他們開始往起跑線集合。奧西恩的比賽是短跑，只有三十公尺，他是牽著梅瑞爾塔的手跑完的。兩個大一點的男孩在他還沒開始起跑，就已經跑到終點了。但這是友好日，他還是拿到了獎品：一包小糖果。他回來時，開心地笑到合不攏嘴，像是巧妙地成功搶到了戰利品。

我在熱鬧混亂的場面中，看見我的小鄰居良平和他的晨跑隊站在一起。他們看起來一臉嚴肅，良平戴著口罩，正在做伸展操，這是他期待已久的時刻。這場大賽就要開始了。

我在起跑線加入他們，身上穿著田徑短褲和快乾T恤，全身的運動細胞都動了起來。即使在Blooming的訓練課時，也沒有人穿田徑褲。相反地，他們對於自己的願景和角色很低調，把自己的腿藏在慢跑褲或緊身褲下面。

這時，圍在我身邊著的，大部分是小孩。幾位插進來的大人在後面晃著，笑說自己跑得有多慢、身體哪裡亮了紅燈。萊拉也參加了比賽，與我們對街的鄰居們興奮地跳著。我們被叫到起跑線時，我試著裝作不在乎的樣子。哦，現在輪到我們跑了嗎？我都不知道。但私底下，我已經精心算計好要鑽過眼前這些小孩的路線，到路徑的一側，然後接到神社外面的馬路上去。

那一側的灌木叢比較少。

槍聲一響，我們就出發了。我看見良平飛快跑在前面，他的雙臂上下抽動，彷彿是要逃離犯罪現場。他那位會說英語、跑較快的朋友，起步較慢，但我總算在開始跑第一座山丘前，趕上了他們。我之前有個禮讓他們的初步計畫，我想先跟著他們一起跑，然後在最後讓他們贏過我。但現在我們開始跑了，這個想法似乎變得愚蠢，甚至會令他們覺得困窘。我確定他們不想因爲我禮讓而得勝。此外，當我們的影子在瞬間重疊時，我的競爭衝動已加足了馬力，在我回神前，已經氣喘噓噓地跑上山，想領先他們兩人。

我發現自己取得領先一陣子了，比賽路線上空無一人，前面也寂靜無聲，一串選手在後面追趕。有時候，會浮現自己正爲自己的人生而跑的錯覺，但今天的比賽很輕鬆。我知道他們不會追上我的。

回程時，我開始與小孩們錯身，他們的比賽路線比較小圈。我火速地，有如一頭準備突襲的公牛，鑽過這群小孩。和萊拉錯身而過時，感覺得奇妙，她正和她的朋友一起跑，已經滿臉通紅。「很棒喔，女孩們。」我說，彷彿我只是站著看他們。跑進神社，通過終點線時，耳邊響起一種特別節奏的掌聲。贏了比賽，我假裝若無其事，一副沒什麼了不起的樣子，但其實我心裡開心透頂了！

良平得到第二名，他一隻手裡握著口罩，向空中擊拳。他的朋友就跑在他後面。

十分鐘後，我莫名其妙地參加了另一個比賽。這次，我得用一支吸管喝一罐啤酒，而我的隊友，也就是理惠的七歲小女兒喝的是一瓶有甜味的運動飲料。我們兩個都不諳此道，但還是贏得了一捲錫箔紙。

萊拉參加了每一項比賽，回家時偷藏了一堆獎品，從巧克力、醬油到保鮮膜。至於我今天贏得的大賽，是大會頒發的一只金屬啤酒馬克杯，頒獎時，兩邊各是良平和他的朋友：晨跑隊。而去年的冠軍得主，那位警察先生，也是我們的手下敗將，他則是頒獎人。

*

我或許是贏了地方型運動會的比賽，但我想要滲透到擁有上千名專業跑者的日本職業跑步世界的努力，依然毫無進展。憲司詢問了一些他認識的教練，說我是否可以前去拜訪，但得到回答和布萊登．賴利一樣：謝謝你，但是不行。

小串先生，也就是我在倫敦塔伍飯店第一次遇見的生生，他和我聯絡，建議我去東京的國家實業田徑錦標賽（National corporate track championships）看看。

「所有的教練都會在那裡，」我跟他通電話時，他這麼說：「你會有機會說話。」這聽起來是個不錯的點子，所以我照他的話做了，搭子彈列車從京都到東京，途中呼嘯過富士山。我不是車上唯一拿起手機拍照的人。

我一步下火車，小串先生就來迎接我。他買了月臺票來找我，因為擔心我一出站就會迷了路。打過招呼後，他的腳跟像是上了發條，我緊跟著他出了閘門，進了城市。他走得飛快，而且似乎一邊走，一邊不斷地檢查他的手機。事實上，他似乎有兩支手機。他現在用另一支手機打電話給某個人，我跟在後面，感覺像是個小孩被一位工作繁重的伴護人接走。

我們在繁忙、狹窄的街道上穿梭，進入一個地下購物商場，然後進入一間書店。我跟著他到了店裡看起來像是地圖區的一角，他終於在這裡放下了手機。

「首先，你需要一張地圖，」他說，一張地圖？「一張日本地圖。這樣，你才知道所有比賽的地點。我會用電子郵件寄一張表給你。」我不確定我是否需要一張地圖，但也許他是對的。至少，小孩看了會很喜歡。我可以把它掛在我們家裡缺乏裝潢的牆壁上。

他不確定這個主意好不好，所以最後我買了兩張地圖。一張是摺疊地圖，一張是海報形式的地圖。

「好了，走吧！」他說，我一邊把地圖塞進我的背包，他已經走到門口了。

往比賽的路上，我們在列車上遇見一位他的記者老朋友。這位朋友用眼角餘光看了我一眼，不太確定該怎麼與我應對。

到了田徑場，小串先生離開去和一些同事說話時，這位記者向我走過來。

「二十年前，這些錦標賽可是件大事，」他說：「整座運動場座無虛席。但隨著驛傳愈來愈受歡迎，對徑賽的興趣就日漸萎縮了。」我環顧四周。這座爲日本全國大賽而興建的巨大體育場，幾乎是空蕩蕩的。放眼望去，只是一排又一排的黃色摺疊式座椅。

我們站在跑道邊，全部的領隊都聚在那裡，穿著深色的西裝和白襯衫，帶著手機和選手名單，就像賽馬主檢查他們的馬匹。他們已經在夏季訓練營練得強健的體魄，也在驛傳季開始前評估運動員的體格。小串先生告訴我，他們其實並不眞的在意今晚是否贏得比賽。

「贏了當然很好，」他說：「但這不是重要的事。」不像驛傳或是大型馬拉松，這些田徑錦標賽沒有電視轉播。雖然有大量官員和運動員出席，加上領隊和教練，但整件賽事就像一場沒有觀衆的節目。也許，像是服裝預演，而眞正的節目會在別的舞臺演出。

但在看臺上，仍然有幾群支持者慢呑呑地攤開布條和旗子。這位記者說，他們可能是來自附近公司的員工。「他們很可能是被要求過來的。」他說。當他們的選手經過時，這些人便吹號和鼓掌，製造很多聲音來增加氣勢。

稍後，當我試著爬上看臺，發現有其他幾位觀衆觀賽，他們看起來似乎和這些隊伍沒什麼瓜葛。大部分是穿著入時的年輕女性，手提著昂貴的手提包。她們三三兩兩坐在一起，也有單獨一人坐著的，看起來對大部分的比賽沒什麼反應。小串先生說，她們是來看柏原龍二的。他是最近箱根驛傳的大明星，在他三度打破一個艱困山路區的區間紀錄，一人拉起不被看好的東洋大學，三度獲得箱根驛傳冠軍，因此被封爲「山之神」。「他就像英國的大衛．貝克漢。」小串先生用了一個比喻，試圖讓我理解。

今晚的重要比賽是男子和女子一萬公尺。在幾個月前的英國全國錦標賽裡，只有十三位男子選手參加一萬公尺賽，而且很神奇的，只有一位女子選手參加一萬公尺賽。在這裡，雖然觀眾沒有比較多，選手倒是多了很多。我數了一下，在A、B組裡，共有七十五位男子選手和五十五位女子選手。

在女子A組比賽的起跑線上，選手們花了很多時間拍打她們的手臂和雙腿，甚至是臉頰，我發現立命館大學的選手也照做。他們告訴我，這是爲了更有衝力。女子比賽中，有兩位肯亞選手爲日立（Hitachi）和九電工（Kyudenko）兩家企業隊伍參賽，她們顯然沒有做拍打的動作。

很多企業隊與肯亞和衣索比亞跑者簽約，以提升他們贏得比賽的機會。這些非洲人與隊上其他隊友在他們的公司住、訓練，通常也上班。過去十年左右，許多肯亞和衣索比亞最傑出的選手曾在日本居住和比賽，如已過世的二〇〇八年北京奧運馬拉松冠軍得主山謬·萬吉魯（Samuel Wanjiru）[1]，以及二〇一一年世界錦標賽一萬公尺的冠軍得主易卜拉欣·傑蘭（Ibrahim Jeilan）[2]。

起跑槍聲一響，兩位肯亞女子選手一馬當先，在第二圈結束時，她們已經遙遙領先在後面苦苦追趕的日籍選手四十公尺了。在陽光下，這兩組選手的跑步姿勢有明顯的不同。肯亞選手跑起來跨大步，輕鬆自如；而日本選手全都是一樣急速的小碎步跑法，她們的手臂奮力前後擺動，像是發條玩具。她們看起來幾乎像是雙腳被一條隱形的繩子綁起來，所以無法大步，這似乎不太公平。

有一次難得的機會，我得以和一位立命館大學的女子選手交談，趁她們的領隊不在的時候，我問日本頂尖的年輕跑者大森菜月，爲什麼大部分的日本女子選手都用小步幅式的跑法。

「因爲我們的腿比較短，」她說：「這樣的跑法比較有效率。」是教練告訴她們用這種跑法。

隨著比賽的進行，肯亞選手超前愈來愈多。她們眞的勝出一大截嗎？最後，結果並非如此。在最後幾圈，她們開始疲憊，而日本的領先群依然用相同的步調持續前進，開始追上了。在最後兩百公尺，比賽進入白熱化，最後肯亞選手奪下了冠亞軍，但只以些微的差距險勝。

這場比賽描繪出兩種不同的比賽策略。稍晚，我遇到了第四名跑者的領隊，他對他的選手成績相當滿意。我問他對肯亞女子選手一開始就向前衝的意見，他笑了。「不，」他說：「這不是日本的方法。日本的方法是維持均速。」

當然，均速比較有道理，而且比較不會落得被一路均速的對手追上，哀傷地跑回來；但兩

---

1 山謬・萬吉魯：生於一九八六年，卒於二〇一一年。二〇〇八獲得奧運馬拉松金牌後，他在隔年的倫敦和芝加哥馬拉松又獲得冠軍。二〇一一年，他自肯亞家中的陽臺摔落身亡，年僅二十四歲。

2 易卜拉欣・傑蘭：出生於一九八九年，為衣索比亞長跑選手。

位肯亞選手仍然拿到了冠亞軍。她們眞的比較有天份，或者只是比較勇猛？

她們也不是天眞無知的。稍晚，我發現冠軍選手用聽起來近乎完美的日語，與她幾位日立隊友聊天。我問她關於比賽的事，她告訴我，她和其他的肯亞跑者一起跑領先群。

「她領一圈，然後換我，」她解釋說。雖然她們分屬不同的隊伍，他們會因爲擁有共同肯亞人的比賽哲學而一起合作。當然，一馬當先不會總是奏效，今晚還險些馬前失蹄，但這讓我想起偉大的馬拉松教練雷那多·卡諾瓦（Renato Canova）[3]曾經告我的話。他說：「要贏一場大型城市馬拉松，你需要一點狂野。不是當個會計師。」你必須冒險，把謹愼丟一邊，從手錶和計時器的束縛中解放出來，自由地跑。比賽之前，誰知道你的均速應該是多少？也許你認爲你知道，但那是自我設限，一個可能會阻止你獲勝的限制。

身爲一位幾乎在每場參賽的比賽中起跑太快，並因此吃到苦頭的選手，我必須爲謹愼搖旗讚聲。在大部分的案例中，一開始就冒險快跑的男子與女子選手，最後將鎩羽而歸，在最後幾哩路苦撐，有如突然老了四十歲。但如果你查閱二〇一三年的上尾半程馬拉松，上百位日本大學選手跑在六十五分鐘之內，你可能會問，爲什麼冠軍選手只跑了六十二分鐘半。當然，一邊有這麼多有天份的人，另一邊不是該有一些跑進六十分鐘的選手出線嗎？

寶拉·拉德克里夫（Paula Radcliffe）[4]有一次以幾乎快兩分鐘的成績，打破馬拉松的世紀界紀錄。通常，選手們打破紀錄是以秒計的，因爲在他們的認知裡，就是要跑得比世界紀錄的步調更快。當然，這是完全合理的。如果你注意世界上最快的某個人跑了某個特定的距離，然後你試著比他跑稍微快一點，這本身就相當大膽。

然而，那天當我跟拉德克里夫談起這件事，她告訴我，她根本不知道她當天跑的速度有多快。

「我從來不會計畫以某個步調跑，」她說：「我畢生職涯的座右銘是『無上限』。我不試著用心中計算的固定時間跑，跟著定好的時間切分，因爲，如果你超越這個時間切分，又怎麼樣呢？你會因此慢下來嗎？」

是的，我想大部分的人會。但如果跑的時候要像拉德克里夫、像肯亞人一樣揚棄計時器，有時候，你必須把手錶拋諸腦後。我忍不住想，有多少位日本選手會因爲手錶告訴他們該跑多快，而在那一萬公尺賽裡遲疑了他們的腳步？這種「日式跑法」，有如會計師一般地精心計算單圈時間的跑法，是否會限制了跑最快的選手，阻礙他們擊敗肯亞人？這是個很有趣的想法。

＊

3 雷那多・卡諾瓦：義大利籍教練，他的選手贏得了無數的國際中長程賽獎牌。
4 寶拉・拉德克里夫：出生於一九七三年，英國長跑選手，也是目前世界女子馬拉松紀錄（二小時十五分二十五秒）的保持人。

第二天，我回到田徑場，然而，少了高水準的長跑賽事，這場錦標賽感覺比較像企業間的運動會，而不是重要的競技。這是個豔陽高照的午後，每個人都神清氣爽，他們互相鞠躬致意、談笑、交換名片。

我漫無目的地閒逛，懶散地看著鏈球選手，這時我瞥見小串先生正和一名身穿田徑服的男子說話。我不確定他是否想一個人獨處。他不斷把我支開，說他有要事要處理。他還沒像先前跟我說的，要向我介紹某個公司隊的教練。我試著靠近，從他眼前晃過，確定他看得見我，但也不能太近，以免他眞的不希望我靠太近。要做的不像我在跟蹤他，眞是一個高難度的動作。很幸運地，他看見我了，而且點點頭，我的解讀是，他想要我過去。

「這是日清食品隊的教練，」他說：「去年實業團新年驛傳的冠軍隊伍。國家冠軍，非常優秀的團隊。」

小串先生告訴這位教練，我住在京都，他笑了一下，彷彿我住在那裡有點好笑。這位教練說，他的故鄉也在京都。

「京都南邊，」他說：「一個叫京田邊的地方。」

「我就住在那裡。」

他顯然看起來很驚訝：「京田邊？」

我點點頭，爲這一點點偶然感到欣喜。

「有這麼多地方，你爲什麼選擇住那裡？」他看了一下小串先生，他也點頭，表示我說的是眞話，我眞的住在京田邊。

我告訴他關於學校的事。他說他知道那所學校，他表兄弟的小孩也讀那裡。

「你一定要來東京看我們，」他這麼說，我想，他指的是他的團隊。全國驛傳冠軍隊！眞是棒極了。

「我很想，」我說，一面盤算我這時可以向他表明我的態度到什麼程度：「我隨時奉陪。」

「歡迎。」他說。

「Arrigato gozimasu（謝謝）。」我說，鞠了一個躬。

終於，我拿到入場卷了。我心想。

09 初訪比叡山

我們經過一個小側門，進入多福院。這扇門只有四呎（約一百二十公分）高，所以我們得彎下腰。

「做人要謙遜。」麥斯解釋，這扇門迫使你低下頭。即使是相撲選手，當他們進入神社時，都被期待要將他們戰鬥的那個自我留在門外。

在神社裡，我們遇見一位穿著華麗的女士，她有雙濃眉大眼，一束亮灰的頭髮往後梳理。她說話輕聲細語，幾乎像是耳語。

「她說什麼？」我問麥斯，他站在那裡頻頻對她微笑和點頭。我也不知該脫鞋還是不用？

「她說我很帥氣，」他說，一面給了我一個開懷的笑。他脫了鞋，踏上神社高起的地板。我依樣畫葫蘆，但我因爲解鞋帶而落後了一點。我上了階梯，追上他們，腳下古老的木地板有著極爲柔順的質感。

入內後，我們被領到一間寬敞的榻榻米房間，窗戶全向著一邊，對著一座修剪完美的日式花園。連日陰雨，花園裡的花草樹木都鑲了水珠鑽石。主人離開時，我們坐在地板上，安靜地等著。

在京都附近的某個山區，住了一群馬拉松僧侶。傳說（以及眾多電視紀錄片報導），比叡山的僧侶會在一千天裡跑一千場馬拉松，以追尋悟道。成功達標的僧侶會受到崇高的敬重，有如活佛或在世的聖徒。僧侶選擇這種一千天的挑戰，或稱「Kaihogyo」（回峰行），極爲罕見，能完成的更是世間少有。在最近一百三十年裡，只有四十六位僧侶完成這個艱鉅行動。我希望能遇見他們其中一位。

然而，我總不能冒冒失失地走上山，然後敲敲他們的大門。他們的訪客都僅限於受邀者。但麥斯研究他們一陣子了，他認爲，這座位在京都北邊私人寺廟裡的女子，也許會是我們的貴人。她嫁給這裡的住持[1]，而且她認識其中一位僧侶。然而，在答應帶我們去見他之前，她想先見我們一面。所以我穿上了最簡潔的襯衫，麥斯也把他的頭髮梳得整齊旁分，我們兩個坐在

1 日本神道教的神職人員是執行神道教儀式的人，通常他們也住在神社裡。不論男女都可以成為神職人員，而且他們可以結婚生子。

那裡，盡量看起來很有慧根的樣子，用一種平和的神色，望著外面的花園。寂靜似乎瀰漫了整座寺廟，彷彿四面牆之中的時間靜止了。我差點想躺下睡個覺。我前一晚半夜醒來，幫奧西恩塗抹蚊蟲咬的藥膏。牠們似乎很喜歡他幼小、來自外國的血，每晚上床時，他皮膚上都會有新鮮的咬包，然後花半個晚上翻來覆去，騷抓被咬處。梅瑞爾塔也飽受蚊子的搔癢之苦，這裡的炎熱加重了她的濕疹。

我疲憊的雙眼開始要闔上時，我們的主人帶著一個人回來了。她捧著一個托盤，上面放了一杯杯清亮的綠茶，還有一些精緻的小點心，實在太漂亮了，讓人覺得似乎不應該把它們吃掉。他們兩個坐了下來，她問我爲什麼想去拜訪這些僧人。

我告訴她，我常常發現自己質疑我跑步的理由。跑步是很辛苦、累人的，我的雙腿變得疲乏，有時，要從沙發或床上爬起來去跑步是很難的。沒有人逼我去跑，或者要求我去。也沒有人在意我跑，或者不跑，但我總是去跑。有某種東西促使我做這件事。

我知道有些人跑步是爲了減重、爲了健身，或者爲了慈善募款而跑。但是對我以及許多跑者，這些只是附加價值。跑步本身有其存在的理由。然而，若你問大部分的跑者他們爲什麼跑步，他們只會面無表情地回望你。

我想的愈多，愈開始了解到，我們跑步是爲了與自身的某種東西產生聯結，某種深埋在所有世俗的認同與責任之下的東西。跑步，在它最單純、最原始之中，抽絲剝繭，透露了底層赤裸裸的人性。這是很難得的經驗，每件事都被拆解，可以直接面對。有些人會停下來，而且是因爲發覺到我們的心臟是如何跳動、我們的心如何進擊，如何不顧一切地奮力向前，而震驚地停下來。

但如果我們繼續，跑得更努力、更遠、更深入荒野，遠離世界和生命的框架，跑步的疲憊似乎會昇華，我們開始飄浮起來，即使肌肉還隱隱作痛。我們的心智開始清明，開始感覺一種奇異的疏離，但同時又有一種聯結，聯結到我們自己。我們開始體驗某種形式的自我實現。

「當然，這大部分是發生在潛意識的層次，」我說：「但我聽說，對有些僧侶來說，這是發生在意識層次的，他們將跑步當作通往開悟的道路，我想要見見他們。」她微笑著，彷彿明白我的意思。再次開口說話前，她讓房間裡再次沉寂下來。

「眞是可惜，」她說：「如今跑步全是爲了比賽，不是爲了好玩。」

「但是在現代世界，我們需要理由，」我說。我現在正滔滔不絕。麥斯一邊翻譯，一邊用點頭和微笑慫恿我繼續講下去。

這個世界的建立，得滿足理性和有邏輯的心，他們需要看見每件事情背後清楚的原因和效益。我們必須在眼前搖晃一下馬拉松的胡蘿蔔和最佳成績，來解釋爬起床、在外面跑，回到家卻實際上哪裡都沒有去的這種奇怪的習慣。我們必須爲它找到一些理由、一些架構。它必須能符合我們生活的論述，諸如奮鬥、追逐目標。這是我們被教導的，我身體力行。不管有多麼獨斷，打破紀錄或設定一個目標，都能帶給我一絲溫暖且感動的成就感。這令我無法抗拒。而這些從表面上看來，給了我跑步的動機。它能抓得住我。然而，眞的，打心裡，我知道這只是個門面。我眞正想做的，是拋開所有這些架構，拋開我已架構的人生之複雜與混亂，連結到深藏在萬事萬物底層的單純的人性。

這位女士微笑著點頭，她爲我多沏了茶。我緩緩地做了一個深呼吸。在這個地方，說這些話，似乎爲跑步注入了一種宗教般的質素，感覺並無不妥。如果我這麼談論足球或網球，感覺就離題了。但在這裡，其他人都點頭表示贊同。他們現在也想去跑步了，我可以感覺到。

這位女士告訴我，她過去也跑，但現在不跑了。

「我當時很喜歡跑步的感覺，」她說。

她那位一直安靜坐著旁聽的同伴，也告訴我們他多喜歡跑步。

「小孩都愛跑，」這位女士說：「這對他們是很自然的一件事。」

「的確，他們愈是興奮，跑愈久。他們控制不住。」

她微笑著。「So desune（是這樣沒錯），」她說，我同意。

麥斯起身去了洗手間。少了他在場翻譯，我們的對話停了下來。外面開始下起雨，有些雨噴到了窗戶上。麥斯回來坐下了。

這位女士告訴我，這些僧侶跑千次馬拉松時，腳底穿的是草鞋。她「曾經遇見一位最後一天正挑戰第一千次馬拉松的僧侶，她心想，他的雙腳必然都腫瘡了。

「但他們的腳卻平滑而且乾淨，」她說：「彷彿他一直是浮在地面之上，沒碰觸地面的。」

我問她關於一個我聽過的傳說：如果有僧侶不論是任何理由無法完成這項挑戰，而必須半途而廢，他們就得自殺。

她說，她沒聽過這個傳說。沒錯，這曾經發生過，但現在就不清楚了。沒人問過這個問題。事實上，有許多謎團圍繞著這些馬拉松僧侶。我還聽說，我們無法窺見他們跑的確實路徑，因爲那太神聖了。

女士的同伴開始收拾杯盤。他鞠了個躬，離開了房間，這也是提醒我們該告辭了。她說，她會聯絡一位她認識的馬拉松僧侶。我們得等消息，看他是否同意會見我們。

回到外面，世界和先前一樣轉動著，計程車在等乘客，西裝筆挺的人們走出辦公室用中餐，腳踏車在等綠燈過馬路，一位男士整理他店外的貨品。麥斯幫我把他的車門打開。

「你要進去嗎？」我還怔站在那裡時，他問我。

「是的。」我說。我回頭看一眼這間寺廟，但木門已經關上了。上了車，我們開車離去。

*

回到跑步競賽的世界，立命館大學隊正在附近的城市靜岡，爲驛傳隊進行另一場練習賽。

這些練習賽都很正式，而且通常有許多好成績被記錄下來。驛傳冠軍的日本體育大學在前一週，也於東京的校園內舉辦了一場對所有大學和高中開放的類似計時賽。令人感到不可思議的是，共有四十五場的五千公尺初賽，從星期天早上七點半開始，到當天晚上九點二十分才結束。每場初賽平均有四十二位選手，加起來就是一千八百九十位選手。這還只是五千公尺的比賽項目。星期六當天，還有人數差不多的選手參加了一萬公尺的初賽。

當我比對英國布里斯托大學（Bristol University）[2]在我出發前往日本前舉辦的類似田徑公開比賽，只有一場初賽，而我是唯四的跑者之一。女子賽根本沒有開始，因爲沒有人出賽。

東京比賽的品質也令人驚異，即使在最慢的五千公尺初賽裡跑最慢的選手，成績是十九分鐘。在當天的決賽裡，有三十個男子選手跑進十四分〇五秒。而在英國全年中，只有二十個男子選手能跑這麼快。

由於附近沒有任何箱根區的大學，立命館大學在靜岡的這場比賽，規模不像東京的計時賽這麼大，但我很想去看它是如何進行的。

這場比賽是在一個爲了二〇〇二年世界盃足球賽興建的體育場裡舉行的。我到的時間大約是下午四點鐘，快到體育館時，天氣還很溫熱。穿著田徑服的選手正在巨大的體育場混凝土牆邊慢跑，從彼此身邊咻地跑過，眼神專注，不發一語。

隊上在四處的地上鋪了一塊塊防水布，有時上面還蓋著毯子，是讓選手們等待上場前坐

的。即使在這裡，他們在踩踏毛毯前，也小心地脫掉他們的鞋子。

有人請我在抵達體育場時，打電話給憲司的副領隊野村。進去場邊不用付費，也沒有安全檢查，不知不覺，我已經踩進了田徑場邊。一群女子選手正跑過眼前，痛苦扭曲了她們的臉，彷彿她們正慢慢被拖進火熱的地獄。

我沿著終點前的直線跑道邊走。在這裡，我又看到許多隊伍坐在一塊塊的防水布上面。領隊穿著西裝，看起來有點擔心，他們的雙眼盯著比賽，手裡握著碼錶。鐘聲響起，選手跑到最後一圈了。在直線跑道的後面，我可以聽見隊友、教練全對著選手大喊加油。當選手跑到最後一個轉彎，往終點直線衝刺時，吶喊的刺耳聲在幾乎空盪盪的體育場裡回響，一個接一個選手穿過終點線，各個都表情痛苦，體力耗盡的樣子。

最後一位跑者一過終線，立刻又聽到槍聲響。在田徑場的另一側，下一場比賽已經開始。

我用我的電話打給野村。

「Finn Desu，」我說。我是芬：「Doko desu ka（你在哪裡）？」

他告訴我他在哪裡，可是我聽不懂，所以我試著告訴他我身在何方。一百公尺起點後面。

2 布里斯托大學：位於英格蘭西南部的知名大學。

田徑場上。「啥？」他聽不懂。「尤塞恩．博爾特」我抱著最後一絲希望說，但馬上就知道我只是在混淆他而已。

「博爾特？」他幾乎叫了出來，彷彿這位偉大的運動員正在場上。

他終於看見我了。他在我後面的看臺上，向我招手。我立刻前去加入團隊。他們都在等著參加五千公尺的比賽，很快要開始了。他們似乎很驚訝看到我，但還是點頭說了一聲「os」（嗨）。他們告訴我，憲司正在路上。其中一位一年級的選手笠原拓巳（Takumi Kasahara，音譯）會說一點英語。他是一位一千五百公尺的選手，但在日本，這派不上什麼用場，所以他通常被派去跑長跑，以便參加驛傳隊。

日本的一千五百公尺紀錄成績不過是三分三十七秒，幾乎是十年前的紀錄。我在做日本與英國的比較時，一直是日本勝出，但在這裡，對比剛好相反，二〇一三年，英國跑者就打破了日本的紀錄。日本史上最快的一千五百公尺選手，在英國所有的一千五百公尺選手中，僅排名第三十九。

其中一個主要原因是，像笠原這樣的選手幾乎在他們開始跑步生涯時，就會被導離一千五百公尺賽。在日本，如果你會跑，那麼你就會被鼓勵去參加驛傳。但這相當可惜，因爲笠原很明顯天生是一千五百公尺賽的運動員。他比其他跑者高大，他的腿比較壯，他不具備長跑選手那種輕盈的體格。

所以今天早上，他跑的五千公尺預賽是最慢的組別之一。他跑了十五分五十秒——比我最好的成績快一分鐘以上——而且接近墊底了。

「對我來說這距離太遠了，」他說，只能聽天由命了：「但我盡力了。」

不久，月亮悄悄地升到體育館上方，像一盞紙燈籠，憲司匆匆趕到，臉上堆滿笑容，還說著好笑的笑話。他穿著簡潔的黑色西裝。重要的比賽，也就是十場最快的五千公尺預賽，就要開始了。

還沒上場的立命館大學選手起來熱身，我和憲司、笠原趕緊往下朝跑道走，笠原答應要幫我翻譯。

比賽是根據選手的最佳成績分級的，最後的比賽就是當晚最快的比賽。這位立命館大學的選手在第一次預賽全場全力衝刺，在最後一圈大爆發，輕鬆贏了比賽。他的臉上有一種堅定、專注的神情，當別人嘻笑玩鬧時，他常不屑地看著他們。

「祕密炸彈，」憲司神情愉悅地說。野村從我的肩膀後方出現，加入我們。「是祕密武器，」他說。

「對，是祕密武器，」憲司重複了一次，一邊點頭。這位選手在八月還沒沒無聞，現在突然看起來像個超人。這個團隊已經成形了，憲司說：「前十名。」這是他對即將來到的全國驛傳名次的臆測。這將是個不小的成就——在他們二十四年的歷史裡，立命館大學只有跑過一次前十名，那是在一九八四年，他們擠進第十名。去年，在憲司加入之前，他們得到第十三名。

每次一場比賽結束，一群新的跑者很快抵達跑道上就位，鳴槍，然後又一批出發。加總起來，共有二十組女子賽和十七組男子賽，每一組大約四十名跑者。他們大多是高中和大學的選手，也有少數是職業選手，和少數有膽量的業餘選手。

隨著每一組比賽旋風般地進行著，我們站在第四跑道前端的彎道邊，和其他許多教練與領隊一起。當他的選手從眼前跑過時，憲司會探身出去，給出他的建議。但他同時也和所有其他領隊互有來往。他們大部分都認識他，會過來打聲招呼，每個人都互相鞠躬，你來我往，彼此交換名片。

「教授」和「隊長」在同一組比賽，但這次隊長展露出他的資格證明，緊跟著領先的選手，得到第二名；而教授的臉扭曲著，脖子轉向一邊，他的眼睛因爲奮力而瞇起來，最後只得到中後段的名次。

「他是一年級學生中跑最快的。」笠原告訴我，語氣中帶著對朋友跑步實力的敬意。

許多選手綁著頭巾，帶子垂到他們的背上，這些是高中選手。從某些角度來看，高中生跑步甚至比大學或職業選手更嚴格。

「在高中，訓練太辛苦了，」笠原告訴我。身爲大一學生，他最近才讓自己從高中畢業：「簡直像軍隊一樣。」

我問他是否比較喜歡大學。

「是的，」他說，笑嘻嘻地強調這點。

全部的高中生都理了光頭，表情堅決、肯定。雖然他們年紀比較小，但在比賽中他們撐得住場子。即使在最快的比賽組，也有他們的身影，拼第一個，他們的隊友聲嘶力竭地爲他們加油，彷彿他們的生命就取決在那每一秒之間。我們旁邊一位高中生甚至拿了一只擴音器爲他的隊友加油，以壓過其他人的聲音。在兩百公尺的地方，也就是一圈的一半，一群群的女生拿著碼錶，對著她們的選手大喊一圈的秒數。全都在同一時間，場面一片混亂。

當晚最後一組比賽的重點是頭號選手和二號選手。笠原告訴我，頭號選手吉村（Yoshimura，音譯）的目標是十三分五十五秒，比他目前的個人成績還快二十秒。「他做得到，」憲司的助理野村說，他在場邊加入了我們。他告訴我，隊裡的每個人在最近幾星期都跑出了最好的個人成績，一切都進展得很順利。

「明年，」憲司激動地說：「前五名。」他再次提起全國驛傳。他打開五隻手指頭，笑著，知道這是過度樂觀。

比賽開始前的匆忙時刻，憲司把我介紹給另一個隊伍的領隊。憲司告訴他，我曾在肯亞集訓過，我也告訴他，肯亞人訓練時，偏愛在泥土路上，而不是在混凝土路上。他顯得很驚訝。

「在日本，」他用英文說：「在日本，只有混凝土路。」

截至目前，我在這裡的訓練，幾乎全是在混凝土的跑道，但全日本不可能全部都鋪了混凝土啊？

但我們沒有時間進一步討論，因爲比賽開始了。頭號選手又高又瘦，有如一頭獵犬，似乎保守了一點，跑在領先者的後面，領先的是一位戴眼鏡、綁著一條紫色頭巾的矮胖高中生。

他們飛快跑了一圈，費時六十五秒——大約是十三分三十秒的速度——跑完四圈時，頭號選手開始落後。起初只是小小的差距，但後來差距愈來愈大。其他的選手飛箭般地超越他，好像他是一個飄浮在跑道上的丟棄物。二號選手南雲（Nagumo，音譯）也超越他了，頭號選手慢慢跑過跑道，落後愈來愈多了。

後來，我們得知他的腳跟腱開始痛。雖然如此，他沒有停下來保護他的傷，反而一擺一擺地繼續跑到終點，超過十六分鐘。我瞄了一眼憲司，他的表情非常凝重。他的雙唇緊閉，我了解此刻最好不要問他的想法。

稍後，在運動場的低氣壓中，他們圍成一圈，進行一個小組匯報。我完全不知道憲司對他們說了什麼，但在頭號選手受傷後，大家的心情都很低落。我們似乎是最後一個離開運動場的，孤單地沿著兩邊插旗的大馬路，往火車站走去。這些旗子最初是爲了迎接二〇〇二的足球迷而豎立的。

我發現自己和笠原與「教授」走在一起，「教授」的本名是土井正人。他們交談著，似乎想問我什麼。

「你喜歡日本漫畫嗎？」笠原問我，「教授」正往旁邊看。漫畫在日本出奇地受歡迎，如果你在日本走進一家漫畫店，裡面必然擠滿了各式各樣的人，從業務員到年輕女子都有。不會有人因爲在列車上看漫畫而覺得不好意思。可惜，我實在不是漫畫迷。當然，我看不懂，但我覺得好像讓我的兩位朋友失望了，不知道該說什麼。

這時，我想起我們剛到日本的時候，直接下船，滿身疲憊躲進水泥建築物時，導遊把我們帶去一個位在「境港」這座港口城市裡的「妖怪大街」。這整條街都是在紀念知名的漫畫作家水木茂，他的故鄉就是境港。我和他們分享這件事。水木茂所畫的最知名的角色，就是只有一隻眼睛的男孩鬼太郎。

當笠原轉述這些事時，教授變得非常激動。「他在高中的綽號就是鬼太郎，」笠原解釋。

「你喜歡漫畫嗎？」我問他們。教授張大了眼睛。

「是的，」他用英語說：「我超喜歡。」

他們說的對，他似乎不像一位選手，雖然我也不確定他像個教授。鬼太郎是一個個頭矮小的鬼男孩，他的頭髮披蓋在他消失的那隻眼睛上。那的確有點像教授，他也穿著一雙噴射動力涼鞋，對這位愛超速的小子，那是更符合他的綽號。

眼看十一月初的全國驛傳只剩幾個星期了，隊上的準備和訓練已近尾聲。但頭號選手受了傷，如果他們不想辜負憲司的預期，順利拿下前十名，他們可能需要幾位穿著噴射動力涼鞋的選手。

10 環九州驛傳

在長崎市的一座小山上，九位跑者一字排開，站在七十年前第二次世界大戰時，第二顆，也是最後一顆原子彈投下的地點。電視攝影機對準他們。另外，還有一群觀衆在燦爛的晨光下揮舞著旗子。槍聲一響，九位跑者便起跑，衝下山，展開世界最長的接力賽的第一棒：長達七百四十公里的九州驛傳。

我們還來不及看到他們經過，就得去追趕媒體巴士。這是我第一次體驗觀看高水準的驛傳，光是在場，就足夠令人熱血沸騰。一位憲司的記者朋友聽說我大老遠來日本認識這裡的跑步文化，覺得非常感動，所以他邀請我來看這場比賽。他的報社是贊助者，所以他爲我打點了所有的採訪證明。他說，我可以搭上媒體採訪巴士，聽他這樣說，我想像他的意思是，我們可以開在領先群之前，觀看比賽在我們身後開展。但事實卻非如此。

驛傳的距離差異有可能很大，隊伍和規模也有不同，環九州驛傳（日文：九州一周駅伝）是其中路線最長的。這個比賽另一個獨特的原因是，他的參賽隊伍包括了實業隊、大學隊和業餘隊的選手。日本三大島上的九個區都有一支隊伍，他們一起沿著九州島賽跑。至少，他們過去是這麼做的，涵蓋一千零六十四公里，直到幾年前，這個比賽做了一些調整。後來，距離只剩七百四十公里。每天，每隊二十五個選手中間有六個人，每個人輪流跑十五公里。

這場比賽是在戰後的一九五一年，也就是日本（尤其是長崎）正努力從原爆後的廢墟中重建時開始的；這場比賽被賦予了象徵與歷史意義。這也是爲什麼在比賽開始前一天的開幕典禮上，會有多那麼多悲傷的臉龐和演說，因爲，這是這場競賽最後一次上演[1]。

從某種角度，這場比賽不過是商業角力下的犧牲者。由於日本經濟在大蕭條後，持續低迷多年，九州驛傳不再擄獲大眾關愛的眼神——更重要的，是失去了國家電視臺的報導和相伴而來的廣告收益——這和日本某些其他驛傳同病相憐。

這可能是因爲連續跑十天——或者像這次的簡化版，七天——實在是太長了，無法長時間吸引人們的目光。日本並不盛產休閒時間，箱根驛傳之所以如此受歡迎，原因之一就是它是在日本少數的國定假日中進行的。

另一個九州驛傳受挫的原因，可能是它離東京很遠，基本上是一個地方性的活動，而且歷年來只有兩隊贏過。

停辦這場比賽的官方說法是，警方表示，道路交通變得太繁忙，要維持這麼長距離的比賽過於困難。比賽期間，道路並未封閉，圍繞在跑者四周的生活一如往常。第一天的途中，一位跑者必須在鐵路平交道前停下來，輸了對手重要一城。

我也聽說，一些職業隊也遊說停辦比賽，因爲擔心對他們的跑者太危險，也太艱苦。大部分的頂尖跑者在這七天之內至少得跑兩區，有時是三區。

肯亞的前奧運馬拉松金牌得主萬吉魯，也是史上最偉大的長跑選手之一，在他旅居日本南部這個島，並在此訓練時，他參加了好幾次九州驛傳。當地人還深深懷念他。一個人開玩笑說：「我們常常大喊，他又破速度紀錄了！」

在開幕儀式上，一位幾乎是淚流滿面的主辦人回憶起過往比賽的輝煌點滴，包括萬吉魯。在點名時，我聽到憲司的名字。憲司曾七次參加九州驛傳，他的隊伍連七勝——其中一次，他還拿下區間賞，或者稱爲最有價值選手（MVP）。

他說，他第一次參賽時還是十八歲的高中生，那次的經驗讓他知道驛傳有多麼困難——那

1 二〇一二年第六十二屆環九州驛傳因為交通與選手安全等問題，宣布成為最後一屆。

年跑了四區，他只贏了其中一區。他說：「就是這些經驗的累積，讓我準備好在隔年加入企業的實業驛傳隊。」

最後一屆的九州驛傳開幕式地點在長崎火車站。剛開始看起來是一大群人，結果都是來見證的。然而，當選手全穿著他們的田徑服一一入座，演說開始了，大部分的群眾卻開始移動，被剛駛至首航終點的一臺嶄新、豪華的火車給吸引了。火車上的乘客全是年長的貴賓，火車站大廳有中國式的舞龍舞獅團歡迎他們；但那些選手還是正襟圍坐，聆聽驛傳的贊助商和教練悲嘆這場比賽的終止。

九州驛傳在豪華列車抵達的光采下黯然退場，似乎是一種令人悲傷的告別方式。我認真地觀看各個教練和領隊起身讓大會介紹。當福岡隊的教練起身時，我的聯絡人，也就是報社記者，靠過來輕聲說：「他在巴塞隆納奧運得到銀牌。」

福岡隊是唯二贏得比賽的隊伍之一，曾得到二十五屆的冠軍，略遜於宮崎隊的三十六屆冠軍。

然而，福岡隊的教練打算在這最後一役洗盡前恥。

「不管你們贏了幾次比賽，」他說：「最後一次是最重要的。我們會用盡全力，奪得最後的勝利。」

*

媒體巴士載我們去第一個中繼所，也就是第一棒結束的地方。我似乎是巴士上寥寥可數的三位記者中的一個。我的朋友，這位記者，用雙手抱著頭坐著。他看起來臉色不太好看。巴士停下來時，他跳下車，跑進最近的一棟建築物裡，便不見蹤影。我不知道可以做什麼，便在太陽底下等選手抵達。整條比賽路線上，居民都從家裡出來爲選手們加油，這讓我想起自行車環法賽。家家戶戶都搖著九州的旗子，還有年長的婦人還穿著圍裙，你可以想像，她廚房火爐上的東西還在烹煮，但是當選手經過家門時，她們會突然跑出家門口，爲選手們加油。

「對我而言，驛傳是最刺激、最有趣、最高潮迭起的運動項目之一，」一位總算能簡短和我交談的男子說。在中繼所，下一棒選手來回踱步，蓄勢待發，就等著他們的隊友現身。等他們突然出現，在最後幾公尺奮力衝刺，把手伸長、遞出「接力襷」。「接力襷」是驛傳的象徵物，連結每位選手的一條鏈。

跑完的選手在終點踉蹌過線，催促下一位選手出發後，便匍倒在地上。其他的隊友趕緊跑過去幫忙把他們扶起來，爲他們披上毛巾。一切看起來很有戲劇性。

中繼所是驛傳的關鍵亮點，也是使這種比賽形式如此受歡迎的原因之一。電視臺的攝影機都架設在這些點上，觀衆得以看見每一場驛傳最精采的部分，看選手起跑和結束，一次又一次。在每個中繼所，隨著新的跑者上場，整場比賽的戲劇感也會切換，有如比賽每二十公里左右，比賽會再次開始，重新洗牌。

今天，只有九位選手在場上接力，在第一個中繼所的動作很快就結束了，我們回到巴士，趕往下一站。我的記者朋友剛好趕上，癱在座位上，閉起眼睛。後來我才知道，他的記者團朋友爲了慶祝驛傳，前一晚去喝了酒，結果第二天就變成這樣。

其實這臺巴士不是眞正的媒體巴士，比較像是「垃圾車」，負責載送跑完的選手。我們無法開在選手之前，到達其他任一個中繼所，所以在接下來的時間，我都是塞在車陣裡，因我本來應該要觀看的比賽造成的車陣。第一天過一半的時候，我的記者朋友完全消失蹤影了，我獨自留在愈來愈擠的巴士裡。我試著和幾位運動員交談，但沒有一個人講英語。我便往後靠，閉目養神。

我正要睡著的時候，聽到一個熟悉的肯亞選手的口音。一位日本記者正用日語訪問他，他似乎對答如流。這位記者「盤問」他之後，換我靠過去和他說話。

「嗨，」我說。

他帶點防衛地看著我。他可能希望自己已經被採訪完畢，可以躺下來休息了。

「可以和你用英語交談嗎？」我問。

「可以，」他說，他看了一下周圍，想判斷一下我是哪一個單位的。我告訴他，我正在寫一本書，我曾去過肯亞。我試著說明來意，讓他了解。他告訴我，他是一名大學選手，已經來日本三年了。他在肯亞的老家，離奧運馬拉松金牌選手萬吉魯只有一百公尺遠。萬吉魯曾住在九州，多次參加驛傳。

「我來到九州，是因爲我一位朋友已經讀完這裡的大學，需要替換一個人。他推薦我過來。」

他說，他很高興來日本，這對他是一個很好的機會。但是當我問他對這裡的訓練意見，突然間，他變得精神奕奕，口若懸河。

「訓練啊，不好，」他一邊說，一邊搖頭：「這裡，他們很愛運動員，實在令人驚訝。超越任何國家，比肯亞都愛。但訓練不好。」

「如果他們像肯亞那樣訓練，所有世界紀錄都會是日本的。」

這段話的確很特別。到現在為止，我一直想找出爲什麼日本人這麼會跑？但也許，問題應該改成：爲什麼他們無法和肯亞人和衣索比亞人匹敵？他是對的，就基礎建設和支持系統而言，這裡的情況比世界上任何地方都好。

但在訓練的環節出了什麼錯？

「他們年紀太輕時，訓練太多，」他說：「我在奈洛比（Nairobi）2一萬公尺的最好成績

2 奈洛比：肯亞的首都。

是二十八分五十二秒。在日本三年之後，只進步到二十八分三十二秒。我是今天跑最快的，但在兩天後，星期三，我得跑另外一區，再跑十七公里。然後星期天，我還有一場大學的驛傳大賽。」

「在日本，二十五歲之前，跑步選手就完蛋了。他們在孩子的時期訓練太嚴，而且全都是跑在柏油路上。」

這有問題嗎？我問他。

「很大的問題，」他說：「而且，你知道的，日本男人就像獨裁者。」

他說，他不能對這裡的任何人說這些，所以，他只得適應。但你看得出來，他很擔心這對他往後繼續當跑者的不良影響。然而，很多肯亞和衣索比亞人來日本受訓，而且表現不俗。

「但在這裡表現不錯的肯亞人，」他說：「他們會在大型比賽前回肯亞，以降低訓練量。」

說日本選手跑得比較慢是因爲他們訓練太辛苦，這似乎有悖常理。世界上許多跑者認爲，如果每星期能跑一百五十哩（約二百四十一公里），你會跑得更快；如果你達不到目標，是因爲你怠惰。但肯亞人不會執著於高里程數。我在那裡的時候，比較驚訝的是他們對跑步的輕鬆態度，勝於他們跑了多少。當然，他們還是跑很多。大部分的時候，每天跑兩次，但他們也很常休息。大部分肯亞跑者每星期休息一整天，而且，如果他們覺得疲憊，他們通常跳過一次練習，或者慢慢輕鬆地跑。

在日本，選手被期待要無條件地遵守教練的指導，而且大部分的教練根深蒂固地相信，吃得苦中苦，方為人上人。跑得愈多，你會跑得更好；身體疲累不是暫停練習的合理藉口。這就是為什麼這位在九州的肯亞選手認為日本教練太霸道，因為他們總是規定他該做什麼。

英國有史以來跑得第二快的女選手馬拉．山內（Mara Yamauchi）[3]嫁給了一個日本人，她跑步人生的黃金五年就是住在日本，也在這裡訓練。但是，她從未加入任何一個團隊。

「當你加入日本的一個團隊，」她說：「你得照著領隊和教練的話做。但我不是那種會盲目聽從指示的人，我必須知道我為什麼要做某件事。」

儘管日本是全球科技發展的領頭羊，但傳統的運動訓練方法，卻完全不是根據科學理解。羅伯．懷亭在他關於日本棒球的書《你要懂「和」》中寫道：「日本人相信，唯有透過無止境的訓練，才可以達到出人頭地所需要的身心合一……這個豐饒但狹窄、資源匱乏的島國的傳統觀點是，萬事得來不易，只有透過doyoku（努力），以及面對逆境，堅持到底的能力，才能

3　馬拉．山內：出生於一九七三年，英國女子中長跑選手，曾於二〇〇八年北京奧運馬拉松賽跑出第六名的成績，並已於二〇一三年一月，時年三十九歲時從跑步競賽生涯退休。

獲致成功。」

他繼續指出，根據日本國家電視臺 NHK 所做的民意調查，「努力」是這個國家「最受喜愛的」字。

馬拉．山內的教練，也是她的夫婿山內成俊說，從跑者的觀點，日本對工作倫理的堅持，可能會是個問題，因爲對跑步來說，聰明的訓練是很重要的，而非總是盲目地更努力。

「在日本，科學方法與努力工作之間，經常會產生衝突，」他說：「因爲這是一種概念，成功一定得經由努力的付出，那就得排除科學。爲了讓它得以執行，你不能爭辯，你不能質疑我爲什麼做這件事。你只能接受它。」

但有時候，做少一點是比較好的。至少在跑步這件事上，總是跑更多可能是無效的，也可能導致運動傷害和倦怠。

史蒂芬．麥亞卡（Stephen Mayaka）於一九九〇年來到日本，是最早到日本的肯亞跑者之一，他說，當時只有十五個肯亞人住在日本，而且大部分是大使館的工作人員。

「當我走進一家店，人們會尖叫，」他記憶猶新。將近二十五年後，他還在這裡。今天，他的角色是「星探」，定期返回肯亞，爲日本的企業和大學隊伍物色跑步新秀。

然而，他似乎已經適應了日式的培訓。

「肯亞人不願意刻苦訓練，」他說：「但他們不了解，如果你的表現平平，就需要加強訓練。」他說，大部分的肯亞選手有自己的訓練時程，所以他們不用跑這麼多。

雖然他對成績平平的選手應加強訓練的看法可能是正確的，不論是在日本或其他地方，肯亞選手的出色表現讓人對於他們較鬆散的訓練方式，很難置喙。

憲司說，他相信要採取精算過、合理的方法。他抱怨，在日本每件事都是根據傳統和教練的率性，而不是根據科學。他是美國教練阿爾貝托·薩拉扎的大粉絲，我曾在莫斯科的盧日尼基體育場與他驚鴻一瞥。薩拉扎是幫助莫·法拉打敗所有肯亞和衣索比亞選手，贏得五千公尺和一萬公尺世界與奧運金牌的教練。

「薩拉扎說的很多話，都是非常精準的，」憲司告訴我：「運用數據和百分比，而不只是概念。用科學，不是直覺。」

他說，他擔任立命館大學的教練時，第一件做的事就是減少他們的訓練。之前，他們通常做兩天的艱苦練習，一天輕鬆練習，但他馬上改成一天艱苦練習，兩天輕鬆練習。

他也會向他的運動員解釋訓練活動的內容和目的。他想要他們知道，爲什麼必須做這些訓練活動，而不只是盲目地遵照他的指示。

憲司正站在一條新道路的交叉點，在這裡，傳統的獨裁教練模式是受到質疑的：教練發號著無止境的練習口令，達成doryuku（努力），一直跑到你倒下爲止。走上這條路，他通常不是受到鼓勵的。憲司說，他不斷因爲他的訓練方法而飽受批評。

「我是那根突出來的釘子，」他說：「但我希望，在我還是小孩的時候，就知道我現在所了解的事。我有可能拿到（奧運）金牌的。但那時候，我只是教練說什麼，就照做。」

*

媒體巴士開到一個停車場，停下來了，每個人都下了車。我想，我們應該到終點了。在車陣裡塞了好幾個小時後，比賽早就結束了。我們似乎到了一個像是假造的荷蘭城[4]，有風車、運河，以及擠滿了咖啡館的廣場，咖啡館裡賣著貴死人的法國長棍麵包。有一群裝扮成十九世紀做作貴婦的女士向我揮手，又請我和她們一照相，頓時我覺得自己也變成展覽的一部分了。正當我成爲目光焦點而有點心慌的時候，我的報社朋友突然再度現身，拯救了我。

他現在看起來好多了。他想要我見一位教練，森下廣一。「他在巴賽隆納奧運奪下銀牌，」他一邊說，一邊仔細地看著我。我點點頭。他已經跟我說過了，他還跟我說過他目前擔任九州福岡隊教練，也是一個實業驛傳隊的教練。這可能是我終於能夠窺見企業跑步世界的機會。我在東京田徑大會上遇見的日清食品教練，同樣來自京田邊的那位，但他至今尚未回覆我的電子郵信，告訴我何時可以拜訪他的團隊。

記者朋友帶我進了這座假城裡的一間紀念品店，他的兩位同事也在那裡等著。他們說，教練們正在樓上簡報。他們出現時，記者們希望可以抓住他們說幾句話。其中一位同事靠過來。

「森下桑在樓上，他在巴塞隆納奧運拿下銀牌，」他告訴我。

我點點頭，一副讚嘆的樣子，假裝我不知道這件事。我們四周都是小孩，他們對店裡的玩具如數家珍。不知什麼原因，店裡有很多海盜玩偶。我抓起一個，要帶回家送奧西恩，記者朋友這時拉了拉我的手臂。他們下來了，我們趕過去。

記者朋友攔下了森下先生，鞠了一個躬，伸出一隻手引介我。當記者朋友介紹我的時候，他狐疑地看著我。我們握握手，場面有點尷尬，因爲我的一隻手還抓著那個海盜玩具。

「很高興認識你，」他說：「我現在得離開。謝謝你。」說完，他就快步走了。

*

我想拜訪比叡山馬拉松僧侶的事，已經塵封一陣子了。後來，麥斯從京都寺院那位女士處得到了回音。她的夫婿，也就是那座寺院的住持，說他也想見我一面。

「這就是在日本做事的方式，」麥斯告訴我：「尤其是在京都。如果你想要輪子動，得先幫它們上油。」

所以，幾天後，我們回到了同一座私人寺院。我提早一點到，想順道拜訪馬路對面的龍安寺。龍安寺是日本最重要的廟宇之一，它的石庭尤其著名。

4 此處應為豪斯登堡。

我發現自己和一大群年輕女學生在同一時間進入主建築。當我好不容易排了隊，輪到我放好鞋子，才穿過第一波的學生，就到了該離開的時間。我只能和其他人一樣，從寺廟的迴廊，站著觀賞這座石庭。

這是一個方形的碎石地，有幾顆石頭突出其上。這些碎石已經被耙成簡潔的漩渦。這座石庭所代表的意義，假設它是有含義的，已在歲月中流逝了。它建造的年代大約是五百年前，但沒有人知道確切的起源。我在門口拿到的小冊子裡臆測說，石庭可能是要將山頂浮現於朦朧的霧中的景色具象化，或者可能是表現小老虎在河裡游泳的樣子。

我確信我一定是少了點慧根。超過五百年來，人們不遠千里來敬拜這個庭園，但我感覺卻像是國王的新衣。我只能想像我的一個小孩站在那裡說：「但那只是一些古老的石頭。」

在被我身後蜂擁到迴廊的女學生催趕之前，我繼續往前走。我穿了襪子的腳底下踩著的平滑木質地板，散發著清香。這裡的平滑是被數以百萬計虔誠的搓磨腳步給磨滑的。

回到私人寺院，麥斯在外面等著。我們彎腰通過低低的門口，但麥斯撞到了頭。

「不夠謙遜。」他笑著說。

在寺院前，一位穿著田徑服的男子正在照料花園。當他聽到我們踩在礫石路上的腳步聲，抬頭看了一下。

「喔，你們早到了。」他用英語說，然後走開了。

「就是他，」麥斯說：「住持。」

幾分鐘後，他換上住持的褐色簡單罩袍回來了。他領著我們進入同一個榻榻米房間，我們安靜坐著，他的妻子爲我們斟茶。這個空盪室內的寧靜，再一次充滿我的胸臆。我望著花園裡的陽光，等他開口說話。不匆忙，也不尷尬。

「你的日本行如何？」他終於開口問我。我跟他說關於火車旅途上的事，我們也談到小孩、肯亞。他告訴我，他有一次和一些法國的天主教僧侶進行了一個交換計畫，那是由教宗若望保祿二世規劃的。

他說，當那些法國僧侶來的時候，他們去了馬路對面的龍安寺石庭。他說，當他們看到石庭，坐了下來，不想離開。他們被定住了。

我告訴他，我早上也去了。

「你有什麼領悟嗎？」他面帶苦笑問我，彷彿知道這是一個不好回答的問題。我一度想要滔滔不絕地描述它，但我知道那聽起來似乎太客套，即使對我而言，而這位是佛教住持。我最後決定，誠實是最好的選擇。

「不太有感覺，」我說。

他對這個答案似乎不覺得驚訝，但我忍不住找了一些藉口來打圓場：當時人太多，時間有點趕。我相信，那必然是需要時間和空間的作品。當我帶著崇敬進入有些神社時，裡面充滿了神妙的氣氛。然而，在匆匆忙忙，觀光客大排長龍的時候，所有這些就會有所漏失。地點不是問題，而是你與那裡的連結才是重要的。

他若有所思的點點頭，這裡的某種力量使我喋喋不休。我問他馬拉松僧侶的事。他可以幫我聯絡他們嗎？

他告訴我，他們當中最有名的僧侶之一才剛往生。他是有史以來極少數兩度完成「千日回峰行」的僧侶。所以，現在不是和他們聯絡的好時機。他說，我們得等幾個星期後再說。

轉換到日語頻道，他開始跟我說更多關於僧侶的事。他說，在不停走動的千日挑戰背後的概念，是讓一切精疲力竭，包括心智、自我、軀體、全部，直到沒有東西留下。

「當你一無所有，突然某種東西，啪，就出現了，充滿整個空間。」

他擬聲發出泡沫破掉的聲音。

這個某種東西，他說，就是潛藏在我們人生表面之下，寬廣無邊的意識，超越我們平時的日常經驗，是一種與宇宙合一的感知。

我們沉默了片刻。也許是感覺到住持的談話已到尾聲，他的妻子靜靜地走進房間，蹲下身來收拾茶杯。當他的先生起身謝謝我們的拜訪，她親切地對我們笑。

離開時，在寺院的入口，我們停下來看一尊展示的木製小神像。那是你進入這間寺院時，第一眼會看見的東西。

「你知道他是誰嗎?」他再次用英語問我。我搖搖頭。

「韋馱天,」他說:「跑步之神。」他兩手擊掌。「那個時候,」他說,他再次拍手表示鄭重:「那個時候,他可以繞地球七次半,」他得意地笑了。

「比尤塞恩·博爾特還快,」他說。

11 琵琶湖驛傳

我再次回到憲司的 Blooming 團隊，是他們在京都附近每月的訓練活動。現在是十月初，但仍是風和日麗的二十七度。我們約在一個大型棒球場的外面，樹蔭底下。塑膠布已經攤放在地上，讓隊員們放袋子。憲司一位跑步天才女學生這次一起來幫忙計時。她不能跑，因爲受傷了。她的膝蓋得進行一次手術，整年都不能跑，她一邊說，一邊堅毅地微笑著。憲司在手術後，也還不能展開訓練。相反地，他像一位老海盜一樣，步履蹣跚。所以，今天只有朝氣蓬勃、穿著彈力纖維運動服的Blooming隊員會進行跑步練習。憲司的一位助理讀出今天的氣溫和濕度，他們將這些訊息全簡明地記在訓練日誌裡。

資料記好後，我們展開熱身跑。麥斯也來了。他告訴我，他已經自己練習一段時間了。他說，他想要回來復仇，跑贏上次打敗他的人。

「我絕對已經上軌道了，」他說：「六個月後，我要那個頭號選手不只怕你，也要對我敬畏三分。」他是有計畫的。他說，他訓練在五十分鐘之內跑十公里。下個月，他說，會在四十五分鐘之內跑十公里，接著是四十分鐘，然後是三十五分鐘。

「然後再下個月是三十分鐘？」我問他。

他對我笑了一下：「誰知道呢？為什麼要設限？」

我們跑步時，跑在我們旁邊的女子告訴我們，上次在大阪的第一次練習時，頭號選手森田其實不太高興被我打敗。我想，那是我第一晚去跑，可能有點不禮貌，所以我道歉了。

「不，你可以再跑快一點，讓他更不開心，」她笑著說，似乎是想要挑起一種對立的競爭氣氛。今天的練習是五公里計時賽，一場計時疏死戰。

「他今天不跑，」另一個跑在前面的人轉過頭說：「他受傷了。」

我們回到起點時，森田在那裡，但很難看出來他的心情好不好。他的頭髮蓋住一部分的眼睛，繃著臉看著我；但看起來，那似乎是他平常的表情。他說，他今天會慢跑，那只是小傷。

我問他，他邀我參加的琵琶湖驛傳還會跑嗎？「當然，」他一邊經過麥斯，一邊用英語說。他有美國口音，這只讓他看起來更像查理士．布朗遜。「到那時就恢復了，我確定。」原來他曾在加州聖地牙哥住過五年，人們常叫他墨西哥人，因為，嗯，他長得像墨西哥人。「你的腿適合跑五公里，」他跟我說：「所以，今天是很好的練習。」

我得承認，我當時希望的是比較辛苦一點的練習，而不只是五公里計時賽，因爲我仍試圖要在日本行之後，重新回到我的顚峰狀態。在這種高溫下，很難判斷我跑得如何，但我不認爲我已經追上幾個月前搭上火車前的狀態。

由於森田不跑，我決定輕鬆地起跑。我只要和領先群跑在一起，然後漸漸加速，我這麼告訴自己。但第一個下坡才跑一半，計時還不到二十秒，我就衝出去了。

起跑前相互禮讓的情景頗累人。在日本，情況比英國還糟。「你先。不，我堅持，你先。」當我們排好隊準備出發，沒有一位 Blooming 跑者願意跑第一位。結果是，每個人都尷尬地站在起跑線後面二十公尺，形成一個半圓形。不要當突出來的釘子。不要做任何大膽顯示自己重要性的行爲，例如起跑前站在最前面。但總得有人在最前面啊，所以，那個人就是我，跑進熱氣之中，跑進棒球場四散的人群裡，以及星期天在公園裡散步的老老少少。

到了第三圈，我開始沒力了，陽光刺著我的眼睛，使我的雙腿抬不起來。我奮力往前，沿著周邊的跑道，汗水順著我的太陽穴滴下來。前方，我看見森田朝我慢跑過來，神色從容，以反方向慢慢地跑。我們擦身時，他微微向我點了個頭。我往後看一眼，見到一位跑者正向我逼近。我想起憲司的話：在驛傳裡，你絕對不能讓任何人超過你。我堅持下去，爲我想像的隊伍而跑，最後以十九分十四秒「贏了」。這絕不是一項紀錄，也離我最好的五公里成績很遠，但因爲天氣熱，這項成績算不錯了。再過幾星期就是琵琶湖驛傳，我想就戰鬥位置。

麥斯以二十四分鐘跑完。他很明顯進步了，現在比較不像足球選手，從一邊跑到另一邊，而比較像跑者了。「沒錯，」當我跟他說這麼說時，他說：「這正是我很努力在做的事：跑直線。」

每個人都跑完後，我們和平常一樣圍成一圈，聽憲司叮嚀訓練後休息的重要性與建議。憲司說，在他十二年的跑步選手生涯中，他只有在比賽中跑去喝水四次。他看了看周圍，但只有一半的人注意聽。他們想送他一個禮物。原來，今天是第兩百次的 Blooming 訓練活動。有人很認眞地計算著，爲了慶祝這項里程碑，他們送給憲司一盒綜合咖哩，還有一只個人化的名片盒。

「他可能全勤參加了這兩百次練習，」我說。

「一定的，」麥斯說：「前幾個星期，他們告訴我，他曾拄著枴杖出現，腳還放在一桶冰塊裡面。」

*

琵琶湖驛傳的早上，我一早便在京都車站和森田碰面。他面帶微笑，不似平日的憂鬱風格。車站人聲鼎沸，雖然現在才週六早上七點鐘，許多人都穿上了運動服。在日本，人們的休閒時間不多，而一旦有時間，他們不是睡大覺，而是想要好好把握利用它。週末一大早的車站，比一週內的任何時間還要繁忙。

當我們前往月臺，森田跟我說，他的傷勢已經比較好了，但已經一個月沒有好好練習。而且，兩個隊員已經退出了。

「他們得去上班，」他跟我說。

「其中一位遞補選手是光野（Kono，音譯），他是一位八百公尺選手、個人教練，以及兼職的模特兒。但是，他也受了傷，一個月沒跑步了。看起來，幾乎每個我遇到的人，都有某種運動傷害的問題。光野今天四點就起床了，先去大阪見過一位客戶，所以現在頗疲累。我開始想，也許日本人的睡眠不足，是否和高比例的運動傷害有關？

依據美國國家睡眠基金會（US National Sleep Foundation）最新的全世界睡眠習慣調查，日本上班族的睡眠時間是全世界最少的。不論你何時搭上日本的列車，車廂內一半的人都是坐著閉目養神，甚至點頭如搗蒜，試著補眠。即使是在辦公室，在辦公桌旁睡著也是家常便飯。然而，這種情況發生時，不會被老闆吹鬍子瞪眼，相反地，這叫做 inemuri——意思是「打瞌睡」——被認爲是勤奮工作的癥候。

有一天，我受邀到一個演講廳，對著立命館大學約兩百名學生演講我在肯亞的經驗。開講前，平常的講師悄悄走過來，在我耳邊輕聲說：「你等一下演說時，他們大部分可能會打瞌睡。你不要介意，那是正常的。」

果不其然，十分鐘之內，東一個西一個，聽眾的眼睛開始閉上。等到我講完時，差不多演講廳裡三分之一的聽眾都睡著了。我眞高興有人先警告我了。

然而，不好好睡一晚覺的習慣對從事運動競賽的運動員並不利。美國的研究發現，每晚至少睡八小時的青少年運動員，比起睡眠時間經常較少的運動員，他們受到運動傷害的比例減少了百分之六十八。美國睡眠基金會的調查發現，平均而言，日本上班族每晚只睡了六小時二十二分鐘。

「嗨！」我們的後補運動員光野在車站遇見我們時，向我們打了一聲招呼，一邊還打了一個呵欠。他長得特別高大，看起來比較像太平洋島國的橄欖球選手，比較不像日本跑者。「真高興認識你，」他用很好的英文跟我說，還對我眨了眨眼，並與我握手，這些動作在日本幾乎是絕無僅有，讓我有點小吃驚。

往比賽的路上，我們的隊長與頭號選手森田告訴我，他在行銷部門工作，賣保健食品。「基本上是用醋做的，」我問他是哪一種保健食品時，他這麼說。其實，他只跑了幾年而已，他的馬拉松個人最佳成績是三小時二十六分，比我個人最佳成績慢了半小時。他之前是越野自行車手，但是在他的朋友發生一場嚴重意外後，他決定要找一件他能自己一個人做的事。

起初，他和另一個跑步俱樂部一起跑，但他們跑太慢了。所以，他加入了Blooming。

「我第一次和他們一起跑的時候，我就知道他們的水準比較高，」他說。

我問他，能有機會和憲司一起跑，是他加入這支隊的一部分原因嗎？

「不是，」他說：「我當時根本不知道他是何方神聖。我當時還不是跑步迷。」

*

我們在比賽起跑前一個小時，就到了琵琶湖。我們隊上的一位女生帶了一條鋪地巾，她把它鋪在起跑線附近的地上，我們把袋子放在上面。接著，他們都趕著去做熱身。對我來說，時間還早，所以我決定靜觀其變。我四周看看，想找個地方坐下來。我想，若我坐在草地上，會不會引起騷動呢？地上很乾，但若他們連袋子都不想放在上面——他們會怎麼看待一個直接坐在地上的人呢？我再周圍看看其他的隊伍，也沒有一個人坐在草地上，有些隊伍甚至還搭了棚子才坐進去。

我試著坐在一棵樹的樹根上，但它突出的虯結圓塊太多，所以，最後我還是去慢跑，混過時間。

我找了一個安靜的地點，決定停下來看我們幾個前幾名跑者經過，我坐在草地的邊上，這樣沒有人可以看到我。跑步路線沿著馬路，通往湖邊，在回到起點之前，會蜿蜒過一座秋意點綴楓紅的森林。這個起點有一個大大的黃色拱型氣球門，也是中繼所。我跑的是第六區，所以我還得等一小時。

這場驛傳的每支隊伍，都是由四位男子選手和三位女子選手組成的。我們的第一區選手，就是告訴我森田因爲我跑贏他而不開心的那位女生。起跑前，她給我看了她的貓坐在電話上的照片、開比賽的玩笑，想要激怒森田。但他也似乎不爲所動，相反地，還給她一副沉思的布朗遜式的表情。

雖然是以緩慢、謹慎起步，但她再次現身於終點線時，長袖運動衫已經綁在腰間，雙臂如拳擊手般揮動，極盡所能地穿過其他的跑者，彷彿她正跑過的人群，不像其他人所固著的那麼黏與無力。到達終點時雖是一種折磨，但她在八十幾隊裡，奪下了第二十九名。

下一區的跑者是一位年約六十歲的先生。他在京都教書，他試著跟我聊他們學校的驛傳隊，只是，他的英語和我的日語一樣破，所以，除了知道有這支隊伍，其他就聊不下去了。他的太太似也參與其中，我想。

他以相當穩健的步伐開始，幾位風似的青少年在前幾百公尺就往前直奔，超越過他。我想情況可能很慘烈，但當他從山丘上跑下終點，他的嘴張大以輔助吸氣，他的雙腿慢動作移動，到換下一棒之前，我們的名次只向後退了幾名。

我試著爲我們的隊伍集氣。我想要感受一下，當我披上接力襷，整支隊伍的精神和努力就要靠我了。我贏到的每一吋都會很重要，我輸掉的每一吋都會刺進我們團隊的心。這就是驛傳，別人告訴我的，爲團隊盡全力。然而，我今天早上大部分見到的，意謂我所認知的團隊精神，和靈魂深處的一把熱火相距甚遠，比較像是寒涼清晨裡不經心的磨擦棒子而已。我不確定這是否足夠讓我卯足力氣來跑。其他隊員似乎對比賽結果也不怎麼關心，這一切似乎對比賽沒什麼幫助。

＊

輪到我了。我和大約四十位跑者一起站在圍欄裡；每個都是瘦長、認眞的運動員。每一隊都把最好的選手留到最後嗎？我是七名跑者裡的第六位。我不知道我們這一隊剛才做了什麼，因爲我剛才暫時消失去做熱身。但我已經準備好了。

我得要全身貫注。他們會喊出即將跑進來的選手號碼，我等著聽到他們叫 yon-ju ni（四十二）。一旦他們叫到你的號碼，你就得踏出圍欄站在馬路上，迎接即將跑進來的隊員，從他身上把接力襷接過手，這條每隊從起點到終點一直戴著的象徵性綵帶。

一位跑者在我們面前抵達，並大喊了一聲。他的下一位隊友顯然還在作白日夢，似乎心不在焉。突然間，他從圍欄裡跳出來，抓了接力襷，衝刺出去，留下前一位跑者搖頭嘆息。

另一位男子選手跑進來，在終點線栽了一個跟斗，慢動作地滾了一圈，躺在地上幾秒鐘，等到兩位工作人員將他扶起。

「Yon-ju ni（四十二）」，擴音器的聲音響起。是我。我出列到馬路上。這樣的安排似乎是向下一位跑者打招呼，讓他知道你在這裡。所以我也行禮如儀。是森田。他是眼前唯一的跑者，這樣很好。這意味著不會有人緊跟在後。

他把接力襷遞給我時，沒說什麼。我把它像練習的時候一樣掛在身上，先從頭套上，然後把鬆垮的那一端塞進短褲裡。當我從黃色拱形大門衝出去時，我的隊友們從路旁爲我加油。好的，隊友們，我來了。

我自己一個人跑，但得追上前面遠遠的一群人。我跑的時候，不斷有兩旁觀賽的觀衆推了旁人一下，看似有些驚訝。我希望他們是因爲我跑得很快，但他們顯然是因爲在比賽裡看到一個gaijin（外國人）而吃驚。我是唯一非日籍的參賽者。但我跑得飛快的事實，一定也爲這個反應有加分作用，不是嗎？

當然，我沒有跑那麼快。我五公里的個人最佳成績要推回至一九九一年的一個溫暖夏日的夜晚，我的跑步俱樂部辦了一場五千公尺競賽，取代平常的練跑。當時我十七歲，整天和我的兄弟踢足球。那是煤渣鋪成的跑道，而且我之前也沒跑過五千公尺；所以那天晚上，我對個人成績沒有想太多，結果跑出十六分五十秒。二十二年來，嘗試了好幾次，我仍然沒有打破這個紀錄。從肯亞回去後，我跑出十七分十秒的成績；而在過去兩年，我從來沒有跑進十八分。

這條路線緩緩進入上坡，直到中途，其間每五百公尺有工作人員記下我們的號碼。我想，那是爲了在賽後要繪製複雜的比賽圖表。不管怎樣，我開始超越其他跑者了。一、二、三，其中有幾個跑得好慢，我還眞擔心若我跑得太靠近，他們可能會被絆倒。

迴轉點出奇地快就到了。我覺得彷彿才剛起跑，而現在已經開始長下坡，要返回終點了。我加緊步伐，很快地，我像風一樣超越一個又一個的跑者。我就像某些傳奇箱根驛傳選手一樣，把我們這支隊推進到排行榜上了。「他穿越大洋而來，像風一樣飛奔……」

事後，當我回到我們的休息區，告訴隊友我一路大約超過十位跑者時，我盡量含蓄，不要聽起來太張揚。

「很好，」森田笑著說：「因爲我差不多被十個跑者追過。」

最後，我們在大約八十個隊伍裡得到第二十六名。森田說，因爲大部分的強隊都是大學隊伍，這個結果對 Blooming 已算亮眼。在我的這一區，我是第四名，成績爲十七分四十九秒，比起多年前拖著疲累的雙腿在煤渣跑道上跑出的成績，整整慢了一分鐘。但比一星期前在京都的 Blooming 計時賽快一分鐘，也算是一種進步。

*

說眞的，我進步的速度並未如預期，那些多年前的最佳個人成績似乎漸行漸遠，隱沒在過往之中，像是青春年代的朦朧記憶。我的困境之一是，我似乎無法找到一個程度與我相仿的人一起跑。每當我和 Blooming 隊一起跑時，我覺得自己健步如飛。琵琶湖驛傳後幾星期的一個晚上，我發現自己再次繞著大阪城跑，超過一個又一個的跑者，我一邊跑，一邊享受他們驚嘆的喘息。我覺得自己就像最新的世界馬拉松紀錄保持者威爾森．基普桑，我的雙腿跑得奇順無比，輕鬆地跑在路上。

然而，隔天早上，我和立命館大學的跑者一起跑在田徑場上。他們正在進行三千公尺計時賽，我的計畫是在前一千公尺與他們保持同步。但才一開始，我就覺得自己像是一個墮落的瘋子，拚了老命，只能在前兩圈半跟上他們的腳步。我跑了兩分五十秒，最後亂了腳步。我想，這對我來說已經夠快了，雖然我通常跑的是以哩計算的，所以不太確定。無論如何，我遠遠落後立命館大學的選手。

每個人不是比我快很多，就是比我慢很多。一定有人和我的速度差不多，但很難找到。也許我應該組一個自己的驛傳隊，由我這個水平的選手組成，可以一起訓練，一起參加驛傳。

就在我忖想這個可能性時，憲司告訴我另一個跑步俱樂部的訊息，他們每月在京都會面一次。他說，他們有好幾位認真的業餘跑者。然而，就當我在某個週六一大清早搭火車去找他們，一小時後，我卻回到了原車站。我完全搞不清楚這是怎麼一回事，更難向剪票口的女士解釋，我爲什麼會在車票上的起站出站？

我得另外找一天再試一次。但現在，在我組成自己的隊伍之前，我獨自困在中間點，在Blooming和立命館大學之間掙扎前進。

12 出雲驛傳

三大大學驛傳的第一個，是十月份在本州西南部北岸的小鎮出雲舉行的，距我們初抵日本的城市境港不遠。立命館大學今年不夠資格參加，但我想辦法得到一個機會，可以和美國的長春藤聯盟精選隊伍一起出席，他們已經來日本參賽將近十五年了。

我搭火車來，招了一輛計程車到終點。我猜想總教練傑克．福爾茲（Jack Fultz）[1]應該很容認出來，他是一九七六年波士頓馬拉松的冠軍。果不其然，他在那裡，如想像中的皮膚白皙、戴著棒球帽。我走了過去。

「喔，芬恩，作家先生，」他說：「歡迎！」他給我堅實的一握，立刻和我談起這支隊伍參賽的歷史。

「常春藤聯盟計畫是從一九九〇年開始的。這是費儂．奧登博士（Vernon Alden）[2]的構想，

他是一位美國企業家，今天也會到場。他和他的友人，也是日本極負眾望的政治人物河野洋平先生，一起創建了這項傳統。就我所知，他們恰好先前是生意上的伙伴。」

最初，常春藤隊是參加距離較長的名古屋驛傳，共八區，每一區將近跑二十公里。

「但事實證明這超越了我們跑者的能力，」傑克說：「他們是大學生，不習慣跑這麼遠。因此，這支隊伍的表現不理想，參加距離較短的出雲驛傳較有意義。」

附近的選手只有第一區的喬・史迪林（Joe Stilin），他正坐在一張對他來說太小的椅子上沉思。他已處在切換模式，正為比賽做準備，沒注意聽傑克說話。其他的跑者都已經在跑道上就位了。

喬人高馬大，一頭金髮，長得很帥氣，是典型的美國英雄人物。

「他運氣很好，」我們看著他暖身時，傑克告訴我：「五千公尺跑十三分三十三秒。普林斯頓成績A的學生。」但他還沒把短褲穿好。

「穿反了，」傑克跟他說。

---

1 傑克・福爾茲：出生於一九四八年，美國前長跑選手。
2 費儂・奧登博士：出生於一九二三年，美國學者、企業家與慈善家，與日本交情深厚。

「哦，」他說：「我就覺得看起來怪怪的。」

比賽是從出雲大社石柱入口旁邊開始的，這裡擠滿了加油的觀衆。這些選手是立命館大學在下個月的全國驛傳要一較高下的對手，而且其中大部分的隊伍也將參加一月二日、三日那場讓全日本瘋狂的箱根驛傳。

我和傑克在終點附近的一個小房間，透過電視觀看比賽。我沒看得很清楚，因爲傑克很健談，天南地北地談論每件事，從肯亞選手是否全都服用禁藥，到目前美國的跑步界現況、他對高爾夫球的愛好等。高爾夫球、跑步和棒球是日本最大的運動賽事。我們說話的時候，他的日籍聯絡人帶來比賽的最新消息。第一區的喬跑得很不錯，在二十一名跑者中，跑了第十名，但之後就每下愈況了。每次更新的訊息似乎愈來愈差，最後結束時，成績是第十四名。

每位跑者跑完後，陸續現身，來找一些東西吃，並向傑克簡單報告。他們大多不太開心。一位選手說，天氣太熱。「今天我整個人都不太對勁。」「我抽筋了。」「我盡全力了，結果只能這樣了。」沒有一個人提到全隊。

事實是，美國選手對這項比賽任務的準備不足。日本隊伍爲了這場比賽已經準備了六個月。這是三場大型比賽——他們全年最重要的三場比賽——之中的第一場。日本隊知道會發什麼狀況，他們知道要全力以赴。這場比賽會在全日本的國家電視臺放送，街道兩旁都擠滿了支持的群衆。

但是相反地，對美國選手而言，這是一場有點怪的嘉年華會。一個淡季到日本旅行的自由週，一個去度假、順便跑一場接力賽的機會。根本就是醉翁之意不在酒。

「而且，驛傳對美國的路跑選手來說，是一種新穎的形式，」傑克說：「這非常獨特。而且我們大部分的隊員對任何形式的路跑都很陌生。在大學裡，大多是越野賽和田徑賽。」

即使是在稍晚的閉幕式，常春藤聯盟和其他隊伍的差異也很明顯。美國隊是最後抵達的隊伍。儀式是下午三點四〇分開始，所有的運動員都依所屬隊伍整齊排好。傑克的日籍聯絡人慌作一團，急著導引狀況外的常春藤聯盟選手進入大廳，也就是閉幕式的地點。

「日本的典禮非常準時，」他說。現在是下午三點四十三分，與美國隊該出現在閉幕式的時間有一點差距。他們小跑進場，衣衫不整，毛巾還掛在脖子上，袋子斜背在肩上。他們看了四周，一清二楚：日籍選手都立正站好，穿著整齊的拉鍊式隊服，眼睛直視前方。

有一位美國隊員還未現身。

「快一點，去那裡，」當最後一位選手出現時，傑克說。顯然他因爲日本隊的整齊畫一感到有點自慚形穢。「要求他們抬頭挺胸，」他說：「很不像是他們的作風。」

然而，美國人似乎都不會犯錯，即使他們這樣漫不經心的態度，蓄著長髮和鬍子，他們並未被嫌棄，人們不斷上前來，以爲我是他們的隊員，告訴我有我們參賽，他們感到多麼榮幸。他們也很高興看到美國隊得到不差的名次。「你們很努力了，很精采，」他們告訴我。

幾年前，常春藤隊從美國其他學校招募了一些隊員。我不知道其中的邏輯是什麼，但那年美國隊拿到了第八名，主辦單位似乎不太開心。所以，今年他們規定很嚴：只有眞正的常春藤學校學生才能參加。

總之，這場比賽的冠軍是駒澤大學，而且打破了紀錄。今日的跑步明星是村山謙太，年輕的日本跑步界明日之星，他以十二秒之差在第三區時打破了紀錄。

駒澤大學之後，排名第二的是東洋大學。這兩隊在下個月的全國大學驛傳會再碰頭，立命館大學也會參加；然後是一月的箱根驛傳，他們爭奪榮耀的肉搏戰即將讓全國沸騰。

*

比賽結束後，當天晚上有一場閉幕晚會。常春藤聯盟的跑者精神亢奮，大聲訕笑日本人的特質：如拿著旗子引我們下巴士的女士、我們經過時旁邊一群女人的咯咯笑聲，以及不斷的鞠躬。我們被領進一個擺滿好幾十個圓桌的房間，桌子的中間是一個小瓦斯爐，上面是火鍋。他們發給每個人一頂好笑的帽子戴，一直有人來和我們握手，問我們今晚唱什麼歌。我覺得自己像個沒人注意的不速之客。傑克被帶開，引介給每個人，而喬是唯一我比較認識的人，我坐在他旁邊。我別無選擇，只能跟著他們，因爲傑克幫我和他們安排在同一間飯店，而我完全不知那間飯店在那裡。

我們這一桌有一位會說英語的日本人。似乎沒有人認識他，而且很難看出他是出於友善，還是主辦單位把他安排在這一桌當我們的主人。他似乎對驛傳隊伍瞭若指掌。他喝了幾杯，也許是這樣，便多說了幾句。

「有一個教練，」他說：「今天他的隊跑得不太好，他跟我說：『我得跟我的老闆談一談。我需要更多錢。』」

他說，頂尖的大學隊伍私下送錢給頂尖高中選手的父母，鼓勵他們加入。他說，這是不被允許的，但卻屢見不鮮。當然，招攬最好的選手是成爲頂尖驛傳隊的關鍵。

他還說，頂尖跑者在大學根本不用讀書：「但這是個問題，他們在日後的人生會很辛苦。」

有個人打開了一個肉罐頭，把它倒進鍋子裡，嗞嗞作響。

「你知道那是什麼嗎？」我們這位說英語的朋友問。「來嘛，猜一猜。」我們看了一下罐頭。根本不可能讀出來，但我猜到一個答案。

「鯨魚肉。」他大聲叫，然後開始爲每個人倒啤酒。現在房間裡都是人，外面還有更多桌。人們輪番過來，和我們照相。我不確定我該和他們一起，還是該避開。沒有人知道。情況有點尷尬，所以我起身到四處走走。

「我想他們在外面有飯糰，」傑克回來了，他跟我說，他知道我不能吃鍋裡的鯨魚肉。

外頭，音樂震耳欲聾，大家在一個大篷子下排隊拿食物，我也一起排。站在那裡的時候，一位日本跑者和他的朋友一起來找我。他有著一頭短而參差的髮型，臉上很多痘痘。他握了我的手，靠過來。

「我有一個小老二，」他用英文說，傻呼呼地笑著，還一邊指著他的褲襠，意謂他知道他所指的是什麼。我不知道該說什麼。他的朋友穿著一樣的隊服，也笑嘻嘻的，彷彿我掉進了某種陷阱，或者將要掉進。他也指指自己的褲襠。

「我有個小老二，」他說。我不懂其中的笑點。

「那太好了，」我說，但願我有跟上他們的話題。

「你呢？」他們兩個問，他們向我伸長脖子，像是惡夢遊樂園裡俗麗的玩偶。隊伍似乎沒有移動，我被困在原地。

「中型的，」我說。我不知道他們是否認識這個字，但他倆都歡呼了一聲，和我擊掌。其他的美國隊員從餐廳裡散步出來。兩位日本跑者消失在人群裡，我鬆了一口氣。終於，我拿到了幾個飯糰。

*

那天晚上，最後我和其他常春藤聯盟的隊員在臺上假唱 YMCA 這首歌作結。一位隊員搬來了一個巨型的充氣箭頭，當我們有一搭沒一搭地唱著這首歌，每個人都忘情地大笑。唱到最後，實在難以卒聽，但觀眾似乎很捧場，他們大聲歡呼，許多人還衝上臺加入我們。

每個隊伍都得表演一曲，所以我們唱完後，跳下舞臺，混回到人群裡。當然，每個人都以爲我是美國人。當我們看著順天堂大學拉拉隊表演高踢腿和翻滾時，站在我身邊的一個男子說：「日本人很喜歡美國，我們試著跟上。」

幾天後，當我向麥斯提起這件事，他告訴我，日本人提到西方人時，有一種自卑情結。「他們眞的相信他們的陰莖比較小，」他告訴我：「我想，統計上他們的是小了一點，但基本上是一樣的。」

我不確定他是從哪裡知道這個特別的統計數字，但這確實是普遍認知的刻板印象。而且不只是陰莖的大小。麥斯告訴我，電視上的評論員總會提及日本跑者的體型有多嬌小，而且會不斷地說，即使他們的腿短，但因爲他們的勇氣，所以能和世界其他的選手匹敵。他們說，這就是日本跑者的特質：勇氣、精神、頑強。不論他們的身材如何。

至少，在身高這部分，有許多研究顯示日本人比起其他人種，他們的腿相較於身高的比例，確實比較短。

《運動基因》（*The Sports Gene*）的作者大衛．艾波斯坦（David Epstein）說，這不是跑步的理想比例，而且他相信，這與日本一萬公尺以下的紀錄爲何出奇慢有關。

「我還是覺得很驚訝，對這樣一個跑步大國來說，日本的徑賽成績這麼差，」當我問這個問題時，他說：「甚至日本的十公里紀錄就超過二十八分鐘。他們的國家紀錄甚至無法贏一場在紐約中央公園舉辦的一公里健康路跑。」

「在我看來，他們一般不具備速度（相較於身高的長腿）的理想身材的事實，必然是主要因素。」

然而，缺乏一萬公尺以下競賽的實力，部分至少可以解釋成這些賽事在日本從來未被重視過。他們重視的只有驛傳和馬拉松。這是唯一會在電視上轉播的（跑步）比賽，也是大學和企業隊老闆唯一有興趣的比賽。其他的都只是訓練。中距離的跑者，例如立命館大學的笠原在年紀尚輕時，就被推到驛傳訓練了。

在出雲驛傳，獲勝隊伍的第四區選手是全國大專一千五百公尺冠軍油布郁人。在箱根驛傳，他將跑第三區的二十一．五公里。那是他訓練的目標，不是一千五百公尺，儘管他很明顯是日本中距離選手的明日之星。

而且，如果是基因問題阻礙他們，一定會有一些異於常質的人透過日本的跑步系統，留下不錯的紀錄。例如，你無法找到德國籍優秀的橄欖球員，並不是因爲他們的身材不符合，而是因爲德國人對橄欖球就是不感興趣。

英國馬拉松選手馬拉．山內也同意：「日本所有的訓練都是導向長跑。我能想像，若部分的選手或隊伍將訓練重心轉移到五公里或十公里，他們的表現將非常優秀，因爲日本人很勤奮，他們在教練和復健等方面的底子深厚，而且，整個系統有很好的組織和贊助資源。」

無論如何，腿短與否，日本人對於尺寸的自卑感，在某方面被錯置了，因為在長跑上，身材較小也可以是一項優勢，尤其是較長距離的賽事，如日本人表現亮眼的半馬或全馬賽。山內相信，日本選手其實在身材方面有很大的優勢。

「我認為理想的比賽體重，」她說：「是四十九公斤，但很難減重至此。然而，大部分日本女子選手的體重落在四十到四十三公斤，這是一個好的起始點。」

身材較矮的跑者也比較能忍受炎熱的氣候，因為較小的身軀能更有效率地散熱。二〇〇四年，當野口水木在炙熱的雅典夏日舉辦的奧運中，擊敗身材較高大的寶拉．拉德克里夫，奪得金牌，就是占了這項優勢。我在莫斯科觀看的世界馬拉松錦標賽，兩位體型嬌小的日本女子選手在悶熱的條件下，也分獲第二名和第三名。

在男子競賽也是一樣，最偉大的長跑選手幾乎都是身材嬌小的。經常被視為當中最偉大的長跑健將海勒．格布雷西拉西耶（Haile Gebrselassie）[1]，只有一百六十五公分，而是五千公尺與一萬公尺的紀錄保持人克內尼薩．貝可雷（Kenenisa Bekele）[2]也只有一百六十七公分。

1 海勒．格布雷西拉西耶：出生於一九七三年，衣索比亞長跑選手，一九九六年亞特蘭大奧運與二〇〇〇年雪梨奧運一萬公尺賽兩屆冠軍，也曾是一萬公尺、兩萬公尺賽跑、半程馬拉松和一小時限時跑世界紀錄保持者。

山內說，有些日本男子選手雖然他們吃得很好，卻只有五十五公斤。「他們不是經由過度的減重而造就這樣的身材，」她說：「這是他們天生的身材，但卻是長跑的理想身材。」一份法國的研究發現，二〇一一年前一百名的馬拉松選手平均身高是一百七十公分。這恰好就是日本男人的平均身高。

---

2 克內尼薩·貝可雷：出生於一九八二年，衣索比亞長跑選手。二〇〇四年雅典奧運與二〇〇八年北京奧運一萬公尺賽兩屆冠軍。

13 千葉國際驛傳

現在是十一月，驛傳季正如火如荼地展開。行事曆上的下一站是引人入勝的千葉國際驛傳。這是來自不同國家的男女選手混合接力賽。由於英國隊沒有參加，我想了辦法，再次把自己混進了美國隊。

我和小串先生約在東京車站，一起前往比賽場地。他打算一到那裡，就把我交給美國隊。他們已經答應讓我看看他們比賽當天的表現。

在過去二十五年，千葉驛傳邀請全世界來參與體驗驛傳的刺激與感動。千葉驛傳在精英驛傳中的獨特點，是每個國家的隊伍都是男女混隊的，由三位男子選手和三位女子選手組成。而且，千葉驛傳的比賽距離將近四十二．一九五，恰巧是全馬的距離。前一年，比賽中恰好有全世界頂尖的跑者，如蓋倫．魯普、艾德文．索伊（Edwin Soi）[1]。肯亞最後以幾秒之差贏了日本，美國名列第三，似乎是一場驚心動魄的比賽。

「這只是好玩，沒那麼正式，」小串先生淡淡地說。

我點點頭，不知道該說什麼。我們站在緩緩開往東京東郊的列車上，車上擠滿了人，窗外一大片的鑲嵌屋頂，閃閃發亮。他拿出電話，開始滑手機。

「你覺得日本今年會奪下冠軍嗎？」我問他，想激發他一點對國家的忠誠，看看是否能讓他對比賽多一些熱情，但他卻心不在焉。

火車進了一個車站，車門嗶的一聲開了。

「走吧，」他說，一邊把手機放進口袋。

當我們走到體育場的入口，有一位操著完美英語口音的日本女士不知怎地認出了我，把我從小串先生那裡接過手，領我去美國隊。美國隊的領隊是一位名爲派翠西亞（Patricia）的女士，她已經在等我了。「哦，你就是那位作家，」她說。

所有的隊伍都在主看臺下面一個像觀看室的房間集合。外面，明亮的秋陽灑在跑道上，但在這觀看室裡卻冷極了。距離比賽開始還有一小時，我站在派翠西亞旁邊，問她美國隊獲勝的機會。

「這支隊伍很年輕，」她說。到日本旅行，跑一場驛傳很有趣，但不是每個人都想來，所以各國隊伍的領隊只能盡可能挑選最好的選手。

忽然，一個日本人來導引我到某個地方。「快一點，快一點，」他說，還一手抓住我的手臂。我緊跟著，就像我在日本常做的動作。「開幕典禮。站在國旗後面，」他說，並用手指著一個拿著一幅美國國旗的人。

「喔，我想，你是想找一位選手，」我說。

「是的，一位選手，」他看起來滿臉困惑。

「等一下。」

我突然意識到他們給我的通行證上面寫著「美國隊：正式選手」，所以不完全是這個人的錯。而且我也恰巧穿著美國隊的顏色，雖然是藍色牛仔褲和羽絨夾克，以及休閒紅色鞋，這些不像是美國隊的隊服。不管怎樣，我把它當作一種榮幸，讓我被看作一位國際選手。

在跑道上，眞正的選手正在熱身，散發出力與美。從某種角度來說，比賽開始前是這些頂尖選手看起來最意氣風發的時刻。爲眼前的比賽準備時，他們似乎看起來更加高大，眼神專注，在跑道上完全放鬆的大步走；他們全有著長腿和結實的肌肉，像是有別於常人的超級人類。稍晚，當他們往終點線奮力奔跑時，或者當他們癱倒在地時，或者當他們坐在回飯店的巴

1 艾德文・索伊：出生於一九八六年，肯亞長跑好手。二〇〇八年北京奧運五千公尺賽銅牌得主。

士上聊天、喝啤酒的時候，他們看起來似乎又回到正常人了。

＊

雖然小串先生態度冷漠，但像這種國際賽事中各國色彩繽紛的國旗還是令人振奮。你對這些隊伍本來就有某種情結，或者長久累積的喜好和偏見，這是運動吸引人的部分原因。對任何運動，如果你對參賽的選手或隊伍一無所知，與他們無法產生任何連結，你便不會那麼投入。

我常常覺得，運動在某些方面和肥皀劇滿像的。在英國，足球是那裡最風靡的運動，我也是個大球迷。觀賞頂尖球隊在關鍵比賽中正面交鋒，簡直令人熱血沸騰。但比賽本身就很精采嗎？若你去看一場你一無所知的兩支隊伍比賽，例如兩支來自挪威聯賽的隊伍，便很難激起那麼多的熱情。若少了對選手和隊伍的背景知識，整個感覺就是很不一樣。

這也是爲什麼報社早期對驛傳的贊助與報導，對這項運動在日本的普及度這麼重要。千葉驛傳的起步較晚，一九八八年才開始第一場比賽。

第一區選手已經在跑道上站成一排。比賽在一點零七分準時開始，這是爲了讓電視臺在比賽開始前，有足夠的時間介紹這場賽事，以及播放廣告。日本有一支以國家隊名義參賽的大學隊伍，千葉縣自己也有一隊。美國隊——我今天所屬的隊伍——其第一區選手是威爾．里爾（Will Leer），他至少有六呎高（約一八二公分），留著一頭長髮和濃密的鬍鬚。他旁邊是一個戴著太陽眼鏡、看起來有些陰沉的俄羅斯人，另一邊是紐西蘭北京奧運一千五百公尺銀牌得主尼克·威利斯（Nick Willis）。但有一件背心似乎特別醒目，在田徑場上散發出某種力量：那是穿著肯亞黑、綠紅三色背心的是喬瑟夫·伊布亞（Joseph Ebuya），二〇一〇年世界越野賽的肯亞籍冠軍選手。

一位詳知內情的人告訴我，主辦單位故意讓肯亞不要挑選最強的隊伍參賽，以便留給日本多一點機會。我不確定這是否爲眞，但肯亞隊裡有哪些選手似乎不重要。肯亞已經連贏了過去兩屆，每個人都心知肚明，他們今天可能再次連莊。

確實，從一開始，當跑者先繞著田徑場跑兩圈，再出發繞千葉縣之前，伊布亞故意跑在隊伍前面。

威爾·里爾後來告訴我：「我們跑出運動場後，那個肯亞傢伙就火力全開。之後，戰場很快就拉開了。」

在跑者跑出體育場後不久，我聽到一位在觀看室看電視轉播的人評論說：「現在最前面只剩肯亞選手和瘋狂的日本老兄的對決。」

這位瘋狂的日本老兄，是駒澤大學年輕的跑者村山謙太，他最後還是沒有追上，此後，也沒有再趕過肯亞隊。肯亞隊最後奪得第一，完賽成績還破了紀錄。美國隊起跑不佳，但很努力地跑到第五名。日本再次屈居第二。

我在觀看室裡觀看大部分的比賽。領隊、教練、隊醫、旁觀者（如我輩），以及後補隊員

——不用上場的儲備隊員——坐成一圈，觀看兩臺小電視裡的比賽。每當電視螢幕上出現肯亞隊友時，肯亞選手便高聲吶喊和鼓掌。但因為他們很快遙遙領先，跑到最前面，電視攝影機便把大部分的鏡頭時間給了第二名的爭霸戰，有一時間是紐西蘭隊，但最後是日本隊和俄羅斯隊之間的拉鋸戰。俄羅斯隊員安靜地坐在觀看室裡看比賽。當選手跑完自己那一區，回到觀看室時，肯亞選手會互相擁抱，並為彼此披上國旗，俄羅斯選手僅簡單握手，也沒看對方。

有一次，我看到了駒澤大學隊的教練，是剛贏得出雲驛傳冠軍的隊伍。我記得在終點線看過他，沉浸在隊伍勝利的光榮中，他古銅色而且梳理整齊的頭髮在勝利中閃閃發光。我坐到他旁邊，想問問關於他隊上的事。他們一定做了某些正確的事，人們已經將他們視為箱根賽的熱門隊伍。

「Sumimasen. Eigo o hanashimasuka?」（對不起，你說英語嗎？）我已經極盡所能了。

他盯著我看了一秒鐘。「No，」他說，然後頭便轉開了，他的雙手交叉抱在胸前。我想要用日語繼續說一點什麼，但沒有用，他已經轉身背對我了。對話已經結束。我抱歉地溜開了。

「典型的日本人，」小串先生說，剛才這一幕，他在觀看室的後面看得一清二楚。

*

比賽結束後，太陽要下山了，我和其他的美國隊員一起離開體育場。一群拿著小支美國國旗的日本粉絲已經聚集在一起，搶著為我們拍照，並向我們揮手道別。我避免為任何人簽名，但我上美國隊巴士時，仍向他們揮手致意。

巴士上，選手們放鬆多了。有位選手開始傳下一罐罐的啤酒，另一位把手機開到最大聲，播放嘻哈歌曲。

「各位，我們應該在美國也辦一場這樣的比賽，」一位選手說：「你們覺得會不會有人來看比賽？」

「如果是在矽谷舉辦，招攬企業隊參賽，也許會有人看，」另一位選手建議說：「你知道的，例如谷歌（Google）。但若只是看今天這種跑步選手的精英賽？絕對行不通的。」

日本和世界其他國家在跑步方面主要的不同之一，是精英的長跑賽已經是一種全民的熱門運動。一位熟悉內情，但不想曝光的人士告訴我，二〇一三年在莫斯科舉行的世界馬拉松錦標賽之所以會在八月陽光最毒辣中午開賽，就是因爲日本電視臺的緣故。由於馬拉松賽在日本非常受到歡迎，電視臺便遊說主辦單位讓比賽在下午兩點開始，因爲這時正是日本晚間電視的黃金時段。

今天千葉縣的戶外，街道兩旁聚滿了成千上萬的觀衆，雖然這場比賽已經有國家電視臺的現場直播。這是一場沒有大批業餘跑者、不是爲慈善而跑、也沒有人穿奇裝異服跑步的路跑賽。路跑沿線，當十三位選手經過時，人們都走出來，向他們揮手、爲他們加油。正如這些美國人說的，這種情形在其他地方是絕無僅有的。

「他們都瘋狂了，」威爾．里爾告訴我：「我完全不知道他們喊了什麼，但他們似乎非常興奮。」

正是這種對運動的熱血，驅動與支撐了所有的職業和大學的驛傳體系。若沒有這股熱血，日本人絕對不會成為這麼傑出的長跑選手。

14 赤足跑法

來日本的前幾年，我發現赤腳跑步的理論。我讀了《天生就會跑》（*Born to Run*）[1]，而且，就像數百萬讀者一樣，我被說服了。這個道理精闢簡單：若要跑更快、更有效率，而且不要受傷，你只要脫掉鞋子就行了。

克里斯多福·麥杜格（Christopher McDougall）的大部頭暢銷書所掀起的論戰，足以做成一本十倍厚的書。麥杜格書裡的關鍵部分，是一個由哈佛大學的科學家鼓吹的理論：人類之所以進化到擁有長距離跑步的能力，是經由堅持不懈的狩獵行為——用腳追動物，直到精疲力竭、倒下與死亡。根據這個理論，其實，我們全都生來就會跑；但我們之所以跑步不夠順暢，而且經常受

1 《天生就會跑》：中文版於二〇一〇年由木馬文化出版，作者為克里斯多福·麥杜格。

傷，就是因爲我們在兩隻腳上穿了又大又笨重的鞋子。這阻礙了雙腳被設計時所賦予的正常工作機能——輕輕地，而且小心地踩踏在地表上，然後向大腦回報應該怎麼跑的訊息。結果，如今我們不再像光腳跑步長大的肯亞人一樣呼嘯過大地，我們像是設計有瑕玼的機器人，穿著厚重有如磚塊的鞋子，拖著沉重的腳步，踩踏在柏油路上，送出震波衝擊我們的腿，毀壞了膝蓋和關節。

當然，事情不是那麼簡單，但是，我是那種對返璞歸眞充滿嚮往的人，簡單就是最好，過度的想法摧毀了一切。所以，我去拜訪赤足跑的專家李·撒克斯比（Lee Saxby）[2]，他當時正在倫敦北邊的拳擊館任職，稱自己爲「跑步界的切·格拉瓦（Che Guevara）[3]」。他教我該怎麼跑——頭抬高，身體微微往前傾，以足弓著地，而非腳跟著地，雙腿轉動像騎獨輪車一樣——然後他讓我穿上一雙超級薄的鞋子。我仍然得穿鞋，和大部分人一樣，因爲經過這麼多年框在鞋子裡的日子，我的腳變得太細嫩，無法眞正赤腳跑步。爲了避免明顯自相矛盾的名稱，它通常被稱爲「極簡鞋」（minimalist shoes），而不是「赤足鞋」（barefoot shoes）。

它穿起來很舒適，不僅幫助我調整出跑得更快、更有效率的姿勢，而且它超級輕，感覺很好。突然間，我變得更輕盈、更快，只因爲換了一雙鞋子。我興奮地到處向有興趣聽的人宣傳廣播赤足跑的優點。我穿極簡鞋跑了三場馬拉松，最快的那一次跑出兩小時五十五分的成績。我是極簡鞋成功的活案例。

除了我有一個不可告人的祕密。我開始穿極簡鞋跑步的時候，凡事都很順利。我跑出了一些個人最好的成績，感覺好極了。記得我偶爾會故意穿回我那雙原本腳跟先著地的鞋子，回想起穿起來有多笨重。這很像把車子拉到二檔，但要以七十英里（約一百一十二公里）的速度在高速公路上急馳一樣。但事情忽然嘎然而止。

我在跑第二次馬拉松時，出現了跟腱痛的症狀。不是很嚴重，我還可以跑。當時我仍然相信赤足跑的優勢。我對此意念很強，便把跟腱痛暫拋一邊。但我的第三場倫敦馬拉松時，兩邊的跟腱都痛起來了。我想不通爲什麼會這樣？有幾張我父親或是比賽主辦單位拍到我在半程或全馬最後那個痛苦階段的照片，也令我百思不解。有幾張，我似乎是腳跟先著地。這實在沒道理。我有時踏出怪異的步幅。而且，從一個靜止的畫面，確實很難判讀這件事，因爲那經常看起來像是你將先腳跟著地，直到最後一秒，你往前的動力意謂著其實是腳弓先著地，或者前腳先著地。但在有些照片裡，很明顯地是腳跟已經先著地。

所以，出發到日本之前，我回去找李・薩克斯比。從我上次見到他之後，赤足跑已經變成

2 李・撒克斯比：英國赤足跑的專家與教練。
3 切・格拉瓦：出生於一九二八年，卒於一九六七年，阿根廷人，是古巴共產革命的主要推手。他的一生詭譎而精采，他的肖像已成為反主流文化的普遍象徵、全球流行文化的標誌。

一種蓬勃發展的產業，如今他在倫敦中心的英國輕量化赤足跑鞋公司（VIVOBAREFOOT）有一座高科技的實驗室。我沒有把跟腱的問題告訴他，只是請他評估我的狀況。

他讓我在跑步機上跳，看我跑。他說，我做得很好，沒有問題。但他有個新玩意：一臺數位測力板，它會拍下我的腳在地板上施力的照片。他請我踩上去。在那張照片裡，我沒有腳指頭。

「你的跑步姿勢很好，」薩克斯比說：「這是我所謂的軟體。你的大腦得到正確的訊息，知道如何利用它。但顯然你的硬體有問題，也就是你的腳。」

我的腳趾頭，尤其是腳姆指頭，並未施任何力。姆指頭應該要是身體的錨，在跑步時支撐穩定性，在直線向的推進力中頂住我。然而，我卻失去了平衡，我的身體重量仍然遠落在我的腳跟。

「這意謂你的腳踝和腳跟會有問題，」他說。我不住地點頭，大感驚異。像切．格拉瓦一樣，他是跑步界的達倫．布朗（Derren Brown）[4]。但要怎麼治療？

薩克斯比說，我是典型的「動物園人類」（zoo human），這是他發明的玩笑用語，用來形容在現代社會長大的人，穿著鞋子、大部分的時間坐在設計不良的椅子上。爲了證明他的論點，他請我做一個深蹲的動作，兩隻腳掌平踩在地上。我試了，但結果相當悽慘。我只能屈膝，抖得像個九十歲老人，想找一張後面的椅子坐下來。

「你的膝蓋不靈活，」他說：「這就是爲什麼你會遇到問題。」

在肯亞，每個人都可以蹲——至少在每個偉大跑者位於鄉村的故鄉。如果他們不能蹲，就不能使用他們坑式廁所。腳和膝蓋的靈活度和力量是肯亞人跑步時衆多優勢之一，此外，根據薩克斯比的說法，這項能力是來自從小打著赤腳走路和跑步，因而維持了蹲的能力。

每個日本人也能蹲。在這裡，傳統的廁所還是在地上有個洞，你得不靠輔助，自己蹲下去。在日本很多地方，像是餐廳和火車站，通常有蹲式的「日式廁所」和坐式的「西式廁所」可供選擇。

然而，一般日本人沒有和肯亞人同樣有力的「赤足」跑法。部分原因是，日本人在戶外總是穿著鞋子，更重要的是，小孩從小就穿著鞋子長大。而且，這裡較普遍的小跑步法通常是由教練指示的，他們相信這種跑法彈跳較少，因此更有效率。

憲司深信這是錯誤的想法，因此展開了一個大學的研究，探討肯亞人爲什麼擁有如此強大有彈力的跑法。他也對「赤足跑」感到著迷，這在日本的跑步界屬於非主流的想法，多是由較不專業的業餘跑者所擁護。支持者舉了日本傳統的古代跑者爲例，如馬拉松僧侶只穿了簡

4 達倫．布朗：出生於一九七一年，英國電視名人，以讀心術聞名。

單的草鞋，早期的驛傳跑者，亦即在京都與東京之間傳遞訊息的使者，他們只穿著單薄的「足袋」，（"tabi" shoes）也就是現在整天在跑的三輪車伕仍穿的那種鞋。足袋的腳姆趾是分開的，看起來像是現代的「黃金大底五趾鞋」（Vibram FiveFingers）的極簡跑鞋。一九五一年，十九歲的日本跑者田中茂樹贏得了波士頓馬拉松冠軍，也因爲穿了一雙分趾鞋而聲名大噪。

立命館大學一位運動科學的教授告訴我，愈來愈多的日本跑者「因爲『腳跟先著地是不好的』的訊息」，慢慢地改變了他們的跑法，而且他也指出，目前日本一萬公尺與馬拉松的紀錄保持人高岡壽成也是前腳先著地的跑法。

但我已經知道前腳先著地跑法的優點。我需要知道的，似乎是學習如何深蹲。

在薩克斯比倫敦實驗室的洗手間裡，他有一個塑膠的平臺，像是小孩的小階梯，架在馬桶的邊緣。他展示給我看。「蹲下來用的，」他說：「你可以在亞馬遜網路商店買到。」

薩克斯比告訴我要練習蹲的動作，可以先抓住門把，直到可以不需輔助，而且要盡量赤腳到處走。

「整頓一下你的硬體，」他說：「你就無懈可擊了。」這聽起來太悅耳了。我開始瘋狂地學蹲。

*

蹲，是如此簡單、自然的動作，全世界的人都可以不假思考地做到。小孩也會，而且年紀愈小，蹲得愈好。我的小孩看到我使勁力要蹲下去，簡直樂不可支。他們像瑜珈修行者坐在一旁彎下腰來說：「什麼？這有什麼難的？」

《準備來跑》（*Ready to Run*）[5]的作者凱利．史達瑞特（Kelly Starrett）說，深蹲是相當初級的測試，而我之所以那麼可悲地蹲不下去，意謂著我身體全身的靈活度不足。

拜訪薩克斯比之後幾個星期，有一天下午，我站在校門外等小孩放學，有一位家長告訴我，他是一位功能性動作專家（functional movement specialist）。我們聊了一會兒，他聽了我的敘述後，請我去找他。他說，他有一些我可能會感興趣的技巧。

「我所能做的最佳解釋，」他說：「就是，直到目前爲止，你一直拉著手煞車在跑。一旦你把它放開，你就能跑快一點。」

這位家長是喬．凱利（Joe Kelly）精通赤足跑的理論，在網路上的化名是「赤足運動員」（BarefootAthlete）。然而，他同意薩克斯比的看法，要跑得有效率不只是把鞋子脫掉那麼簡單。要跑得好是一種技巧，要施展這項技巧，你整個身體需要運作正常，而不只是你的雙腳。這是爲什麼許多採赤足跑或穿極簡鞋跑的人，最後會產生運動傷害。你不能只穿上極簡鞋就跑，除

5 《準備來跑》：二〇一四年出版，出版者為 Simon & Schuster，目前無中譯本。

非你的身體，也就是你的硬體，也跟上了。我不禁忖想，這是否就是我目前的問題所在——一個連蹲下來都做不到的失靈的身體？這是我跟腱痛的原因嗎？

我決定去找凱利，看看他是否能讓我跑更快，不再一直拉著手煞車。

他告訴我，他最近學到一種新的治療法，叫做「肌肉活化」（muscle activation），他的理論前提是：若你身體的某些部分運作的不順利，其他部分就得來代位替補它，很快地便沒有一個身體部位是在做正常它被賦予的工作，而整個身體就會自己開始崩壞。

其結果，他說，就是我們許多人所熟悉的彎腰駝背、碎步跑步法，以及各個部位的酸痛。

凱利在我身上所使用的特殊技術稱作「激活」（Be Activated），是由南非的生理治療師兼運動機能專家道格拉斯·赫爾（Douglas Heel）所設計的，但還有其他許多版本，都是依據相同的原則。赫爾是傑出的運動科學家提姆·諾克斯（Tim Noakes）的學生，而諾克斯本人也是另一本跑步聖經《跑步攻略》（*The Lore of Running*）[6]的作者。諾克斯最有名的，是他的中樞控制理論（central governor theory），理論指出：大腦能控制你的身體所感覺到的疲勞度，當它感覺身體的過度勞累，它便將它關閉。經過幾千年的演化，大腦學到，它最好能過度補償，早一點將身體關閉，以防萬一有緊急狀況發生時，身體仍有儲存的能量。所以，理論上，不管你有多累，不管你感覺多精疲力盡，萬一你突然看見一頭獅子出現在眼前，你仍然能在瞬間找到儲存的能量，拔腿快跑。

「然而，在現代世界裡，」有一次赫爾前往倫敦教授他的技巧時，我追上了他，他解釋說：「除了跑步之外，像是工作上的壓力、不良的姿勢，或甚至是一夜睡不好，都可能讓大腦認為身體超過負荷，開始把它關閉，即使你只是整天坐著。身體上的緊張或壓力，都可能導致這種情況發生。」

所以，肌肉激活治療的作法，就是向大腦傳送一個訊息：沒問題的，這些肌肉沒有真的那麼疲勞，我們沒有在焦灼的大地上跑上好幾天，附近沒有獅子，每件事都安全無恙。一旦感覺壓力的肌肉回覆了，其他的每個功能也能回去做自己份內的工作，而你的身體也能再次回到它自然、而且完全運轉的狀態。

「這就像是家保險絲盒裡的轉轍器一樣，」赫爾說：「身體也有一個過載開關，以備負荷過重之需。肌肉激活就像是把每個功能調回原狀。」

凱利讓我躺在他的治療檯上，開始把他的手指按壓進我身體功能不彰的壓力點。接下來的，是我人生中最痛苦的一小時之一。

「我有女病患告訴我，這種痛和分娩一樣痛，」他用手指壓進我的臀部時，一邊咧嘴笑

---

6 《跑步攻略》：二〇〇二年出版，出版社為Human Kinetics，目前無中譯本。

著。感覺上，有時好像他在扭動一把刀，雖然他保證他眞的只有輕輕按壓而已。他正在試的是神經淋巴反射點，是刺激肌肉反應的觸發點。有些反應是不透過神經地即時。

有一次，他讓我坐在椅子上，不用雙手的輔助站起來。這當然沒什麼問題，雖然我做這個動作時，可以感覺雙腿用力。然而，經過幾次痛苦不堪的按壓，我再試做起身動作時，我幾乎是跳起來的，彷彿我是坐在壓緊的彈簧上。

爲了要展示另一個激活點，他拉我的雙腿拉到旁邊，他試著把它們推回中央時，請我支撐住。我做不到。一點都不行，彷彿我完全沒有肌肉來執行他的指示。那是我肌肉力量的一個盲點。幾分鐘磨人的按壓後，他又試了一次。「好了，把你的腿撐住旁邊。」他用力一推，突然間，剛才似乎不存在的肌肉，被踢醒了，而我也能抓住他。他多推了幾次，這次更用力，但我仍支撐得很穩。實在太神奇了。

下一個星期，我帶著我新被激活的雙腿去參加德文郡北邊比迪福德（Bideford）的半程馬拉松賽。我無法預知結果。能驚訝地看見肌內在空氣中具體現形，支撐住我向側面站穩的雙腿，但這對跑步有什麼益處呢？

赫爾的許多客戶是來自世界各地的橄欖球和高爾夫球運動明星，這些運動對不同方向靈活度的需求更大。就跑步而言，運動的方式往往相當單向——只是同樣重複往前的動作。然而，我在肯亞與全世界最偉大的長跑選手一起訓練的日子裡，我發現肯亞跑者勝出西方跑者的一大優勢，是他們流暢的動作和跑步的姿勢。

肯亞跑者引人入勝的事蹟之一，是他們超越任何一項比賽的賽事——障礙賽跑。自一九六八年來，他們蟬聯每一屆的奧運障礙賽冠軍，除了肯亞抵制參賽的那兩年。然而，在肯亞全國，幾乎沒有障礙賽的訓練設施；所以，他們爲什麼對障礙賽如此擅長？

凱利認爲，這全是因爲他們的動作。「如果你看肯亞人跑步的樣子，」他說：「他非常挺直，他的後頸是直的，他的身體跟著運作，所以，當他遇到障礙物，例如欄板時，他不需費吹灰之力就可以輕鬆跳躍過，然後繼續往前跑。」

因爲他們經常活動的生活方式，較少時間懶散地坐在車子裡、沙發上，或是在電腦螢幕前彎腰駝背，肯亞人習於在自然的狀態下活動自如。

「大部分的西方人，不論是否爲運動員，要筆直、不需輔助的蹲下來都不容易，」凱利說：「若你的身體運作正確，這是一個很簡單、基本的動作；但我們大部分人都做不到。」

又是蹲。《天生就會跑》已經抗議了跑鞋之惡，薩克斯比告訴我我，我們應該把另一個東西加進去：椅子。

他說：「現代世界的兩大惡，也就是粉碎我們與生俱來的能力的，是鞋子和椅子。」

《準備來跑》的作者凱利．史達瑞特（Kelly Starrett）同意這個說法。「坐在椅子上是一場災難，」在列舉它導致的問題之前，他先說了這句話。這些問題簡直罄竹難書！

若此為眞，至少日本只受害一半。就像到處都有蹲式馬桶，大部分日本人在家裡和餐廳裡，仍然是圍著一張低矮的小桌子，跪在地上吃飯。當我拜訪朋友，或者到小孩的學校拜訪老師，我通常被引進一個在地上鋪了坐墊的房間，看不見桌子、椅子或沙發。

每次我都會因為無法跪坐幾秒鐘讓主人大感驚異。那很像我腿上的每個關節和肌肉都受到擠壓和扭曲。不是只有我這樣，這是許多西方人來到日本時必經的洗禮。

「沒關係，你怎麼坐都可以，」人們會關心地看著我，帶點憐憫地這麼說。但很顯然地，我的身體有地方不對勁，才會讓我連做一個對其他人如此簡單且自然的動作，都辛苦萬分。

*

比迪福德半程馬拉松那一天，風很大，還好路線大部分是平坦的。在從肯亞六個月的集訓回來不久，我的個人最佳的半馬成績是一小時二十三分。我把手錶調到一小時二十二分的速度，然後出發了。

雖然因為刺痛，迫使我停下來兩次，但我還是跑出了一個很棒的個人最佳成績：一小時十九分。幾星期後，再次經過凱利的幾次調教，我跑出另一個一小時十八分的半馬成績。當然，很難說這些進步有幾分要歸功於凱利的療法，但必然是某些事奏效了。

關鍵不在於肌肉激活技術的哪個步驟，而是它試圖解決的根本問題：我運作不順的身體。凱利與薩克斯比都持相同的觀點，給我一些技巧來解決它；換言之，如果我想要跑得好、有優良的姿勢、要避免運動傷害，我的身體需要像它被設計創造時那樣運作。我整個的身體，而不只是我的雙腳。

就像凱利的酷刑一樣，他教我運用壺鈴做核心訓練，還讓我做跳躍動作。他也深信爬樹是增進功能的方法之一。當我在他位於德文郡的倉庫健身房裡牆上的健身器爬上爬下，他不斷告訴我：「機能決定形式」。

所有這些都是爲了將我們的身體導回它們天生的狀態。身爲薩克斯比所謂的「動物園人類」，我們與環境妥協，讓我們的生活更輕鬆愉快，但卻較不活躍。許多現代汽車將手煞車以用手指頭操作的小開關取代。就連這個拉起煞車桿的小麻煩都被消滅了，生活還要簡化到什麼地步呢？

當然，在肯亞的鄉下，日子活躍多了。但薩克斯比說到動物園人類，我不禁想起在肯亞的教練雷那多．卡諾瓦說的：「要贏一場大型的城市馬拉松，你需要一點狂野。」他的意思是，你需要冒一點風險，心要狂野。但也許，你的身體也需要一點狂野。

*

但問題是，經過這些波折，我的跟腱仍繼續痛。當然，在我重回野性的過程，我還有很長的路要走。也許，住在現代社會中、坐在辦公室裡上班、開車通勤，我永遠都無法完全達成。至少，現在我比以前蹲得更好，雖然距離奧西恩一般的自然、放鬆的方式還差得遠。

然而，在那少數幾次我大清早五點半起床、和京田邊對街的青少年一起跑步的前幾分鐘，感覺像是一些精怪捏著我的跟腱，然後輕聲地說：「喔，親愛的！喔，親愛的！那還是有些不對勁。」

在立命館大學山上的訓練營，有一天晚上晚餐過後，訓練員提議為我按摩。我跟他說，我這陣子有跟腱的問題。我一派輕鬆地說，假裝若無事。他開始工作，這裡敲敲，那裡打打，問我哪裡痛。然後，他告訴我：「這裡會痛，是因為你跑步的時候，腳跟先落地。若能腳弓先著地會比較好。」

我心想，他可能不知道自己在說什麼，雖然經過他的按摩，的確舒服多了。但我知道我沒有腳跟先著地。或者，我的確是如此？

幾個月後，麥斯跟我說，我們要上電視節目。他興奮得不得了。他說：「這可以讓我將來有更多工作機會，為電視臺做翻譯。」

一位日本電視臺主持人正在拍攝一部如何在三小時之內跑完馬拉松的影片，因為部分節目的需要，他來了解立命館大學的隊伍，並且和他們一起跑。

憲司認為我也應該來，告訴他們關於肯亞的事。畢竟，他們非常擅長馬拉松。

我們在一個風大的午後抵達立命館大學的田徑場。這時，有些跑者——可以不進教室的學生——已在跑道旁一字排開，電視的燈光使得他們在灰色天空的映襯下發亮。主持人是一位滿臉笑容的迷人男子，他頭上還綁著頭帶，問了他們許多問題。我們在一旁看著，學生們向他展示他們的肌肉、拉起灰色T恤，露出他們的肚子。他們指著一名年級較低的學生，他在鎂光燈下羞澀地扭腰擺臂了一下。

「他們說他有最漂亮的腹肌，」麥斯解釋說。

電視臺的計畫是讓這些大學生跟著主持人跑田徑場二十五圈，要在四十分鐘之內跑完十公里。憲司穿著西裝在附近跳著走，在空檔時呼叫我，把我介紹給主持人。他似乎很訝異看到我，當憲司介紹我時，他很專注地聽著，顯然是頭一次認識我。

主持人開了一個玩笑。

「他說，你可不可以分析他的姿勢，看看他有沒有做錯？」麥斯解釋說。憲司顯然告訴他關於肯亞選手跑姿的事，以及他們如何地有彈性，而且他們不腳跟著地。

「沒問題，」我說：「我也可以一起跑嗎？」從我家到這個田徑場花了兩小時，如果可以，我最好也跑一下。

「當然可以，」他們說。我答應會跑在後面，不擋他們的路。在四十分鐘之內跑十公里。由於我已經完全重拾我的體能，照理應該相當輕鬆。

*

立命館大學的跑者穿著整套的T恤隊服，像天空一樣的灰色。主持人穿著深藍色的上衣，我穿著亮黃色的T恤，覺得有點太顯眼。我也鶴立雞群，高出他們幾吋。當跑者們排成一縱隊，我站在最後面，剛好在主持人的後面，副領隊野村交待一些事項後，我們就出發了。

之前，我從來沒有眞正在跑道上跑過一萬公尺。在英國，這樣的訓練活動會被認爲太單調。但在日本，我似乎總是在跑某種短距離之內，重複跑好幾圈，所以在跑道上跑二十五圈也覺得很自然。至少這意謂我們能精確的切分距離，並跟著正確的步調跑。

跑步的時候，我看著主持人。從後面很難看出他的腳是怎麼落地的，所以在第四圈左右回程時，我跑到他旁邊的第三跑道，觀察他的姿勢。跑步時腦袋裡會想到的事眞令人驚異。

我捻鬚細看，忖度認爲他的跑姿其實相當好。當然，我不是眞的專家，但既然受邀評論，我也只能勉力而爲。他們的肩膀似乎都很放鬆，身體微微向前傾，而且是腳弓先著地。沒有一個人是腳跟先著地的，實在令人驚訝！

隨著一圈又一圈，步伐似乎跟上了。我的大腦漸漸變遲鈍，當我們每跑完一圈，我想不起來旁邊喊出的日語數字到底是多少。差不多二十五圈的一半時，我又退出一下，觀察主持人的跑步姿勢。他的雙臂現在比較緊了，肩膀也微微拱起——這些都是身體運作不正常的典型徵候。而且有趣的是，他現在明顯是腳跟先著地了。我相當開心，因爲如此一來，等一下就有話可說了。我開始演練我該怎麼措辭，解釋腳跟先著地會導致較無效率，對腿部的影響等等。

在後面的路段，我再次暫停，又觀察了一次，以便更確認。沒錯，他明顯是腳跟先著地，

其他某些立命館大學跑者也是。這時，我發現自己也是，這著實令我吃了一驚！

我不用往下看，就能感覺到。我的腳每次都是唰——唰——唰地腳跟先著地。怎麼會這樣？

這時，一切道理就通了。這就是我跟腱痛的原因。我穿的是極簡鞋，但我一疲累時，我的姿勢開始走樣，身體也就開始垮下。我的重心不足以支撐我的跑姿，轉輸器被吹散了，肌肉關起來，留下能量以備危急之用。

但我們仍繼續跑。野村舉起一個板子，倒數圈數，但每次我們經過時，我都忘了上面寫什麼，然後開始重新校準。這似乎是無止境的循環，我現在得費力跟上隊伍。我和隊伍間一直維持小段距離，而我得努力拉近它。拂面而過的風愈來愈強。主持人以腳跟先著地的方式跟著隊伍，雖然氣喘噓噓，但還是追上了。但我呢，陣亡了，獨自愈漂愈遠，像個黃色浮標漂盪在一個灰色的驚濤駭浪之中。

最後，我們跑完了。我如預定在四十分鐘之內跑完，但比其他人落後了整整一百公尺。跑過終點線時累得不成人形。我想這個節目播出後，我一定不會被任何一個驛傳隊錄取。

但我沒那麼關心這個問題。我只關心我的新發現：我的腳跟先著地。這可能只發生在我疲累的時候，但這可能發生在大部分比賽的中途。我想，我得更常練習蹲下的動作，還有爬樹，而且要注意我的跑姿。我不禁想，若我持續注意它就行了嗎？我決定在下次練跑時試試看。

離開前，他們拍了我評論主持人腳跟先著地的片段。我說肯亞人不是這樣跑，他點點頭，假裝一副很感興趣的樣子，就像電視節目主持人經常表現出來的模樣。我一面說，他一面微笑，彷彿我說的話令他驚異萬分。幾個星期後，節目播出來了，我的專訪都被剪掉了。我的鄰居理惠告訴我，她在電視上看到我。

「我就想，那是芬桑嗎？」她笑著說：「結果還眞的是。」

我問她，電視上有沒有解釋爲什麼有一個高大的、穿著黃衣的 gaijin（外國人）和大學生與主持人一起跑來跑去？

「沒有，」她說：「那太奇怪了。」

*

幾天後，我自己出門沿著京田邊的河岸跑了六哩（大約九．五公里）。我放慢步調，破天荒地完全把焦點放在我的姿勢上，每一個步伐。我專注在我跑步時的抬腳、向後踢腿。這似乎頗有幫助。李．薩克斯比曾告訴我，不要去想我的腳是如何落地，因爲這個動作太快，但要專注在保持頭部挺直、頸部垂直，而且確定步幅要快而不是長。一秒鐘三步，他說。聽起來很多，但是，一旦你習慣這樣的韻律，就沒問題。當我第一次嘗試前腳先著地，薩克斯比拿了一個節拍器，讓我邊聽邊跑。我眞希望此刻身邊還帶著它。現在只好自己數，很快地，一——二——三，一——二——三。到了最後差點跑不動的一哩路，我的小腿實在太痛了。就像我剛開始「赤足跑」一樣。

我很震驚地發現自己仍然腳跟先著地，但很快地，震驚被釋懷與興奮取代了——這也許可以解釋我的跟腱為什麼痛，以及比賽結束時不成人形的照片。有一段很長的時間，我不斷苦思尋找我最佳的跑姿，追逐愈來愈渺茫的個人最佳成績。有些懷疑三不五時溜進我的腦海：只是因為我變老了嗎？但這裡是一個拉起的手煞車。總共有幾個？我所要做的，就是放開它、糾正我的姿勢，然後我就能回復全速。

幾個星期過去，我總是專注於保持我的跑步姿勢，我又開始跑得快一點了。不久，這件事變得輕鬆多了。我的小腿不再痛，感覺不一樣了。就像是幾年前我開始「赤足跑」的時候一樣，那時我第一次開始覺得像是一名跑者，如今，另一種轉變就要成形了。從一名跑者，成為一名更好的跑者。聽起來差別不是很大；然而，當我在跑步時抬頭挺胸、腳跟向後踢、雙腳趴——趴——趴地快跑，一路感覺很棒。令人驚異的是，幾天之後，我的跟鍵不再痛了。

15 過度訓練

萊拉和烏瑪躺在棉被上。她們臥室的地板快要消失在成堆的彩色摺紙鳥和盒子之下。晚上，她們熬夜摺紙，一直到我叫她們停下來。她們從學校回來後，就坐在路邊，有時坐在路上，摺漂亮的紙勞作，這是她們最近的活動。之前流行的，是用粉筆在馬路上畫迷宮。

每天早上當我進房喚醒她們，她們就把羽絨被蓋上頭，說她們不想上學。

「我們一定得去嗎？」她們說。但一旦她們起床，通常抱怨就會停止，然後十足開心地走路去上學。看著她們兩個一起走進學校大門，融入日本學校裡活潑好動的小孩、謙遜有禮的老師們與興奮的笑聲中，實在令人感動。連我都覺得她們看起來就像兩隻有著白皙皮膚和金色頭髮的異國天鵝。小孩從上面的陽臺喊她們：「萊拉」，或「烏瑪」。這是友善的呼喚，其他小孩很開心見到她們。

但是今天，萊拉和烏瑪的抱怨特別響亮。

「不──！」萊拉尖叫道：「今天是星期六，我們今天爲什麼要上學？」

她們仍不習慣週六要上學的日子。上學時間只有到早上十一點，我得承認，要她們經歷整個準備上學前的掙扎、犧牲可能的週六郊遊，就爲了兩小時的課，似乎有點沒意義，尤其是早晨的歡迎歌就已經占掉了一半的時間。然而在日本，週六是上學日，所以她們得上學。這很難解釋。

如今，她們已在日本開始上學三個月了，雖然她們能夠混合使用洋涇濱英語和日語與朋友玩遊戲和溝通，但要眞正的跟上學習課程，對她們來說還是太困難了。我原本希望她們會神奇地開始說日語，但這個願望並沒有發生。「小孩學習語言非常快，」每個人都這麼跟我說。但顯然這需要更長的時間，尤其是文句架構和母語歧異度高的語言。

然而，在靈光閃現時，我也不禁讚嘆她們的學習能力，大部分似乎是輕而易舉。在英國出發前往日本之前，我們全家一起上了幾堂日語課。這似乎是個不錯的主意，全家人在家一起學，結合旅行的準備計畫。只是萬萬沒想到，它卻成了一場災難。在孩子失去興趣，開始爲了我們爲賄賂他們學日語而準備的餅乾爭執不休時，我們可憐的日語教師仍孜孜矻矻地盯著她的學習單。雖然我們都同樣不會日語，但卻發現每個人其實有著不同的學習需求。萊拉對書寫日文特別有興趣，烏瑪才要開始學習閱讀和寫英文，而奧西恩連他的名字還寫不出來。

梅瑞爾塔和我努力在混亂之中奮戰，但似乎學愈多，變得愈糊塗了。我開始回想起學生時代學習語言時的莫名恐慌。這種感覺就是，當老師叫你在全班面前站起來回答問題，而你只能茫然望著黑板，彷彿那些字是跳著森巴舞的象形文字。

「快點，」顯然已經火冒三丈的老師會這麼說，他對你竟答不出話感到匪夷所思。但你就是百思不得其解，好像你的大腦已經關機了，丟出一個無藥可救的錯誤訊息。這些過往的回憶，突然如潮水般重現。

就在我們感覺似乎永遠學不會的時候，我想起多年前大學時代曾看過的一部紀錄片，那是關於一位老師如何在倫敦一所學校教一群調皮搗蛋的學生在一星期之內學會說簡單的法語。當時我的印象很深刻，所以我查了一下。

那是在一九九〇年代中期的倫敦。麥可．湯瑪斯（Michel Thomas）是位專門爲好萊塢的大明星教授語言的老師。伍迪．艾倫現身螢幕，訴說湯瑪斯如何在一星期內教他說好法語。他的祕訣就在於，他相信要學得好，你得在一個放鬆，而不是緊張的狀態。

就像跑步一樣，學習的時候，心智如果處在壓力之下就會關閉，而且產生防衛。喬．凱利很喜歡跟我聊尤塞恩．博爾特，說他在比賽前總是多麼地放鬆：他會在鏡頭前做鬼臉、假裝向天空射箭，彷彿他只是在那裡玩。然後，他就打破世界紀錄了。

「放輕鬆是他的絕招，」凱利說。如果他的心是放鬆的，他的肌肉不會因爲壓力而緊張起來，所以能正常運作。我想起曾在比賽的起跑線上看過海勒．格布雷西拉西耶，當其他人心煩意亂、看起來很緊張時，他始終面帶微笑，笑嘻嘻的。他也很少輸掉比賽。

湯瑪斯站在倫敦這所學校空盪盪的教室裡，用他可愛的濃厚法國腔說：「沒有人能夠眞正的學習，除非，導致壓力的任何因素都從經驗中移除了。」

他被帶到一個班級，教一群低成就的學生——那些被認爲會考不及格的學生，而當中有些學生確實已經考不及格了。

他做的第一件事，就是把原來的桌子和椅子從教室搬出去，取而代之的是舒適的扶手椅。他還在地板上鋪地毯，打開昏暗的燈光。然後，他告訴學生他最重視的基本規則。

「絕對不要擔心記憶的問題，」他告訴他們：「不管在任何時候你記不得什麼事，那不是你的問題。這是我的問題，我得知道爲什麼？該怎麼辦？」他用這種方式移除了學生身上的壓力。你可以看到他們不可置信地面面相覷，藏不住心中的喜悅。彷彿那一句話爲他們開啓了一扇門，並歡迎他們進入另一個世界。

湯姆斯用聰明的方法，將句子打散，變成堆積木的遊戲，然後將它們重組成句子。但關鍵是，學生們在他的課堂上是多麼地輕鬆愉快。那一星期結束時，當學校裡原來的法文老師進教室看他們學了什麼時，他們的表現令她大爲讚嘆。當她反省自己爲何不能激起學生參與時，我眞爲她感到難過。

「非常令人印象深刻，」她說，還誇張地點了頭以特別強調「非常」：「他們把平常需要五年時間學會的課程，在一星期之內就學會了。」

一位學生試著指出課程如此不同的原因。「他不會讓你覺得茫然，」她說：「如果你被一個字卡住，他會帶你回到最前面，就像你是個小嬰兒，然後，喀嗒，你就知道你在說什麼了。」喀嗒。這些知識、認知、能力一直都在，但只有它們被帶到感覺自在的地方時——如小嬰兒般地安全、受到保護——這些東西才會出現。當我發現可以買到一片根據麥可·湯瑪斯的方法錄製的日語學習CD，我馬上下訂，立刻開始學。

梅瑞爾塔和我很快開始期待晚間播放的時刻，我們坐在床上，燈光關得昏暗。這有點像是某種靜坐的技巧。最後，實在令人振奮，我們總算學了一些日語。

然而，小孩就不得要領了。這不是爲這麼小的小腦袋設計的，小孩顯然是以不一樣的方式運作。他們很快地完全放棄了。所以，我們抵達日本之前，當我開始對日語形成基本的理解，至少能開口說幾句，他們仍然是完完全全的初學者。

然而，日復一日浸潤在喋喋不休的日語之海中，畢竟開始有了一些效果。開學幾個月後，烏瑪的班上要演一齣戲。我們在一個大熱天前去觀賞，遲到了幾分鐘，發現整個學校大部分是小孩的父母，一字排開，在陽臺上等我們。烏瑪和她的同學們站在下方庭院裡，準備要上場了。我們匆忙爬上階梯到陽臺上，結果一位媽媽也急著跟上，對我們耳語，請我們脫下鞋子。是的，我們忘了脫鞋。當我們拎著鞋子穿過人牆走下階梯，我瞥見幾張震驚的表情，小孩面面相覷，睜大了眼睛。我們眞的穿著鞋子上樓?!

終於，歷經千辛萬苦，我們在陽臺上找到了一個立足之地，表演可以開始了。這還只是比我們該到的時間晚五分鐘而已。

這齣戲是《魔龍的戰爭》（*George and the Dragon*）[1]，烏瑪演的是麵包師傅。當孩子們用七歲、精靈般的聲音吟唱時，她在孩子群中間穿梭，臉上掛著大大的笑容。突然間，她說話了，是用日語，而且是在全校的衆目睽睽之下。她的聲音鏗鏘有力，毫不遲疑。我聽不懂她說什麼，但我感動萬分，我看著梅瑞爾塔，看看每個人。你們聽到了嗎？那是我女兒。

她不只講了臺詞，還指揮其他忘記該站在哪裡的小孩。這就是她，在日本學校最繁忙時混了兩個月之後。

她們讓我驚訝的另一次，是有次我在火車站爲她們買通行票。站務員給了我一張表格，塡

1《魔龍的戰爭》：是一則由十字軍從東方帶回歐洲的故事。相傳有個地方有條惡龍，國王和居民起初以賄賂方式取悅龍，換取和平。但這條龍貪得無厭，就在國王最後要把公主獻出時，一位騎士勇敢屠龍，成為了英雄。

寫她們的姓名和地址。我塡好拿給站務員時，他搖搖頭，說名字一定要用日文寫，不能用羅馬字母，機器要認得出這些符號，才能審核通過。但我完全不會寫日文。我很努力學口說日語，但若要寫出日文字，我仍然全無頭緒。麥可．湯瑪斯的ＣＤ沒教寫字啊。我們無計可施，然而，如果……

「妳們會寫妳們的日文名字嗎？」我問她們兩個。她們正從展示架上收集旅遊宣傳單，每個人都拿了一疊。

「當然會啊，」萊拉說。

「眞的？」

結果，當然是眞的，她們會寫。完全不假思索。機器也讀的出來，並審過了。

但這些是偶然的光彩閃現。大部分的時間，她們整天在文字和符號間浮沉，特別是在上課時。通常當我問萊拉學校學什麼時，她會說：「我不知道。」

「但是妳在學校做了什麼？妳一定做了一些事。」有一天我這麼問她。她的學校課本上都是日文字和美麗的圖片。一位同學的媽媽告訴我，她的兒子在家一直在練習寫日文字，因爲他坐在萊拉旁邊，看到她寫的字好工整。

「今天我練習六的乘法表，」她說。那不是課程，那只是她做的事。當她的老師說一個她聽不懂的故事時，與其乾望著牆壁，她會在腦袋裡默誦乘法表。至少，這個經驗教她們在中斷時間裡做建設性的事。

每個人不斷告訴我，讓她們在日本上學是一段寶貴的經驗，她們將學會重要的人生課題。但我很難指出當中的好處是什麼？她們學到了世界上還有其他的文化，那裡的人以不同的方式做事；在某地正常的事，並不是在每個地方必然也正常。

她們也學到了與衆不同是什麼感覺。我認爲，如果她們能處理這種情況，她們會更堅強，更有彈性。這是爲什我們得努力通過最初的難關。克服了艱難的開始，達到目前能夠成爲陌生團體中完整而且有用的一分子，這就是一項成就。它讓我們學到：堅持不懈，就會成功。即使看起來不可超越的情況，還是可以克服的。若我們一開始就放棄了，我認爲，我們可能會教給她們相反的價值觀：遇到問題，就要立刻閃躲。

所以，雖然萊拉無聊到在課堂上背誦九九乘法表，我希望她學到的最重要的教訓是，這個世界不是一個可怕、不友善的地方，而是一個你可以感覺有能力加入、展現和參與的地方。

*

直到小孩上學快三個月後，我才發現萊拉和烏瑪的學校有個驛傳隊。華德福學校的體育力並不出名。合作而非競爭是華德福教育的校風底蘊，在英國，這種精神也延伸到運動，至少是到小孩中學的年紀時。然而在日本，即使焦點不在競爭，華德福的小孩每天放學後仍然花好幾個小時練習。學生似乎最投入的兩種運動是棒球和排球。但由於冬天的腳步近了，注意力轉移到了驛傳。

當地京田邊驛傳——學校隊伍與業餘隊伍的對抗——舉行的前六個星期左右，訓練就動了起來。希望入選參賽的學生參加集訓，幾乎每天都要練習。我的十五歲鄰居良平可謂適得其所。大部分的驛傳隊員同時也是棒球隊員，他們利用跑步訓練爲棒球季做準備。但對良平而言，這是他自己的事。一天早晨，他戴著口罩敲我們的門，試著邀請我加入他們學校驛傳隊的訓練活動。

「Itsu desuka？（什麼時候？）」我問他。

「Yon ji（四點），」他說。

「Kyo（今天）？」

他點點頭。Hi（是的），是今天。

我那天整個早上已經跑了，但我覺得狀況很好，尤其是打從我注意我的跑姿開始。現在，若我要打破我的個人最佳成績，必須開始建立訓練計畫。當你展開每天兩次的訓練，總會覺得自己又更上一層樓，開始覺得自己是眞正的跑者。當然，這需要很多時間，我從未成功地持之以恆；但三天捕魚，兩天曬網的「加強」方式，似乎總仍讓我精進不少。

「好的，」我深深鞠了一個躬說：「謝謝你。」

*

稍晚，下午四點整，良平來按門鈴。現在天氣更冷了，幾乎每個人都戴上了口罩。萊拉和烏瑪變得懶洋洋，不想外出。外面街上的遊戲換了，大家追來追去的。萊拉顯然和一個鄰居小孩爲了某種遊戲起了爭執。但每天放學後，門鈴還是照常響。

「萊拉、烏瑪，出來玩啊！」他們問。他們站在小小的拉門邊，彎著身體抵擋寒冷，還戴著遮陽帽。當我告訴他們萊拉和烏瑪都不想出門時，他們臉上難掩失望的神情。

「奧西恩呢？」他們繼續問。

「奧西恩，你想出門嗎？」我問他。

他跑到門口來，探出頭來。「Chotto Mate（等一下），」。他說著，接著便用最快的速度關起門，並穿上靴子。

「不要忘了你的外套！」我大聲叫他，但他已一溜煙不見了，門在他身後碰地關上。但今天的門鈴聲是找我的。我穿上訓練服。今天第二次跑步，學校的驛傳訓練。走吧！

＊

到了學校，良平和他一位晨跑團員坐在田徑場邊，而學校外面的碎石廣場裡，棒球隊正要結束練習。他們排成一列，教練向他們每擊出一球，他們得用最快的速度把它接住，然後傳給站在教練身後的捕手。如果他們漏接球或傳壞了，他們得回去重做一次這個動作。若他們做對了，其他的隊員會給予很大的讚聲鼓勵。

他們一次又一次地練習。我不知道他們已經練習這個動作多久了，但每個人都很專注。我待在那裡愈久，愈能體會日本人對運動有多麼地瘋狂。而且，頂尖的高中或大學校隊通常比資深的職業隊受到更大的歡迎、更多的注目。

然而，所有這些對於年輕人運動的關注，意謂著這些運動員在學校會被逼得更嚴格，以贏得比賽；而這種現象對許多日本最閃亮的新星球員的運動生涯，卻有著不利的影響。

二〇一三年，時年十六歲的棒球投手安樂智大引發了一場爭議，討論聲四起。當時安樂智大帶領他不被看好的高中棒球隊，在日本最大的甲子園棒球聯賽一路打到決賽。九天之內，安樂在五場比賽中擲出七百七十二個球。這幾乎是美國大聯盟投手平均六個星期的球數。

但在決賽時，安樂氣力用盡。在現場和電視機前數百萬名觀衆的注目下，這場比賽分崩離析，最後以十七比一大輸結束。美國的棒球球評說，派他出場投球這麼多次簡直是瘋了。

比賽結束後，安樂說：「我有一種很重的感覺，好像身體不是我的。但特別是身爲日本人，我試著靠我的意志撐過去。」

他當然不是怕吃苦的人。根據 ESPN 體育臺針對這項爭議所拍攝的紀錄片，他們的校隊每星期練習六天，每天練習五個小時。如此密集的訓練在日本高中體育界司空見慣，而且這是源自於「吃得苦中苦，方爲人上人」的堅強信念。但日本體育界到處是徒留未竟之功的年輕運動明星。憲司相信，就是這種過度訓練提前終結了他的運動員生涯。有時，還看得出他對過去逼他跑太多的教練忿忿不平。

這也是爲什麼他願意指導三位年輕有前景的女選手。這三位選手都因爲年紀更輕時的過度訓練而受傷，他希望幫助她們更聰明地訓練。其中年紀最長的是十八歲的渚（Nagisa，音譯），她說，在學校時，她每星期跑一百二十五公里。而且，如果她在比賽中表現不佳，還要做兩百個仰臥起坐當處罰。看到我瞠目結舌的樣子，她笑了。

「我不介意。」她說。

但憲司可不領情。他說，這種過度訓練就是她現在還沒復原的原因。他甚至建議她去就讀沒有正式驛傳隊的大學，才不會再次經歷嚴格的集訓。

最近一個由美國兒科研究院（American Academy of Pediatrics）的研究支持了憲司的看法。他們發現，八到十八歲之間的運動員，若每星期參加自由活動兩倍時間的計畫性運動訓練，受傷的機率會提高。

「我本來有可能贏得奧運獎牌的，」憲司說。這並不是幻想吹噓。在一九九四年的世界青年田徑錦標賽中，憲司奪下了銀牌，僅落後肯亞的丹尼爾．科曼（Daniel Komen）[2]。憲司當時

---

2 丹尼爾．科曼：出生於一九七六年，肯亞中長距離跑者，曾獲得一九九七年世界田徑錦標賽五千公尺金牌。

一萬公尺的最佳成績比科曼還快。

「當時，我是有史以來第四快的年輕跑者，」他說。

但兩年後，丹尼爾·科曼以十二分四十五秒的成績打破五千公尺的世界紀錄時，憲司還在爲跑進十四分鐘奮鬥。

當然，若沒有辛苦的訓練，憲司可能無法表現得這麼優異，但到了二〇〇一年，他二十六歲時，他已經做過兩次治療頑強跟鍵傷害的手術。「到那個時候，」他說：「我的運動生涯就結束了。」

*

行事曆上最大型的驛傳之一，是全日本高中驛傳，有電視的全面報導。這場比賽在京都舉辦，於是我啓程去觀賽。

比賽起點的體育場就是我和京都 Blooming 隊友練跑的地點。體育場內，啦啦隊用短裙和耳罩抵擋寒冷的天氣。和她們在一起的，還有銅管樂隊，在看臺上吹奏校歌，彼此較勁。廣告看板大小的校旗也由鉛球校隊隊員高高舉起。

我四處走動來保暖，直到男子比賽開始。一群綁著頭帶的年輕男學生像風似的，在跑道上跑了幾圈後，便從運動場消失，繼續跑進城市的大街小巷。

他們跑遠後，群衆開始往附近的車站移動。我加入了人潮，讓樂隊繼續演奏，啦啦隊也繼續勁歌熱舞，而且整齊劃一地揮動她們手中的彩球。

地鐵列車擠滿了拿著小旗子，或者穿著該隊顏色服裝的群眾。我不確定該往哪裡走，所以就跟著人潮。到了一個車站，人們蜂湧而出，興奮地衝上樓梯，青少年穿著田徑服、年長者背著背包、穿著軟運動鞋，全家人一邊笑著，一邊呼喚彼此跟上。要下樓的人移動到旁邊，今天把他們的城市讓了出來，借給了占據城市的驛傳粉絲。雖然一個橫跨整座城市、時間長達數小時的比賽，很難跟上最新戰況；但顯然，利用地鐵網路趕到下個觀看點，追上比賽中的跑者，也是在這裡看驛傳的樂趣之一，彷彿我們也參賽其中似的。

幾分鐘後，我發現自己也在其中一個中繼所。選手在路邊整裝待發，等著他們的隊友現身。我穿梭在人群裡，氣氛很緊張。選手們都穿著幾乎觸地的長外套以免受寒。他們的外套都是隊服的顏色，而且是用閃亮的材質做成的，看起來很像即將進入拳擊臺的拳擊手所穿的大衣。事實上，這些看起來骨瘦如柴、有些憔悴，臉上還有青春痘的孩子，比較讓我聯想到拳擊手，而不是跑者。他們有著即將冒生命危險的人臉上繃緊神經、犀利的表情。我帶著相機逡巡，但他們的視線穿過我，像是久經沙場的士兵臉上空洞的眼神；當他們以迅速、儀式般的動作綁上頭帶時，已迷失在竄流全身的腎上腺素的波動裡。

選手一個一個被點名，出來站在路中間，等待他們的時刻。我們先是聽到群眾的歡呼聲，然後是電視臺直升機的呼呼聲。接著，前兩名男孩在寬廣、空曠的馬路上競逐，差距愈來愈近，呼嘯過中繼線，他們脫下接力襷，在接下來兩名跑者繼續往下一站衝去前，將接力襷套在他們的肩上。

這一幕的戲劇張力極高，當中的壓力就連站在一旁觀看，和比賽完全無關的我都難以招架，我眞無法想像這些年輕人所承受的壓力有多大。當我在他們這個年紀時，參加了我認爲正式的比賽，但從來沒有這種大場面，有全國的電視轉播，完整呈現在整個城市夾道數公里、成千上萬的觀衆面前。

我想起麥可．湯瑪斯所警告的，人們在壓力下無法學習。想到道格拉斯．赫爾所說的，身體會在壓力下關閉運作。我也想到肯亞選手抱怨日本人在他們年輕時過度訓練，想到憲司以及他對早夭的選手生涯的忿恨。此時此地，一切都不說自明。

*

雖然華德福學校不是以體育隊伍著稱，也不太可能以過度訓練毀掉任何人的職業生涯，但這裡的棒球練習活動似乎一點也不馬虎。我站在草地邊看著他們，目標很顯眼，但沒有人看我一眼。最後，他們休息，教練走了過來。他是一位年近六十，和藹可親的先生。部分棒球選手回到學校，不見人影了；但大部分選手在他後面集合。他們直接從棒球訓練轉換成驛傳訓練。

「歡迎，」教練說，他與我握了手，又深深一鞠躬說：「我們很榮幸有你的加入。」然後，很乾脆不囉嗦地，他跑過了校門，在我回神之前，我們已經跟在他身後，跑往爬上山丘的路上。

我們在有如樂高房子之間整潔的街道上蜿蜒跑著，而且是沿著一條小河。這是我自己練跑的同一條路線。我第一次在這裡跑時，曾看見一條吸引人的小路通往山裡。那時，我在找一條遠離混凝土路面的跑道，那是我最好的引導。進入樹林愈深，路徑愈來愈小。但整條沿路的森林都被鐵絲網圍起來，還有大型的警示牌，似乎是在警告某種危險。鏈在水泥柱上生鏽的監視錄影鏡頭對著我，我繼續跑，愈來愈害怕將要跑進某群惡徒的巢穴，一群大惡犬正準備攻擊我。當我跑出森林時，卻到了另一個郊區聚落。有更多的灰色房子沿著緊密的街道而建。密密麻麻的，無逃脫之處。

我們以輕鬆的步伐跑在學校教練的後面，學生們幾乎都是安靜地跑，一語不發。我跟在後面，不想挑起競賽心，開心地跟著跳躍，享受緊鄰建築物後面這一片有圍籬、被森林覆蓋的山巒美景。

教練並不走任何叉路，只繼續沿著河畔的大路。他從不回頭確認我們是否還跟著他。即使有些跑者開始落隊，他仍繼續跑，跑進綿延無止境的郊區。最後，他轉回頭了，仍然不發一語，也沒點名；我們像是一件長長的流水斗篷，跟著他回轉，繼續在他後面跑著。落後的跑者也自行組成第二團，但他們並不抄捷徑，若是我，我可能會抄小路，然後在我們經過時加入主隊伍。但是，他們堅持到底，跑到我們回轉的點。顯然，不抄任何捷徑是很重要的。

回學校的半路上，教練在一間小寺院停下來。他說，這裡有一個八百公尺的路環，我們要在這裡跑兩圈，中間可以休息一下。他要我們用最快的速度跑。他拿出手錶，爲我們計時。

跑第一圈時，我輕鬆地跑，專注在我的跑姿上；輕鬆跑完一段後，我開始解放開來，衝到了隊伍前面。我好像跑在空氣之上，一點都沒有感覺到稍早跑步的疲累。我停下來時，他喊出我的時間，但我聽不懂。

他跟學生們說話，告訴他們（我只能大概猜出意思）看我跑步時的姿勢，要學我。

我試著示範重要的基本動作。稍微前傾，專注在抬後腳、快步。但我的日語沒到這個程度；他揮揮手，示意我停下來。第二輪要開始了。

後來，回到學校，他向學生解說時，大家圍成一個圓圈。然後，他請我說一些能幫助他們跑步方面的事。

我決定不要再試著解釋跑姿的基本動作。以我跛腳的日語來說，這太強人所難了。而且說眞的，我還不完全確定我做得很好。我現在跑步時，感覺很對，但對我有用的，不一定舉世皆然。此外，因爲看不見自己，我仍不確定我做得很完美。我之前就曾經被自我矇蔽。

因此，我告訴他們跑步時正確呼吸的重要，也就是腹式呼吸。這是我在德文郡老家時，從喬．凱利那裡學到的另一件事。他說，正確的呼吸和強健的隔膜是核心力量的基礎。我眞不敢相信，之前我從沒想過呼吸的問題。當我試著這麼做，從胃部吸氣，充滿肺部，而不只是從胸部吸氣的淺式呼吸，這有點像渦輪增壓，像是按了一個加速按鈕。

我和良平跑在一起時，發現他都吸得很淺，氣喘噓噓，和我以前一模一樣。這是很值得分享的訊息。

「你吸氣的時候，胃部應該要鼓起來，」我說，我把手放在腹部，示範給他們看。

這沒什麼，但教練似乎很滿意我給的建議，他請學生們為我鼓掌，還邀請我再來和他們一起訓練。雖然，最後的結果是，所有他們的訓練時間我都走不開，下一次我見到他們活動時，已經是比賽日了，也就是在京田邊的驛傳。

＊

我更常思考的，是組織一個驛傳隊的計畫。琵琶湖的那場比賽只是淺嘗，但那只是一個很沒競爭力的部隊，部分成員我那天早上才剛認識，這讓我很想要體驗一下更認真的驛傳。憲司不斷告訴我跑驛傳時，將切身感受到的一份責任感，那種全隊的希望都寄託在你肩上的感覺。他說，那會敦促你更上一層樓，那就是團隊的力量。至少，在日本是如此。但我在那場比賽裡完全沒有這種感覺。也許，那只是我西方式的、個人的想法，但我們隊上似乎也沒有人抱著什麼期望。我比賽時大可以用慢跑的，我想也不會有人抱怨。但我想要感受戴著接力襷的責任感，那是當勝負攸關的時候，當贏一步或輸一步都舉足輕重的時候，當我們有機會可以跑得更好的時候。

在我的腦袋裡，我想在日本組成一支我在日本時期的明星隊伍。Blooming 的頭號選手森田便名列其中，也許加上 Blooming 第二快的隊員，笑容可掬的亞瑟士業務主任六川（Rogukawa，音譯）。幾位立命館大學的隊員，如果他們想，也許幾位一年級生願意。麥斯認爲他們會願意，他自己也想加入。他再次提醒我，在我離開日本前，他能用三十五分鐘跑完十公里。還有良平，我那位十五歲的鄰居，也許也會想參賽。我問麥斯，他是否能幫我找到一個驛傳來報名。

麥斯起初建議我趕快把我的隊組起來，報名參加京田邊的驛傳，結果，這個比賽規定所有的參賽者都得來自京田邊才行，或者至少是這裡的居民，所以我們得另外找。同時間，我只能當京田邊驛傳的觀衆，在天寒地凍的天氣裡，和良平的父母和他兩個姐姐，騎腳踏車到第一個中繼所。

這時冬天眞的降臨了。我們站在那裡，兩腳反覆交叉，腳趾頭都要凍僵了，很難想像我們曾經在同一條街上的溽暑中汗流浹背。良平的兩個姐姐還帶著遮陽帽，而且她們騎車不用戴手套。我雖然已經戴了滑雪手套，手指還是快凍成冰棒。我把帽子上的羊毛襟翼往下拉緊，蓋住我的耳朵。

在中繼所，一組工作人員坐在一張桌子旁邊，等著看跑者跑過。他們帶著有夾子的寫字板和擴音器，都穿著相同的黃色雨衣夾克。在他們身後的一個小停車場，第二區的選手正那裡原地慢跑、伸展熱身。他們似乎很緊張。只有我們當地蔬菜的送貨人格利佛似乎心情大好，他也來觀賽，和想聽他說話的人談笑。

就在我開始懷疑自己還能在嚴寒的天氣裡站著等多久，擴音器傳來跑者正在接近的廣播。原來，我們早到了一個小時，以確保不會錯失任何精采鏡頭。

跑者一個接一個跑進來，踉蹌到了中繼線，把接力襷遞出去。觀眾很安靜，嚴寒削弱了我們的熱情。部分跑者在把接力襷遞出後，很戲劇性地手腳一起崩潰倒在地上。其他人，如良平，則是很快側身進入停車場，安靜地混進人群，他們的使命完成了。

最後，華德福學校在二十幾隊中獲得第三名。他們似乎對結果很開心，和去年的名次相同。前三名的隊伍都是校隊，成績最好的成人隊伍獲得第四名。

閉幕典禮是在京田邊的運動中心舉行，那是一座很大的體育館。我們所有人，包括選手和觀眾都聚在一起，等著儀式開始進行。在接待區，有當地運動團體的照片，在一個大型玻璃櫃裡，也展示了他們歷年贏得的獎盃。在中央則是歷年京田邊驛傳冠軍得主的集錦照片。靠近一點，我想我認出了一個年輕的臉孔。這張照片旁邊，是另一張同一個人的照片，更確定了我的猜測。在這張照片裡，他穿著日本國家隊的服裝，正雙手高舉穿越某個地方的終點線。他是當地的跑步英雄：高尾憲司。

16 全日本大學驛傳

憲司從我的雷達消失了。我得承認，我的雷達是使用另一種語言，而且快不堪用了。我大多是仰賴麥斯或小串先生打電話給我，告訴我比賽或訓練活動的消息，因爲他們是唯一兩位我能直接對談關於日本跑步界的人。當然，他們自己都有自己的事業和生活，所以，偶爾我會發現自己整個星期都無所事事，僅忙於接送小孩上學、去遊戲場，以及在超市的走道上茫然不知所措，想盡辦法研究出哪一罐是洗衣乳，哪一罐是洗廁劑？在我弄清楚之前，全日本大學驛傳已經箭在絃上了。這對立命館大學隊而言，是整年度最大的比賽。所有的訓練、所有的計時和預賽，每件事都是爲了這一場賽事。對憲司而言，這是他擔任教練以來的第一場大型驛傳。

比賽的前一天，我帶奧西恩去游泳。在初學者的泳池，我們潑著水玩，但我有些心不在焉了。外面的藍天已經變黑，開始下起大雨，雨滴敲擊著大片的窗戶。一位女士驚慌地用手摀住嘴巴，一見下雨便奔往更衣室，甚至來不及在池邊的洗眼水龍頭停下來沖一下眼睛。

「奧西恩，我們現在得離開了，」我說。我明白，對於明天看比賽的計畫，我仍一無所知。我假設憲司或麥斯會安排每件事，幫我找飯店、確認火車班次。我準備他們一打電話給我，我就立刻行動。但目前還沒有任何人找我。

住在一個語言不通的國度的問題，就是你一說話，聽起來就像個小孩，所以人們開始把你當小孩一樣對待。然後，為了完成這個循環，你開始表現得像個小孩。

我第一次在東京過夜時，那是為了實業田徑錦標賽，小串先生為我訂了飯店。然後，他帶我去飯店，甚至帶我上樓找到我的房間。當他指給我看浴室和毛巾在哪裡，我心想，這些舉動都非常善意。然後，我注意到房間的一端有兩個大推拉門。

「喔，我好像有陽臺，」我說。

「是的，但要小心，」他告訴我：「別摔下去了。」

我問過麥斯，可不可以來全日本大學驛傳當我的翻譯，並詢問憲司我們那天可否靠他庇蔭，近距離看清楚這場比賽是怎麼一回事。在九州驛傳時，教練會開車在選手的後面，車頂掛著擴音器，以便對著選手喊話。我希望同樣的情況會發生，而且我們可以坐在車裡面。

我和奧西恩回家前，雨已經停了，天空也開始變暗。

「麥斯打電話來了，」我們脫下帽子和大衣時，梅瑞爾塔說。

「他說了什麼？」

「你最好回他電話。」

*

兩天前，麥斯搬家了。他離開在京都附近鎮上的房子，開始努力在京都北邊約一小時車程的鄉村展開新生活。當我打電話給他時，他聽起來像是在更遠的地方。他說話的時候，沉靜、結霜的山谷極爲寧靜，似乎在背景裡呢喃著。他說，憲司爲了這場比賽壓力很大，無法爲我找到過夜處。

「這是他的第一次，所以他不確定情況會怎樣。他認爲，你最好一早搭火車到比賽的起點，只去那裡看看。我想，這個你不需要我的幫忙。」

麥斯不想去。憲司也有其他的事要煩。我站在那裡，進退維谷。

「你可以再聯絡一次憲司嗎？」我問他。我眞的很想透過憲司的眼睛觀看比賽。若要看起跑，我在電視上看就可以了。

「我今晚去名古屋，待在某一家飯店，」我說：「我可以一早先去找他。」

十分鐘後，麥斯回電給我。

「好的，憲司說，早上五點在聯合飯店（Union hotel）。不要遲到。他們五點十分要從大廳

外面離開，沒有時間等你。所有的飯店不知何故，全都訂滿了。這週末在名古喔一定有什麼活動。但你可以住一間我知道的膠囊旅館（capsule hotel）。我用電子郵件寄地址給你。」

就這樣，草草吃完晚餐，二十分鐘後，我背起背包，向梅瑞爾塔和孩子們告別，啓程經過平靜的郊區夜晚，下山到京田邊的火車站。在名古屋的某個角落，立命館大學校隊正回房間休息，互道晚安，年度最大的比賽明天早上正等著他們。

*

麥斯推薦的膠囊旅館已經客滿了。它位在一條有很多喧鬧到令人神經緊張的「柏青哥店」的主要道路旁的巷子裡，我找到它時，已經過了午夜。「柏青哥店」是日本一種賭博遊戲，通常位於大型、刺眼，燈光閃爍的建築物裡。在名古屋隨處可見。

除了柏青哥店，附近街上唯一還沒打烊的店只有尋常的便利商店和速食店。我無奈地看著飯店櫃臺的工作人員。

「你可以在公共區睡覺，」他說。這聽起來有點嚇人，但我別無選擇。反正，我四個小時後就得起床。

我付了錢，他們帶我去更衣處。當你進了一間膠囊旅館，第一件要做的事就是脫掉你的衣服，把它和其他的個人物品放在置物櫃裡。然後，他們會給你一條毛巾和一套睡衣褲，之後，你就可以直接去泡溫泉——洗熱水澡。

在一間寬大、鋪了瓷磚的室內，共有六個大小不一的池子，水裡不時冒出幾個累壞了的房客的頭。他們慢慢地在池子邊滑進滑出，像是一頭頭巨大的海豹翻來覆去，尋找一個更舒適的地點。

其中一個池子的水是粉紅色的，有點時尚的感覺。我踏進去——爲什麼不呢？——然後沉入熱水裡。這讓我有點頭暈，一時間呼吸有點困難；水池、天花板、男人踏上臺階出水、換池子，手裡還還抓著毛巾蓋住他們的胯下。做成秋葉的塑膠片，垂在我的頭頂上方。

漸漸地，每件事都就位了，蒸氣的聲音、空氣中流水的聲音。其實我沒那麼喜歡泡在熱水裡，幾分鐘後，我就想試另一池了。在霧氣蒸騰的門外面，看起來還有更多的池子。我從水裡爬起來，把門打開。與清新的空氣對比，感覺好多了。那裡有好幾個單人的浴缸，像是巨型的茶杯。其中一個浴缸裡，一個禿頭男子睡得很熟，他的頭靠在池邊，他的兩隻腳懸在浴缸的另一邊，他的臉隱沒在水裡升起的蒸氣裡。

我的下一站是蒸氣浴，另一個男人也躺著睡著了，而另兩個男人坐著，眼睛盯著電視裡的烹飪節目。

沖澡前，我快速地沿著其他的池子走過，然後把身體擦乾，穿上我的睡衣褲。我感到出奇的乾淨與舒爽，幾乎要乾淨到發亮了！我現在需要的，只是一個睡覺的地方。

樓上放滿了躺椅，每個躺椅旁都有一個似乎永遠不會關閉的電視螢幕。大部分的椅子都已經有人躺著睡覺了，這個地方眞的滿到爆了。我不禁揣想，爲什麼這些單身男人必須在週六夜晚出現在這裡？

地下室安靜一些。現在幾乎凌晨兩點了。在大樓遠處的一個凹處，我發現一個漫畫圖書館。那是一間小榻榻米房間，架上滿是漫畫。有個人已經攤開棉被，睡覺去了；其他好幾個人還坐著看漫畫。比起電視房，這裡安靜多了，所以我跟著鋪了棉被，躺下來抓住幾小時的睡眠。因爲電燈亮著，我醒來幾次，每次都看到不同的人坐在那裡看漫畫，其他幾個則在我旁邊睡著了。

凌晨四點鐘，我的鬧鐘響了。我起床，找到大門的方向，我在那裡穿回自己的衣服，快點出門趕搭叫好的計程車，車後面的乘客門已經打開等著了。五點整，我抵達憲司的飯店外面，準備出發。

＊

憲司背著包包，匆匆忙忙地出門。他見到我笑了，我想他也大吃一驚。

「好的，準備好了嗎？」他問我。我點點頭。幾位運動員在這裡，其他人則分散在沿路的其他飯店裡。憲司說，他的工作就是要把他們全準時送到他們的起跑點，然後在終點等他們。

我們上了隊伍的迷你巴士，慢慢地駛離。穿著短裙的女子和頭髮往後梳的男子正從待了整晚的酒吧慢慢摸黑回家。選手們望著他們，兩個世界瞬間的交會。

憲司顯然看不順眼，他下了一個評語，但我聽不懂。其他人只敷衍地笑了。憲司的助理野村和他一起坐在巴士的前排，導引前往比賽起點的路。我們轉錯了幾個彎，憲司在已經開始車多的路上加速疾駛。當然，他們還有很多時間，當我們放下前兩名跑者時，天色剛微微亮。憲司沒有對他們特別說什麼，只說了簡單的gambare（加油）。也許他前一晚已經向隊員精神講話過了。

跑者們下車後，我們又出發了，野村依據衛星導航指揮方向，憲司邊開車，邊聊天。前一個星期，立命館女子隊又贏了全日本大學女子驛傳冠軍。我向憲司提起這件事。

「Hi（是的），」他說：「壓力，壓力。」

上次我見到憲司時，他還對即將到來的比賽滿懷興奮期待，甚至大膽預測。他說，今年他的隊要擠進前十名，明年要爭奪前五名；再隔年，他的目標是前三名。這是個很有野心的目標。由於箱根驛傳的關東區大學已招攬了所有最傑出的高中男子選手，若立命館大學或者任何其他非關東區的大學能擠進前五名，簡直可以說是奇蹟。

然而，因爲頭號王牌選手受了傷，而且所有其他的隊伍在三大大學驛傳的第一場出雲驛傳跑得比他預期還快，他稍微調降了他的期待。

他說，今天他預期最好的成績是第十名，但他眞正猜測的是第十三名。如此精準的預測，顯示他已密切分析對手。去年立命館大學得到第十三名，那時他們亂無章法，甚至沒有教練。

憲司說，只要成績低於去年，都是很糟的結果。

「明年，」他咧嘴一笑，似乎今天的結果已定：「第五名。」

*

我們比選手們提前幾個小時沿著驛傳路線行駛，一面接選手上車，一面把其他人放在不同的中繼所。這條路線又長又直，穿過不知幾哩不起眼的平原，沿路有一些汽車代理商、礙眼的公寓大樓、用大型網子圍起來的高爾夫練習場，偶爾有一間古老的日式房子在單調的景致中一支獨秀。

雖然比賽的起點和終點都是風景如畫的神社，路線中間大部分都是這種典型的日本郊區風景，不時點綴著一些稻田，見到一位老人徒手耕作，彷彿未曾感覺到圍繞著他的現代世界。

比賽一開始，我們定時會透過電話收到隊上的更新訊息。我不確定是誰打的電話，可能是某個從電視上看比賽的人。憲司的車上有也有電視，但不論憲司或野村怎麼努力地試，都不成功。他們每次都轉到相同的那幾臺，再試，還是沒用，只在廣播上聽到一些評論。所以，我們後來就全仰賴電話傳來的最新消息了。

每當野村接到一個電話，他的反應就好像聽到整個東京摔到懸崖下似的。「不會吧，」他說，兩隻眼睛繞著憲司打轉，屏氣凝神。「啊?!」憲司咯咯地笑，急著想知道現在情況如何。他們看起來就像兩個不小心拿到校車鑰匙的興奮男孩。

但就我所知，比賽的實際情況與巴士中的興奮並不相襯。二號王牌南雲穩穩地跑了第一區，他曾經跑到第四名，但那一區結束時，落到了第十二名。第二區結束時，立命館隊跌到第十五名，此後也沒什麼起色。第五區，也就是該隊的「祕密武器」表現亮眼，衝到了第九名，但情況到了隊長時，情況大大走樣，這是他最後一次爲立命館大學賣命地跑，結果只在二十一名跑者中，跑到第十九名。當他把接力襷交給已受傷的王牌選手吉村時，讓整隊陷入苦戰。他的身體可以支撐嗎？他可以往前跑幾個名次，至少爲隊上保住去年的第十三名嗎？希望似乎很渺茫。

第一棒之後，電話更新消息的頻率愈來愈低，隨著隊上的名次一路漸漸落後，車上的氣氛更安靜了。

到了終點，在三重縣著名的伊勢神宮旁的宇治橋邊，我們看見成千上萬的觀衆。這座橋是著名的旅遊景點，很多人是來看橋的。但也有很多人站在路兩邊，是來看比賽的。在一個大螢幕上，我們看到前面的激戰正在上演，偶爾看到落在後面的選手。一大群立命館大學的加油團穿著校服夾克，拿著旗子出現了。當隊伍抵達終點，他們安靜又耐心地等著立命館大的跑者。我們緊張地算著跑過終點的跑者，時間一分一秒過去，彷彿天長地久這麼久。十二、十三、十四。憲司看來一座城池都沒有攻下。接著，第十五位跑者出現了。我們仍然繼續等待。最後，第十六位是我們的王牌選手，他極盡力氣衝過終點時，臉上是痛苦的表情，一隻手還按住他的腰。

立命館大陣營目前的氣氛可謂如喪考妣。幾位身著西裝，來自大學的行政主任不知從哪裡現身，他們圍繞著憲司。他們的下巴動也不動，雙手交叉在胸前，看起來需要試著隱藏怒容。憲司也不善掩飾情緒，一副失魂落魄的樣子。

當立命館大學的加油團聚集時，一位穿西裝的男士開了一個玩笑，僵硬地笑了。其他隊的人在旁邊看著，我們已經圍成一個大圈，總共約一百人。加油團是其他的在校生，以及畢業校友，有些人看起來似乎已經畢業四十年了。不顧旁人的眼光，他們開始唱歌，用最大的聲音唱出校歌。距離上個星期女子隊成功奪冠，這是很長的一段路。壓力？我在想，它會從哪裡來？

*

那天晚上，憲司開車載我回京田邊。這段路很長，週日晚上的高速公路很塞車，雨滴打在車窗上，野村坐在前面往外看，彷彿是要在長長的紅色尾燈中間找尋什麼標誌。車子到我家門口時，憲司看起來疲憊不堪。我想邀請他們進門，但時間已晚，外面的燈光都暗了。自從天氣轉涼，我們已經把棉被搬到樓下，睡在客廳，也就是全家唯一有暖氣的地方。

而且，憲司也急著想回家，他有一堆事要思考。明年的全國驛傳要搶第五名，似乎愈來愈不可得了。

「謝謝你載我一程，」我下車時說。

「沒問題，沒問題，」他笑著說。比賽結束到現在，他的心情好了一點。驛傳隊接下來還有地區驛傳和京都驛傳，還有時間做一些小補救。他安靜地迴車，然後開走了。

也許是某種補償，比叡山上的馬拉松僧侶也要開始跑了。第二天早上，我終於接到麥斯的電話，我們可以去見他們了。

17 千日回峰行

我們開著麥斯的跑車，先接了私人寺院裡的那位女士，和一位據她說是朋友的一個身穿寬大上衣的年輕男子，然後駛離京都，前往比叡山。我們還沒離開京都的郊區城鎮，就來到一個傳統建築外的樹林裡。這裡是我們要親眼見到這些跑步的僧侶之處。我之前想像的，是比較類似朝聖之旅，得健行爬上陡峭的山路，爬上高聳入雲的寺廟之類的，現實和想像有些落差。

我們在一個擺滿了一罐罐油漆和一疊疊木板的車庫旁下了車。天空下起毛毛雨，這位女士小心翼翼地走在車篷下，打開她的傘。經過一個石門，我們沿著小徑，到了一個看似傳統日式的房子。一隻狗看見我們，站了起來，伸伸懶腰，靜靜地看了我們一會兒。我心想，連佛教天臺宗
1 僧侶的狗都很穩重；但這時牠突然變得神經兮兮，開始對我們吠叫。

我先和身穿寬鬆上衣的男子到了大門，他敲了敲木頭門板。一位身材結實、身穿田徑服的男子開了門，他見到我們似乎很吃驚。他們交談了一陣，穿寬衣的男子指了一下我們，顯然是解釋我們是誰，穿田徑服的男子點了點頭，然後忽然轉而驚喜的樣子。「啊，這樣啊，」他說，便穿上他的夾腳拖，走進雨中。我們跟著他穿過小小的庭院到另一幢建築，他把我們留在那裡。

這裡感覺潮溼陰冷。一張破舊的拼貼地毯鋪滿了半個房間，另一邊則是一張桌子和香案，上面有佛像、鮮花和小香爐。

「首先，他會做一個儀式，」著寬衣的人解釋說。他向我示範，如何把我的願望也納進這個儀式裡。在一面牆上有一個所有你可以祈福的名細單，從考試順利、工作升遷，到單純的夢想成真。求禱這些世俗的願望實現，似乎不太像是佛教的作風，但我也不是專家，無從置喙。我還是選了一個祈求家人身體健康的禱詞。梅瑞爾塔仍受嚴重的皮膚不適症狀所苦，第一次症狀出現是在八月的大熱天裡，後來就變成痼疾。若我得祈求某事，那應該就是希望她好起來。

著寬衣的人幫我把願望寫在一個小木片上，我付了兩百日元，然後把它放在桌上一大疊類似的木條上。接著，我們坐下來等待。

幾分鐘後，穿田徑服的男子回來了，只是這次他換上一件住持的白袍。他進來看見我們坐在地板上，便問：「你們不坐椅子嗎？」我們身後有幾張小椅子。「不用了，我們這樣很好，」麥斯告訴他。但那些椅子看起來很舒適，儀式可能會進行一段時間，我便走過去拉了一張椅子。

住持爬上桌子，盤腿坐穩，然後開始誦經。那是一種持續的、有節奏的吟唱，聽起來像是迪吉里杜管（Didgeridoo）[2]。他坐在那裡，聲音迴盪著，他放了一組銅罐在他前面的桌子上，偶爾用一根棍子沾一些銅罐裡的水，然後輕點一下。接著，他開始將許願木條堆疊在他前面的一個大碗裡，一邊做這個動作，一邊用相同的吟唱法念出願望。當然，都是用日語，所以在我聽來，那只是深沉的喉音，直到他把其中一根木條放在愈來愈高的木條堆上時，我聽到我的名字。

接著，他用一支蠟燭點燃了這座木條堆。當火焰劈啪作響，他撒進一些沙子、葉子和水，以及更多的木條。星火開始飛揚，我注意到我旁邊的地板上，地毯到處是燒破的洞，他的袍子也是。有幾次火星飛到了他的大腿上，他以迅雷不及掩耳的速度把它們掃開，完全沒有讓吟唱中斷。如此持續了約莫半小時，結束時，我迫不及待地伸展身體，並躺下來。溫暖的火焰和催

1 天臺宗：為漢傳佛教十宗之一，注重於修行止觀，西元九世紀時由日本僧人傳到日本，在日本佛教為一重要的宗派。總本山即位於比叡山。

2 迪吉里杜管：一種澳洲土著吹奏的樂器。

眠般的吟唱使我的眼皮沉重起來，我希望我看起來是閉著眼睛沉思冥想，而不是疲勞。

突然間，儀式結束了。他站起身，用日語說了一些就事論事的話，彷彿他剛進來，發現我們坐在那裡。

「他說，我們應該在別的地方吟唱，」麥斯說，所以我們穿上鞋子，跟著他穿過庭院，回到他的房子。在裡面，我們坐在一張小桌子旁邊的地板上，他倒了四杯綠茶，小心翼翼地放在每個人的面前。

「所以，你想知道什麼？」他問。

我有可能誤會他的意思，但從他的舉止看來，顯示他已經開始不耐煩，彷彿他預期我要問他一些愚蠢的問題。我得一開始就要問出有深度的問題，以我對跑步以及通往開悟之路的理解，來搏得他的青睞。

「令我感興趣的是，他們為什麼要跑？」我開始說了。麥斯幫我翻譯，而且一連說了快五分鐘，我才能繼續說其他的。住持頻頻點頭，偶爾表現出對某件事有興趣，便看看我。然後，回答時，他開始解釋「千日回峰行」的歷程。他說，那不只有跑步。沿途，每天你都得經過兩百五十間寺廟或神社，跑步真的只是為了往來寺廟與神社之間。而且，那甚至不是跑步，大部分時間，是用走的。

「但是，為什麼呢？」我問：「為什麼要有這一千天的挑戰？」

他思忖了半晌。

「所有的人類都在思考這個問題，我們爲什麼活著？」他說：「一千日不斷的活動，能給你很多時間思考這個問題，思考你的人生。這是一種在身體活動中沉思的方法，這也是你不應該走太快的原因。在天臺宗，有些人焚香燙傷自己，想測試自己對痛苦有多大的能耐。但這個在我看來，不只於此。這是沉思生命，沉思你應該如何生活的時刻。」

「那麼，當你這麼做的時候，」我說：「你找到『我們爲什麼活著？』這個問題的答案了嗎？」我可能太急切了，但我等著他透過他所經歷的偉大事蹟，聽到關於虛無、與宇宙合一的論點。我想知道開大悟是什麼感覺？

「從來不會有一個每件事都停格，而你在瞬間完全開悟的時間點，」他平靜地說：「學習是持續的。你從大學畢業後，並不會停止學習。千日的挑戰不是一個結束點，而挑戰是繼續享受人生、學習新的事物。」

他出奇平淡地談起這些經驗，不像之前有些人跟我說得天花亂墜，但自己完全沒有體驗過。他們一旦完成了「千日回峰行」的挑戰，這些住持就會被賦予「大行滿大闍梨」的尊稱，或者意即「最高的修行者」。在日本帝國時期，這些僧人在朝廷有特別的禮遇，是在天皇面前唯一可以不需要脫鞋的人。今天，完成這個挑戰的人成爲名人，電視臺的攝影機會將他們旅程的最後階段傳送到全日本。他們據稱是地球上少數最聰明、最有靈性的人，他們通過了一般人無法想像的不可思議的壯舉，從中獲得眞知眞見。而他本人就是，活生生的大行滿大闍梨，他告訴我，「千日回峰行」基本上就是一個絕佳的思考時間，之後，說實在的，日子和之前大同小異。

「就像黛安娜王妃，」他說。黛安娜王妃？「雖然她貴在英國社會的頂端，但她在幫助地雷受難者的工作上找到意義。」現在，他眞的把我搞糊塗了。

「你們怎麼想？眞的是場意外嗎？」他身體前傾，仔細地看著我問：「我看了一個相關的電視節目，好像意指事件背後有隻黑手，她不是單純意外死亡的。你的看法如何？」

我不確定該說什麼。我搖搖頭。「我不知道，」是我所僅能擠出的話。

從某方面來說，知道即使最崇高的天臺宗大師也坐在比叡山的寺院裡看電視，聊黛妃之死的八卦，也算是一種寬慰。這似乎吹皺了高等靈性存在概念的一池春水。有人因宗教信仰相信，僧人和大師在某些方面與常人不同，他們與神、與純潔更接近，不受人性欲望的支配，諸如此類的。但事實上，在深處，他們和我們其他人並無二致。

這可以帶你往兩個方向思考。一方面，你可以感到絕望。如果連世界級的心靈導師，像大行滿大闍梨這樣的人也坐著看沒有營養的電視節目，那我們所有人都注定淪亡的，我們都是困在徒勞無望之中的人類，走向毀滅。如果連他們都不能把持住，我們其他人還有什麼希望？

或者，你可以從他們的柴米油鹽生活裡找到慰藉。若僧侶們和我們是一樣的，那意謂我們也像僧侶。若他們能獲得人生更深層的意義，雖然也會分心，仍然會有缺陷，然而，或許我們也可以在我們自己的生命中獲得智慧與圓滿。追尋悟道不是佛教僧人的專利。不同點在於，他們是有意識地，直接地追尋；但其他的芸芸眾生僅是在稍縱即逝的，通常是不期而遇的時刻，一種隱約的法喜降臨。就像是跑步完的時刻。

我問他的想法。在他的體悟，以及運動員和玩票性質跑者的經驗間，有沒有任何的相似處？

他說，他看過一個關於訓練馬拉松運動員的電視節目，頗受到激勵；因為他看到他們在訓練過程遇到低潮時，他們覺得很糟，想要放棄。

「這點是相同的，」他說：「我有時候也會遇到低潮期，所以看到自己並不孤單時，覺得很欣慰。」

現在，他在相對輕鬆的馬拉松選手例行訓練中找到慰藉。「千日回峰行」的挑戰其實遠比跑一千天還困難許多，因為在最後環繞比叡山千回後，這些僧人還得進到一間暗室，在那裡過著九天沒水、沒食物，甚至也不能睡眠的日子。這個概念是要將身體帶到瀕臨死亡的境地。這是如此極端的事，而眼前的這位僧人完成了，而他仍然為相同的疑惑所苦，有著和其他人相同的疑問。

「你看，」他說，彷彿他已讀出我內心的想法：「每個人都得找出適合他做的事，和他的身體契合，和他的人生契合。我選擇承擔這個挑戰。但殊途同歸，這只是前往同一個目的地的諸多途徑（path）中的一條。」

「途徑」（path）或「方法」（way）的想法，在日本非常普遍。運動也常被視爲通向自我實現的一種方法，而且，日本大部分的傳統運動名稱，例如「柔道」和「空手道」的字尾都有「道」，其實也意指「途徑」或「方法」。

跑步也是一種自我實現的方法。它有一種純潔、一種力量，一種淨化心靈、接近本我的方式，這是其他運動項目較少擁有的特質。有時候，當我們踽踽奮力向前，雙腳重如千斤而且疲憊，情況似乎已經不可能繼續；但有些時刻降臨，我們有了突破，身體感覺輕盈、有力，與大地合一。有時候，只有跑步結束時，這種感覺才會出現，我們靜靜地忍著刺痛，卻心靈飽滿。

但開悟，就如這位僧人所說，不是萬事萬物終止，或是你成功的時刻，也不會從此被賜福的光環永遠包圍。不是的，它是活躍的，它會每天催促你，呼喚你回來，不論你是比叡山的大行滿阿闍梨，或者是大倫敦區一間辦公室裡的資料處理助理。我們的內心深處想要認識這個地方，再次找到它，回到那裡。而對我們某些人來說，它指的是繫上鞋帶，出門跑一遭。

*

這位阿闍梨告訴我們，有一位年輕的僧侶正在接受「千日回峰行」的千日挑戰，但他無法帶我們去見他。這條路太神祕了，他說，也太神聖。

然而，麥斯說，他知道在哪裡。稍晚，我們離開寺院，開車回頭經過樹林，進入大雨傾盆的郊區，他提議我們找一天自己去那裡跑。如果我們夠幸運，也許可以遇到挑戰中的年輕僧侶。

所以，幾天後的一個大清早，我們穿著跑步裝開回比叡山，準備要完成「千日回峰行」的一小段。

很幸運地，雖然冬天已經到來，雪還沒降下。降雪不只會使得在山裡跑步變得情勢詭譎，也意謂這名僧人可能得停下來。我一直以為一千天的千日馬拉松指的是連續的一千天，但事實並非如此。僧侶在冬天下雪時，或者夏天太熱時，都會停下來。這個挑戰總共需要七年才會完成。

我曾看過好幾部電視紀錄片，僧侶故意掩蓋這部分的事實，甚至播出他們在雪中跑的畫面。當我向這位大行滿阿闍梨指出這一點，他笑了。

「在雪中跑？那只是為了拍攝效果，」他說。

麥斯告訴我，他知道的那一段路大約二十公里長。他的體能愈來愈好了，現在是 Blooming 隊中第二快的人，而且接近十公里跑四十五分鐘的目標，只是比預定時程落後了一、兩個月。然而，他最大的問題是他不喜歡跑在混凝土上。他是習慣山裡的人，那是他的地盤，他顯然是受激勵上來的。背了一個小背包，麥斯直搗入林，以輕快的腳步領著路。

這條路繞著山，而不是一直往上或往下，但仍然有著連續不斷的上下陡坡。我們沿路經過幾間神社，以及我們得步行通過的寺院。剃了光頭的僧侶很驚訝見到我們，當我們經過時，他們停下來，向我們行禮。然後我們再繼續前行。

我們望穿秋水尋找穿白袍的跑步僧人，他們戴著細長的帽子指向前行的路。這種前後特別長而且窄的帽子，若他們想轉頭，便會撞到樹枝。這是讓他們保持專注於前方道路的方法，專注於他們正在做的行動，而非在森林裡東張西望。眞正的旅程在內心，而不是在山裡。

但我們沒有見到他。

雖然我們的步伐是輕鬆的，而且我們每到一個寺院，都能在那裡走一陣子，但連續的上坡和下坡實在很累，雖然只有二十公里。而僧侶們卻日復一日地每天平均跑完一個馬拉松。在這項挑戰的第七年，也是最後一年，僧侶每天會沿著這條路跑上五十哩（約八十公里，幾乎是兩個馬拉松）。

麥斯繼續有力地跑，幾乎快到最後，突然他停下來了，抱怨一邊膝蓋痛。

「這條路會一直跑到那最後一座山丘，」他縮了一下，抱住膝蓋。他繼續跑，但不幸地是，這個傷愈來愈嚴重，麥斯想要跑贏我和其他 Blooming 隊員的計畫，那天被遺留在山裡了——他過了兩個月後才能再跑。

18 日清食品實業驛傳隊

就在麥斯的運動傷害慢慢復原，以及心懷大志的阿闍梨繼續繞著比叡山而行的時候，日清食品的實業驛傳隊教練，家鄉也在京田邊的岡村隆史，同意找一天讓我去拜訪他們。我為了敲開實業驛傳（即職業驛傳）的大門，已經試了快一年。終於有人開了門。

實業體系是日本跑步界的骨幹，它讓數以千計的跑者能在大學畢業後繼續全職地訓練，不用為找工作糊口與跑步並行而擔心或有壓力。在英國，這是少數頂尖運動員才能享有的奢侈。

馬拉．山內經歷過兩種制度，她說，許多英國有才華的跑者從運動界消失，就是因為他們無法承擔沒工作的情況。在美國也是一樣，即使是頂尖的奧運選手，通常也在擁擠的運動市場中捉襟見肘。

根據美國的田徑基金會（USA Track and Field

Foundation）研究，在各個運動項目排名全國前十名的美國運動員，有百分之五〇的人每年自運動賺取的收益少於一萬五千美元（約合新臺幣四十五萬元）。

許多日本蓬勃發展的職業隊伍成立之初，是爲了提供給勞苦功高的員工歡呼與興奮的標的，同時也促進對公司的忠誠度。日本許多其他頂尖的運動隊伍，例如棒球隊，也是職業隊。

然而，媒體的大幅報導，意謂著驛傳隊對於企業也是很好的公關。擁有十八萬名員工的電信公司NTT實業隊的領隊告訴我，該公司成立驛傳隊有兩個原因。「第一個，」他說：「是爲了激勵公司員工，讓他們對公司有榮譽感。第二，是爲了廣告和公關。」

「想想看，」小串先生說：「一場長達四到五小時，甚至兩天的比賽，電視機鏡頭不斷地對準跑者，而且通常是從前面拍攝。他們在他們的背心上繡著公司的標章、在比賽號碼前有報社標章，這是非常好的廣告。」

如果廣告有這麼重要，你可能會想，他們應該很樂於和記者合作，向全世界傳播他們的故事。許多實業團由跨國公司擁有，例如本田和豐田公司，他們當然很樂於有一些免費的公關。但我遇到的問題是，這些實業團太專注於他們在即將到來的新年驛傳裡的表現，教練們對於贏得比賽的壓力太大，以致於無法額外負荷一位外國記者出現在他們的訓練活動裡。畢竟，接待外國記者會有什麼好處呢？相較於手邊的任務，我只會讓他們分心而已。

由於一年只有一次比賽，教練承擔不起搞砸的風險。今天，新年驛傳是男子實業驛傳隊存在的唯一理由。女子隊也是相同的情況，他們有相似的人數和水平。他們的大賽是每年十二月中舉行的「全日本實業團女子驛傳」。這兩場比賽都會在日本的黃金時段全程播出。

雖然跑者本身可能有其他的目標，也許是成為國家代表隊參加大型錦標賽，或跑出更好的馬拉松成績，但企業僅對驛傳感興趣。在新年早起看男子實業團驛傳是日本的一項傳統，通常收視率會超過百分之十。雖然這遠低於接下來兩天，也就是一月二日和三日舉行的箱根驛傳；但這對於一個擁有一億兩千萬人口的國家而言，百分之十的收視率還是一個很龐大的觀眾群。

NTT驛傳隊史上曾經獲得兩次新年驛傳冠軍，那必然也是他們員工運作得很好的年份，我和他們的領隊聊起來。我說，東京馬拉松也是提振公司士氣很好的方法，他很有耐心地看著我，彷彿這不太容易解釋。

「不全然，」他說：「對公司士氣來說，唯一重要的就是驛傳，傳遞接力襷，同心協力。即使成績表現不佳，也沒關係，每個人都隨著實業團的表現起伏。在這個時候，全公司上下都凝聚在一起，支持我們自己的團隊。」

這意謂著要支持個人，不如支持一個團隊容易。團隊的集體單位更適合代表企業，比個人更是「和」的有力象徵。

如果真的跑走樣，個人也並非不會被責備。憲司告訴我，他曾經和他的團隊蟬聯六年的新年驛傳——（天啊，他真厲害）。接著，在第七年，他們輸了。

「如果在個人比賽中跑不好，從來沒有人指責我，」他說：「但我們輸了驛傳那年，我收到一堆信件、傳眞，來自憤怒的粉絲還有我的上司，」他笑著說：「只有驛傳才是最重要的。」

我得到日清食品的首肯時，已經是十一月底，新年驛傳已經迫在眉睫。我很幸運，企業的巨頭之一答應讓我在比賽接近前拜訪他們。小串先生爲我牽了重要的線。預定加入他們的前一天，我打包好我的跑步裝備，搭乘子彈列車前往東京。

*

第二天早上，我們搭上計程車，穿行在東京中心某個密密麻麻的住宅區。時間是清晨五點半，一輛孤單的腳踏車在街燈下踩著，騎士的臉包覆在圍巾裡。除此之外，整個城市很安靜。計程車司機顯得很困惑，他的衛星導航似乎和小串先生手機顯示的路線有矛盾。他們客氣地討論，然後司機道了歉，做了迴轉。

「我們要從這裡走過去，」車子慢慢停下來時，小串先生說。這時，車門自動打開了。

我們安靜地一起走過狹窄的街道。房子和公寓緊連在一起，中間只有幾公分寬，很難想像日本頂尖的實業驛傳隊之一的基地是在這附近。

日清食品於二〇一二年贏了新年驛傳。他們的陣容包括兩次全國一萬公尺冠軍佐藤悠基，他在跑二〇一二年的驛傳第四區時打破了紀錄*。

他們也剛與日本的年輕新秀跑者之一，來自早稻田大學的大迫傑簽下合約。大迫已經準備好，要在大學畢業後參加阿爾貝托．薩拉扎和莫．法拉在美國的奧勒岡計畫（Oregon Project）1。他只有在需要跑驛傳時，才會回日本。這是一個不尋常的安排，但這讓我們更期待看見知名的美國教練，以及一個全然不同的訓練環境，會對他未來跑步的發展有什麼影響**。

然而，眼前日清食品有更立即的要事。二〇一三年，在幾位重要跑者相繼受傷後，他們在新年驛傳只勉強拿到第九名。公司的管理階層相當不滿意，他們不接受任何藉口，這是為了贏得比賽而成立的隊伍，不是為了第九個踉蹌跑過終點線。

「如果他們這次成績又很難看，教練可能會被炒魷魚，」小串先生說。這個賭注很高。

*

我們早了一點抵達日清的「會館」。這條街和附近其他的街道長得一模一樣。有一邊是公寓的街廓。這是運動員和其他許多日清的公司員工住的地方。

---

* 佐藤第四區二十二公里一小時兩分五十一秒的紀錄，相當於半馬一小時零十五秒的成績，比日本半馬的紀錄還快。

1 奧勒岡計畫：由 Nike 公司所成立，鼓勵美國長跑運動的團體。

** 二〇一四年九月七日，跟隨薩拉扎一起在美國訓練不到六個月，大迫在義大利以七分四十秒〇九打破了日本三千公尺的紀錄。二〇一五年七月十八日，他又在比利時以十三分九秒四〇打破了日本五千公尺的紀錄。

在建築物主要入口的外面，一位長者正在做柔軟操，好像準備去跑步的樣子。小串先生正在講電話，起初沒注意到他，當他發現時，即刻跳起身來，轉換到鞠躬模式，用最有禮貌的日文敬語向他介紹我。這位是日清的總教頭（或稱「監督」）白水昭興。他已年逾七十，擔任驛傳隊教練四十餘載。他與我握手，然後我們禮貌地退後，讓他繼續他的伸展活動。

我們等待的時候，跑者陸續從建築物裡出來。他們安靜地點頭，對我的出現並未表現出驚訝的樣子。隊中有三位肯亞人，他們一起出來，全是緩慢、睡眼惺忪的樣子。日籍的選手不畏嚴寒，已經開始伸展了。等待的時間，我被引介給其他的教練團。岡村隆史，即是來自京田邊，邀請我來的那位教練；諏訪利成，在二〇〇四年奧運馬拉松奪得第六名；以及實井謙二郎，一九九六年奧運馬拉松選手。這堪稱是黃金陣容。

岡村問我是否還想和團隊一起跑，他一邊笑，彷彿這橫豎是一個可笑的想法。當我說我想，他看起來有些擔心。運動員會做一小時的「輕鬆跑」。他們早上稍晚會有一個跑道練習，所以照理他們不會跑太快。我確定，我不可能跟不上。教練解釋說，他們是各自跑，跑任何他們想跑的街道。我想，他是要告訴我，他們沒有一個人特別想要一個跑友，更別說是一個糾纏不休的作家用破日語問問題。

「帶著你的電話，」小串先生建議，好像在暗示若我試著跟他們跑，他們可能會試著讓我跟丟。

岡村有另一個想法。「你可以和肯亞人一起跑，這樣好嗎？」當然。莫非肯亞人會做不一樣的事嗎？

「是的。不一樣的訓練，」他說。

原來，肯亞跑者和日籍跑者很少一起訓練。起初岡村告訴我，這是因爲肯亞人跑太快了，但這不太講得通。如果我能跟上他們，日籍跑者當然也能，尤其是輕鬆跑的時候。確實，國家冠軍佐藤悠基跑得比三位肯亞人都快。

後來岡村歸結說，肯亞人有專門爲他們量身打造的訓練計畫。他說，這是因爲他們在新年驛傳跑的區距離較短，所以十到十一月間，他們比其他人多做一些速度練習；另一部分的原因是，他們對訓練有不同的偏好。以今天爲例，日籍選手出發在日本錯縱複雜的街道跑一小時，肯亞人則以隊上的迷你小巴載到鄰近的代代木公園，以便他們可以在泥土路上跑。

「日籍選手不喜歡崎嶇不平的路，」我們抵達時，岡村告訴我：「他們喜歡堅硬的路面，肯亞人則喜歡較軟的路面。」

這不是我第一次聽到這種說法。這令我納悶，爲什麼日本跑者不看看肯亞人，然後複製他們的方法？若肯亞人跑得這麼快，他們爲什麼不試試像肯亞人一樣的跑法？這似乎應該是日本跑者的黃金機會，因爲大部分的團隊都有一或兩位肯亞或衣索比亞跑者，但他們只把這點當成不同。當我問一些日清跑者，爲什麼不和肯亞人一起訓練，他們只是笑著，彷彿我在開玩笑。

在往公園的迷你巴士上，我問肯亞跑者，他們等一下會快跑還是慢跑？「中等速度，」其中一人停了一會兒後說。我從經驗得知，除了「慢」這個字，其他的答案都得小心。但這個公園的一圈是二．八公里，所以我在任何一點都可以退出，不會迷路。三位肯亞跑者打算跑六圈——將近十七公里。

三位之中最年輕的是十九歲的里奧納德．巴瑟頓（Leonard Barsoton），他在最近的青年世界越野錦標賽拿到第二名，他已經在日本兩年了，他說他很喜歡這裡。事實上，他抱怨的是他的經紀人不斷要把他送去外國參賽。他告訴我，這會影響他的驛傳訓練。「日清不喜歡，」他說：「我比較喜歡留在這裡，爲隊上效力。」

然而，他主要的目標是成爲肯亞的馬拉松代表隊，參加二〇二〇年的東京奧運。我說，這是他的目標；但他表現一副像是已經確定的樣子。「我二〇二〇年會在這裡跑馬拉松賽，」當我問他時，他平靜地說。這不是自我吹噓，而是單純的不可侵犯的信心。

公園在微亮的早晨很安靜，只有偶爾沿著小路遛狗或慢跑的人。和日本跑者不同，在我們出發沿著狹窄的小徑跑之前，肯亞人並不花很多時間做伸展熱身運動。我們成一縱隊，幾分鐘後，我瞄了一下我的GPS手錶，看看我們跑多快。每公里只跑三分半。天啊，實在很快！我準備好了，繼續跑。

跟在三位肯亞跑者後面跑實在是很刺激，跳過盤根錯結的樹根、蛇行過轉角，在小土堆上上下下。這對他們可能是中速，但對我實在是苦差事，好像我們在逃命似的。我們跑過其他跑者時，他們看起來像是靜止不動的，如模糊的影子飛過，當肯亞跑者啪啪輕輕踏在乾燥的地面時，幾乎沒有發出什麼聲音。

我只持續不到五公里，繞著公園第二圈快結束時，我們的速度是每公里三分鐘，而且他們還愈跑愈快。其中一人脫下他的夾克，扔在樹叢裡。我開始大幅度落後他們了，少了他們有條不紊的節奏，我也漸失去動力。

我決定停下來，看著他們消失在樹林裡。我獨自站了一會兒，很高興自己撐過這一段。那種感覺得像是翻滾下山，一邊還要努力撐穩雙腳。直到現在，我才發現已經天亮了，灰色的早晨靜靜地籠罩這個城市。我走回小巴士，岡村在那裡等著。他對我微笑。「很好，」他說：「他們跑得非常快。」我拉起我的運動服，又慢跑一下，以緩和下來。

*

回到日清基地，跑者們都很安靜而專注。當他們交談時，聲音都放很低，只有簡單低聲幾句。總教練把大家集合起來。他說，驛傳就要到了。好像他們還不夠認眞，他告訴他們，現在是開始認眞嚴肅的時候了。跑者們都稍息站好，全神貫注地聽他說話。

岡村先生告訴我，他們目前只有六位健康的的跑者。新年驛傳需要七位跑者，這是一場攸關總教練飯碗的比賽。

「他有很豐富的經驗，你應該跟他談一談，」小串先生說：「但等到驛傳後。那時候，他……」他不知道該怎麼說。

「就會太緊張，無法談話？」我接話說。

「是的，」他說。

新年還有四十天。

後來，我跟著團隊到箱根附近一所大學，進行上午時間的跑道練習。我們搭隊上的迷你巴士前往，車上安靜無聲，當我們一抵達，總教練走到跑道的另一端，雙手抱在胸前。跑者大約又跑了一小時練習熱身，這位教練全程站在遠處，在灰色寒冷的天氣裡，雲朵徘徊不散。眼前，跑道上方還有一個巨大的焚化爐煙囪，像是一個吸煙的暗喻。

每位跑者有不同的時課表，所以有些人不和主要團體一起，而是個別訓練。教練團也分開來，用各自掛在脖子上的多個碼錶記錄間隔時間和恢復的時間。

每當我試著接近比較年輕的教練，想聊幾句，他們總是一臉疑問，然後走開。一位名叫村澤明伸的跑者，最近曾在美國受訓，他似乎友善多了，走過來跟我說話：「叫我阿明就可以了，」他用標準的英語說。但他聲音很低，而且講的不多。

雖然他們在訓練時不太願意被干擾，稍晚，三位較年輕的教練感覺放鬆多了。他們坐在「會館」公寓街廓裡的小辦公室，從一堆小張紙上抄下跑道練習的成績，並討論接下來的訓練

時程。他們開玩笑地跟我說，別把他們的祕密洩露出去。雖然我對他們的談話聽懂不到十分之一，我還是答應他們了。顯然我回答得很好，因爲當我離開時，岡村邀請我下個星期找一天，加入他們在千葉的訓練營。

19 跑步的感覺

一星期後，我和同樣的三位教練坐在飯店的一個房間裡。這是我和參加千葉驛傳的美國隊一起待過的飯店。顯然這個位於本州東南角，夾在東京與太平洋岸之間的一個鄉村地帶，是訓練的好地方。雖然飯店無法號稱擁有肯亞一樣無窮境的小徑，它確實在地面上有八百公尺的木屑跑道：是混凝土世界裡短短的一段調整過的柔軟跑道。

我們前面的矮桌上放著薯片、鹹堅果、肉片乾——不適合運動員的食物，教練們開玩笑說。他們也喝啤酒，他們給我一瓶；我婉拒了，他們很驚訝。

「我得為明天的跑步做好準備，」我說，把自己和選手們混為一談了，至少在他們眼裡是如此。

日籍的跑者群——除了肯亞跑者以外——第

二天早上都要跑一段長跑，從二十公里到三十五公里不等，端視跑者的訓練課表。他們會繞著五公里的環狀路線跑，所以我說我會加入他們——只跑一圈，這令教練團覺得很有趣。

「他們會在十七分半之內跑完前五公里，」一位教練跟我說，他等著我的反應。幾個星期前跑五公里的驛傳，我盡全力跑，成績是十七分四十九秒，但我最好的成績比這快一點。

「我最好的成績是十七分十秒，」我說，省略那次比賽是在一個平坦的路線、完美的身體狀況，而且是剛從高海拔的肯亞訓練六個月返國的時候。而且，這一週的訓練很密集，所以明天我的腿應該滿疲累的。

「啊，但這裡很多坡，」這位教練說，一邊又咬了一片薯片。

*

當然，我不一定要跟上。但他們愈慫恿，我就愈想跑。即使他們只是和我說笑。這幾個人都在他們的黃金時期在十四分鐘內跑完五公里，他們只是在逗我，因爲我竟然還在爲這件事煩惱。但你可不是每天都有機會和一流的日本驛傳隊一起跑，當然要把握機會。

第二天早上的早餐，我和肯亞跑者坐在一起，跟他們說我打算與日籍選手一起跑五公里。

「啊，眞好！」年輕的巴瑟頓說。他的語氣聽起來像是要在花園草地上散步。我聽了振奮了一下。

我們要跑的路線，是沿著一條相當安靜的鄉村道路，當然不是安靜到不用停下來注意突如其來的貨車。我問教練，爲什麼把這裡當訓練營，這裡海拔不高，也沒有專門的跑步路線？答案很簡單：「這裡沒有紅綠燈。」

東京的交通如此繁忙，他們找不到一個地點可以讓他們好好跑步，而不需要三不五時停下來等小紅人變成小綠人。他們把驛傳隊的基地設在這個大都會的節點，似乎有些瘋狂，唯一原因就是日清公司本來就擁有這座大樓，而且把它當作未婚員工的宿舍。當驛傳隊成立的時候，這座大樓剛好有足夠的房間容納他們，所以他們就搬進來了。

運動員們慢慢跑時，我和教練們坐在隊上小巴裡，開往訓練的起點，距離飯店大約五公里。做了暖身操，在最後幾分鐘喝下提神飲料後，我們準備好出發了。我們在荒涼的路上排好隊，旁邊有一間小小的茅草屋蓋成的工寮，四周則是稻田。岡村給了我一個最後的詢問眼色——這是我退出的最後機會。但我狀況很好。好的，他說，我們便出發了。

我從後面倒數幾個插進隊伍。他們跑成一縱隊，以避開車子，由阿明領隊。每個人都沒說話，我們成直線跑著，跑出穩定、組織化的步伐。我一路跟著，試著不要太靠近前面的人，我不想礙到他。我看著他的兩腳，他的腳跟前後彈著。我後面是佐藤，隊上的王牌選手。這使我很注意我的腳趾，小心不要因爲和前面脫隊，害他慢下來，一點脫隊也不行。

兩公里後，我們跑上了第一個坡。我非常努力。我開始想我還能撐多遠時，坡度已經開始緩和，我們已經跑到了另一側。三公里時，我發現自己狀況還很好。

每到一公里整的地點，開車在我們後面的教練就會用擴音器喊出最新的配速時間（timesplit）。我們出發時，我並不知道教練會跟在後面，所以第一次我聽到從後面喊出的時間時，有一點嚇一跳，彷彿跑步之神從湛藍的天上大喊出來。

四公里時，我仍然覺得狀況很好。我們順利地在十四分鐘內跑完了，這些傢伙知道如何定速跑。我跑的時候，專注在我的跑姿，試著跑得像肯亞跑者巴瑟頓。當然，我知道我還差得遠，但我專注在腳跟起步、快大步，以及我的呼吸。

當然，我只跑了五公里，但我到最後仍然跟在隊伍裡，成績是十七分二十八秒。我克制自己不要對搭車從旁經過的教練投以勝利的表情。當然，他們不會眞的在乎我的表現，他們有重要的任務在身，但我在自己的世界裡安靜地、若無其事地點點頭。很確定的是，我更強壯了，我感覺到自己的雙腿還可以跑更快。

*

在教練團看來，像我跑這麼慢的人竟然把跑步看得這麼重，似乎是一件很好笑的事。我不會贏得任何一場馬拉松的金牌，或者選入任何一支奧運隊。一旦這些目標都遙不可及，對他們來說，跑步變成純粹的興趣。「我想保持我的身材，」當我問其中一名教練爲什麼還繼續跑步時，他這麼告訴我。但他說，他從來不參加比賽，甚至也不計時。

我承認，這有時候是一種沉溺，甚至是自私的行爲，但我絕對不是唯一極力自我突破、取得更好成績、盡全力跑的人。在這裡，在這個令人尊敬的團隊裡，把自己逼得這麼緊似乎是白費力氣，無異是只拿著一支竹竿就想釣魚。我到底爲什麼自找麻煩呢？

對我而言，慢跑和盡力跑是兩回事。慢跑帶來一定的沉思寧靜，一種賞玩當下時空的機會，就像跑步的僧人一樣，是一個思考的機會，暫時拋開塵囂，思緒可以不受驚擾，自由飛翔。然而，奮力快跑意謂著完全進入另一個領域。

在這裡，當兩腿賽跑時，樹木呼嘯而過，因爲太快了，你看不清楚，也無法在意，以至於你的心開始放空。你進入一個外在世界停止存在的空間，只剩下將要踩踏過的跑道。迷人的風光變得無關緊要，你可能跑進一處荒廢的工業區，這也不會有什麼不同。剩下的，只有你和眼前的路。而只有在此時此地，在想要跑更快的驅策下，你開始要爲自己製造驚奇。

當你眞正開始跑，跑得又用力、又快，感覺有可能像是突破了某樣東西，從另一邊出來，進入一個既寬又廣的新世界。有時，這感覺有點像是吸了毒。有某樣東西老是想把你拖回去——痛苦、腿上的酸痛——但偶爾你能如此奮力地跑，你甚至想要大笑。你低頭看看自己的雙腿。還要嗎？好的，來吧！

這全是相對的，但這也是最美的一部分。你不必一定要成爲冠軍——雖然我常常很嚮往，想像跑得如莫．法拉和威爾森．基普桑這麼快，究竟是什麼感覺？然而，盡全力地跑、盡快地跑，這就是關鍵。此時，跑步從對周圍環境的探索，如風中之葉自由飄蕩的機會，轉變成對你靈魂深處的探索。

在村上村樹的小說《發條鳥年代紀》裡，主角在一間廢棄房子的花園裡發現一座枯井。他費力爬下去，每次坐在井底好幾個小時，甚至好幾天。他開始期待這段時間。在井底，世界就消失了，甚至暗無天日，你成爲一種純淨的存在。他陶醉其中。

這使我聯想到奮力跑時的感覺。比賽前，我常常自己想，我將要一頭栽進我的井裡了。那裡很暗，很困難，也許甚至還有點嚇人，但那是純粹的感覺，赤裸的極簡。在那裡，隨著每件事物褪去，生命，生命的核心，也就是呼吸，完全包覆住你。

嗶，嗶。廂型車停在前面。他們在叫我，揮手叫我快一點。我向前衝，依然渾身是勁，追上他們。我爬上車時，他們沒說什麼，只加速去追趕前面的跑者，剛好趕上下一次的公里計時。再次順利達成一公里三分三十秒。

*

「我們和他（總教練）的交談不多，」阿明面露微笑跟我說。

我們一絲不掛地坐在一個火山溫泉的淺池裡，其他隊員零星坐在其他的溫泉池裡，遠望環繞四周的森林。在長跑後，他們的雙腿終於得到撫慰。

阿明是新進的隊員，之前還沒參加過實業團的新年驛傳。二〇一一年時，他是箱根驛傳的明星，曾贏得那年區間賞的殊榮。這意謂著他是全日本知名度最高的跑者之一。今天，他跑了三十公里，而且到終點前，把所有其他的選手擺脫在後。

然而，當我跟他說，他明年一定會入選新年驛傳時，他不置可否，倒是把話題轉到本隊的王牌選手佐藤悠基身上，說他有多厲害。「佐藤今天跑了三十五公里，」他說，對於佐藤跑得距離較長，他幾乎是帶著歉意。佐藤的訓練計畫意謂他今天得跑得比別人遠。

我問阿明爲什麼畢業後選擇加入日清？身爲箱根驛傳的明星，他可以選擇加入任何一隊。

「日清有一些很強的運動員可以一起訓練，」他說：「也有很好的教練。而且，這是一個不尋常的團隊，他們給跑者很大的自由。我可以選擇我要參加的賽事，甚至選擇去哪裡訓練。這也是我去美國的原因。之後，明年，我要去澳洲訓練。」

「那驛傳怎麼辦呢？」我問他。

「當然，我們必須跑驛傳。但那只是唯一的責任，而且每年只有兩場比賽（新年驛傳，以及新年驛傳的預選會，即資格賽。）」

雖然總教練從很多方面來看，都是典型保守的日本教練，但日清是一個現代化的團隊。這種老舊、傳統的日本，與現代世界的齟齬，已經在日本的生活和文化上爭執數十年了。當我在二〇〇一年第一次來日本時，現代世界似乎站了上風。當時，我在一家電腦雜誌社工作，撰寫關於科技的報導，我很期待親眼看見日本的電腦會做什麼。然而，我到這裡的時候，很驚訝地發現這裡沒有人用電腦。我以爲處處都能見到電腦；但相反地，每個人都用自己的手機處理每件事情。眞是令人氣炸了！那時我才在英國剛買了我的第一支行動電話。那是一支電話，能打電話，就這樣。但在日本，你可以用手機聽音樂、照相，甚至可以收發電子郵件。

如今，西方世界跟上了。在倫敦和東京的每個巴士站或是排咖啡的長龍，都可以看見同樣的景象——每個人都在滑自己的手機。雖然日本仍然有先進的機器人、高速火車、微電腦控制的馬桶，我的感覺是，日本比較不像尖端科技未來之國，反倒比較像是抗拒改變的傳統國家。例如，在日本付錢時，銀行發行的金融或信用卡還是不如現金方便。而且當你遇到某人時，你還是應該要交換名片，實體的一小張卡片，而且要以傳統的方式遞出，亦即握住名片的上面兩個角，然後深深鞠躬。辦公室裡依然主要是西裝筆挺的男士，唯一的女性通常是私人助理或祕書。根據世界經濟論壇（World Economic Forum）的調查，日本持續爲全世界工作場所性別平等情況最糟的國家之一。即使是高科技的廁所似乎也有復古的感覺，像是一九七〇年代的未來版。

在跑步方面，衝突呈現在新一波年輕教練想要嘗試不同的想法，憲司便是其中一例。他告訴我，他經常因爲教練的方法，以及質疑傳統方式而受到批評，但是當我遇到愈多人，我更加了解他的想法並不孤單。

日本對教練的傳統看法是，教練是一個無所不知的人，不應該受到質疑。在日本，工作場所和運動訓練的層級意識一向很穩固。這是團隊精神的一部分。質疑教練，如同冒搖晃船隻的風險，那不是日本人的方式。透過融入以及聽命行事，和諧，或者「和」才能被維繫。

當我問立命館大學的王牌選手吉村，憲司與他合作過的其他教練有什麼不同，他說：「現在我們的訓練活動更有邏輯。高尾桑（也就是憲司）會向我們解釋爲什麼要做這件事，他不是只下命令。」

其他的跑者也提到，憲司接任教練工作後，訓練變得比較有趣。這也不是傳統的方式。日本人一向相信，任何事情的成功，一定得辛苦付出努力。就跑步而言，就是要經歷艱苦的訓練。沒有好玩這回事。

在羅伯．懷亭《你要懂「和」》這本書裡，說到一個故事。一九九六年亞特蘭大奧運前，日本的游泳奇葩千葉（日文全名：千葉すず）曾說出一句話，嚇壞了她的同胞。她說：「我就是喜歡享受自己在那裡游泳的感覺。」

我們很常聽到其他國家的運動員流露這樣的感情，在日本，這卻變成了一樁醜聞。「這是和武術學校『贏，或者奮戰至死』的觀念背道而馳的，」懷亭寫道：「這長期以來就是日本運動的特質，更別說是社會的其他面向。」

四年後，千葉雖然贏了日本奧運預賽，而且是當年全世界游得第二快的選手，但並未入選二〇〇〇年奧運國家代表隊，她說，她是因爲放鬆的態度而受到懲罰。

阿明滑出水面，走去沖水。沿著牆面的鏡子前有一排小凳子，每個凳子都配有一個蓮蓬頭、洗髮精和其他的梳洗用具。我跟著他，選了在他旁邊的小凳子。

我問阿明，和日本比起來，美國的教練方式有什麼不同？

「在美國，關於訓練，運動員說的算數，」他說：「在日本，則是由教練決定每件事。」

我問他，是否比較偏愛像美國一樣，說話較有份量？因爲他之前說過，他選擇日清是因爲自由度比較高。

「在日本，」他說：「如果你累了，教練會發現，叫你休息。我還不了解這些事。所以對我來說，在日本也很好。」

我們擦乾身體、穿好衣服後，我該回東京了。阿明善意地邀請我再來找他，多聊一些。我答應了。

「新年驛傳之後。」他說。

「當然。」我說，然後就趕往飯店大樓門口等巴士。

20 組隊參賽

當我和日清食品的驛傳隊在千葉訓練時，立命館大學正閉關檢討他們在包括關西地區與京都地區大學都參賽的全日本大學驛傳中，表現令人失望的補救方法。

我安排和憲司見面，想找出原因。自從全日本大學驛傳後，我還沒見過他。當時，他站在終點線，像個被定罪的人。

我坐在大學裡田徑場邊的一間咖啡店裡，一張塑料的小桌子邊。冬天的風在大扇的窗戶外咆哮著。

憲司往後靠坐著，笑得合不攏嘴。他才要開口，他的副領隊野村剛好出現在窗外。他睡眼惺忪地揮揮手，然後走進來。他和他的女朋友一起，而她剛好是攻無不克、戰無不勝的立命館女子驛傳隊的副領隊。當然，她不能洩露任何她們隊上的祕密給他，他倆都這麼開玩笑。她也在桌子的另一頭坐下來，憲司開始細說從頭了。

「我從四月開始在這裡擔任教練，」他說：「也就是幾個月前。我加入時，隊上的情況很糟，團隊的氣氛很低迷。」六月時的全國資格賽，他們獲得關西地區第三名，所以錯過了出雲驛傳的出賽權，差一點連全日本大學驛傳的資格都沒有。

「我們開了一個會，」他說：「我請每個人想一想，他們可以怎麼做，以對團隊做出貢獻？團隊表現好很重要，但個人也很重要。」

他們決定要跑很多場田徑賽，讓他們跑步的時間更精進。他說，這是一個不尋常的策略。

「原因是，」他一面說，一面舉起他的一根手指頭，彷彿他將要透露他的絕招：「我有預感我們在全國競賽落後，所以我想要隊員看見自己的進步。」

他說，在驛傳中，當團隊的表現不佳，所有成員的表現也會下滑。所以，這是他避免他們心灰意冷的方法。這聽起來不怎麼樣，但其實是一個激進的想法，因爲這是將跑者個人的士氣、個人的願望，凌駕於團隊之上。當然，這兩者是緊密相關的，但是將兩者如此翻轉，是跨出了一大步。這簡直是將「和」的概念徹底反轉。

憲司說，這招奏效了，他拿出一疊檔案，讓我看過去幾個月裡他的跑者成績。在全隊三十人當中，只有三個人沒有在這段時間跑出個人最佳成績。

「所以，在全日本大學驛傳後，」他比劃著手勢，點出他的巧妙計畫的執行點說：「因爲計時的關係，全隊的氣氛沒有跌落。這就是我的計畫。」

在他們的下一場比賽，關西驛傳裡，他們迎戰了死對頭京都產業大學，立命館大學已經十一年屈居他們之後。在全日本大學驛傳時，東京產業大學領先在他們之前，得到第十四名。那次也是一場苦戰，二號王牌選手跑最後一區。他在中繼所起跑時，比他的對手晚三十秒，但他在剩下四公里時追上了。可惜，當他們在關西北部宮津市擁擠的街道上狂奔，在戲劇性的終點衝刺時，他晚了一秒。

「野村哭了，」憲司咯咯笑著說。

驛傳季的最後一役——京都學生驛傳——只剩一星期了，他們再度遇上他們的死對頭——京都產業大學。

憲司說，在比賽的前一天，他請每位隊員跑一小段場地賽，幫他們消除壓力。

「我也告訴他們，眞正的目標是明年，要在出雲驛傳和全日本大學驛傳中奪下第五名。這帶給他們信心。」

所以，在京都一個天朗氣清的日子，他們腦袋裡裝滿了自我催眠的把戲，雙腿還帶著前一天的疲累，就這樣披掛上陣，跑了本年度最不重要的驛傳賽。結果，他們終於成功了。他們贏了。在超過了十年之後，他們終於打敗了京都產業大學。

他洋溢著勝利看著我，等著我對這段故事的反應。「你一定很高興，」我鼓起勇氣說。我

不確定應該說高興，還是鬆了一口氣。

他點點頭，給我看一張這場比賽的剪報。我完全不知道裡面寫了什麼，但我還是看了。裡面有一小張二號王牌選手南雲的照片，他的表情賁張，身體扭曲，身上斜背著立命館大的接力襷，在路上狂奔。

「感謝老天，我們打敗他們了。」憲司嘆了一口氣說。

*

日本的聖誕節在西方人看來，是很有趣的。商店裡掛滿了閃亮的金蔥，在京都，大街上的喇叭傳送著一首接一首的聖誕歌曲。商業氣息頗濃，濃到幾乎與英格蘭一樣的水平。但沒人做什麼特別的事。不會有人問你，是否「準備」要過聖誕節了——這種歡樂的呈現方式，總讓我把聖誕節想成某種得忍受的事件。

雖然先前大張旗鼓，但是當聖誕節眞的到了，那只會是尋常的一天。人們照常去上班、購物，做他們每天會做的事。但它替代了任何一個約定成俗的傳統，情侶們在聖誕節約會，變成了一種習俗，有點像是情人節。

然而，我的小孩要求要全套的節日排場，或者說，我們得竭盡所能地盡量接近。我只看到一種聖誕樹，但實在買不下手，那是被堆置在一間當地五金行的邊邊角角，一棵已經垮了、塑膠製、綠色樹枝的聖誕樹。梅瑞爾塔建議把聖誕燈飾在牆壁上貼成樹的形狀。對於這個建議，顯然小孩不願買單，他們來回跺步，嚷著要一棵眞的樹。有一天他們在外面玩時，我試了，而且看起來很棒。他們一進門看見時，都興奮地手舞足蹈。

稍晚，奧西恩和我決定要爲我們的燈樹補一小截我們在路邊找到的竹子。我們把它插在一個花盆裡，在它三支細小的樹枝上掛吊飾。所以，現在我們有兩棵聖誕樹了。

在這節慶歡愉的氣氛中，我發現自己得在同一天跑驛傳的四區。麥斯一直想幫我組成我理想中的明星驛傳隊，但徒勞無功。Blooming 的王牌選手森田有興趣，但得顧慮他的腳傷。我的十五歲鄰居良平也很熱衷，那晚，他的母親撐著傘來到我家門口的臺階前，向我表達她對這個機會的感謝。我不確定這是不是天大的機會，但結果是，所有的比賽都規定跑者必須至少滿十六歲。麥斯仍然很希望參與，但他的腳傷意謂著他的訓練得暫停下來了。

我的籌碼不多，只剩下立命館大學的跑者，而且我也不確定他們是否願意跑。我也擔心跟著他們跑，是自不量力。我不想要成爲隊中的弱棒，那會令人很洩氣，對我和其他人都是。如果我是來搞砸的，他們何苦要跑得這麼辛苦？我沒料想到組一支隊伍會這麼棘手。

這時，我接到一通麥斯打來的電話。Blooming 要參加另一場驛傳，想要我加入他們。是那個週日在京都。雖我還在思考如何組成我的明星隊，但我答應要參加。

*

比賽的地點在京都泳訓中心，也是 Blooming 訓練活動的地點之一。事實上，那天下午就有一節訓練活動。我到中心時，發現 Blooming 跑者們興奮地圍在入口內側。我認出其中一位——六川，亞瑟士的業務主任，我正想找他加入我的驛傳隊。他十公里跑四十分鐘，是 Blooming 隊裡最快的跑者之一，他也說一點英語。

「芬桑，」他見到我時，似乎很雀躍。他用日語和其他的跑者打趣，他們全不住地點頭。他翻譯說：「你想要跑幾區？四區？還是五區？」這場比賽是繞著這個中心一圈一公里，跑十圈。每隊至少需要五位跑者，但可以隨意分配每個人跑的區數。

「何不每人跑兩區呢？」我建議說。若我跑四區，顯然是太貪心了。何況，我的右膝蓋外側有一點小傷，這個傷是我參加日清食品在千葉的訓練營時造成的。目前，我正處於運動傷害過程的第二階段：否認期。起先，你感到有些刺痛；接著，你會忽略它。你告訴自己這是小事一樁，是你想像出來的，很快就會過了。常常都是這樣。我就是在這個階段——忽略它；但也不是全然地忽略。每天，它都會煩我一下。每次在家裡走下階梯的時候，我可以感覺到它；或者沿著街道，走個小快步時，它就像是一路提醒我一則我千方百計想要忘記的壞消息。我感覺胃有一點收縮，我本來不應該受傷的；我跑步的姿勢很美，照理應該百毒不侵才對。所以，出自非理性，我告訴自己，這沒什麼大不了的，我還是可以跑。但若在同一場驛傳跑超過兩區，可能就太勉強了。

「好的，好的，」他說，彷彿這本來就在計畫中：「每人兩區。」

那是一個清亮寒冷的日子，我們全隊一起跑一圈熱身。跑到一半時，上了一個陡坡，從坡頂可以俯瞰整座城市，像是一幅由屋頂鋪成的平坦的鑲嵌畫，一路延伸到遠方矇朧、幾乎是半透明的，白雪覆蓋的山巒。

接著，坡度再次急遽下降，下到一座停車場，然後回到起點。這是短而陡的一圈。

隊長請我跑第一區，所以把接力襷遞給我，披在肩上。時間快到了，我直接往起點過去。

如果說，琵琶湖驛傳的競爭性不如我的預期，但和這場比賽比起來，那簡直是國際田徑總會舉辦的鑽石聯賽（Diamond League）[1]了。我從起跑線退後一步，在所有跑者中鶴立雞群，他們大部分是不到十四歲的孩子，有些看起來只有八歲。簡直是令人暈厥的古怪。我千里迢迢來日本，是爲了和一些全世界頂尖的跑者一起跑，可不是來和小學生爭高下啊。而且，他們甚至不是正式的、讓我望塵莫及的綁著頭巾的高中驛傳孩子。我試著不要因爲我的大手和大腳，而看起來像個白痴。

第一區還有其他大約十幾個大人，有幾位看起來相當認眞。其中一位小心翼翼穿過小孩，走到最前面，我決定加入他。有一位工作人員給我們賽前最後的叮嚀，希望不是太重要的事。清脆的起跑槍聲一響，我們出發，匆匆跑過第一個轉彎，避開幾支安全島上的護柱，繼續往前。

那位認眞的跑者跑很快。我緊跟著他上了一個陡坡，然後從另一邊下來，但我不太能超過他，結果我以還算順利的二分五十秒，第二名跑完這一區。當我進入中繼所時，我差一點跌在第二區跑者的身上，她是一位中年的女士，身上大概穿了二十層的跑步裝備，一副不確定往哪裡跑的樣子。

等到我第二次披上接力襷，再次上陣跑第六區時，我們已經遠落後在小孩隊之中，所以我拔腿快跑，在小孩群中飛奔，而且得小心不要撞倒他們，尤其是我巨大的骨架像移動中的大石頭滾下陡坡。雖然這場比賽似乎是個無效比賽，但我還是忍不住衝鋒陷陣。至少，我覺得自己像跑第一區時一樣快，雖然我沒有得到官方正式的時間成績，我對早上的表現很滿意。賽後，在冬陽的照耀下，全隊聚在一起照張相，大家比出V字和平手勢和豎起大姆指的合照。幾小時後，我們全又回來，再跑一回。

*

當天下午，憲司決定要辦一場驛傳，作爲 Blooming 跑步俱樂部年終特別訓練。幾乎是在相同的跑道上，同樣五人一隊，每人跑兩區。至少，這次沒有小孩在旁邊跑了。

雖然正規的 Blooming 隊員也許不會打破任何紀錄，憲司依然邀請了兩位年輕、有志氣的教

1　鑽石聯賽：國際田徑總會自二〇一〇年推出的一個全新系列賽事。鑽石聯賽在全球共設十四個分站，遍布亞洲、北美洲和歐洲。

練加入，他們通常擔任落後群的配速員，但後來我發現，他們兩位都是相當優秀的跑者。其中一位寬太（Kanta，音譯），他陪較慢的一群跑的時候，經常爲我在訓練中登錄的時間感到瞠目結舌。當我們從大阪的訓練回到黎明中心會議室，他把時間寫在白板上時，總是搖搖頭，彷彿我微小的壯舉讓他驚呆了。

然而，有一天，我們最後一個訓練活動是一公里，沿著大阪城全速跑。我們全都到齊了，從跑最慢的到最快的，全部一起跑，憲司說，他希望我們打破個人最佳紀錄。我站在起跑線預備起跑時，才發現自己不知道終點在哪裡。

「我怎麼知道在哪裡停下來呢？」麥斯那晚不在，但王牌頭手森田站出來說話了。

「寬太會告訴你，」他說。寬太站在我旁邊，他點頭微笑著。我不知該說什麼，但是，嗯，他現在還在這裡，等一下怎麼告訴我呢？

「別擔心，」森田說，他似乎感覺到我的困惑：「他會先跑到那裡，他跑得比你快。」

我從來沒有見過他快跑，也許我聽錯了。但太遲了，每個人都已就位。就像在日本發生的許多事，在不確定事情走向時，我別無選擇，只能趕鴨子上架，邊走邊瞧。好的，出發吧。

我以全速起跑，寬太跑在我旁邊，把其他人拋在後面。也許我跑得還不夠快。只有一公里而已，我加快速度、再加速。我每加速一次，寬太也跟著加速。快到終點的時候，我可以感覺我的肺快脹破了，他像是按了渦輪加速器，加速往前跑走了，及時先到了終點，停下來，掏出碼錶，氣定神閒地在每個人通過的時候喊出時間，我是第一個，其他人跟在後面。

他眞的超快。

另一位年輕的 Blooming 教練是光野，曾和我一起參加琵琶湖驛傳的那位兼差模特兒。他看起來就像一位運動員，四肢修長，而且肌肉發達有力。他說，他是八百公尺的選手，所以一公里很接近他熟悉的距離。我們三位並列，要跑 Blooming 驛傳的第一區。這可不簡單。

我們向箭一樣射出，向前衝刺。我的雙腿雖然早上跑了兩區驛傳，但狀態頗佳。不知不覺，我們已上了坡，我落後了兩位年輕的勁敵。但下坡時，我像瘋了似地衝過停車場，迫使一輛突如其來的車子下來，我又追上來了。當我們三個像野馬一樣飛奔過最後一個彎道，我好想大聲吶喊。那裡有一個小坡，我們幾乎同時抵達，寬太以不到一秒之差，拎走了第一名，時間顯示二分四十九秒。因爲有個大上坡，這對我這天第三個一公里賽而言，是不錯的成績。

在我今天跑的四區裡，我和其他人一同起跑的那兩個第一區，其實才是正常的比賽，也是我最樂在其中的比賽。那種捉對廝殺的挑戰，使我熱血沸騰，那是令人興奮的比賽。不像我參加的其他非第一區的驛傳，我覺得自己被獨自拋開，和其他的隊友，甚至和自己的隊，都沒有連結。跑第一區則像是身處暴風圈，是迎面的肉搏戰。

諷刺的是，將比賽變成團體接力賽後，你很可能發現自己單獨在跑。在驛傳的第一區之後，選手無可避免地分散開來，大部分的選手是單獨起跑的，最多是沿途超越幾位選手。爲了要在訓練時模擬比賽情形，選手花很多時間獨自跑。我參與的一次立命館大學二．五公里一圈的訓練活動中，憲司便故意在每隔一分鐘讓一位跑者起跑。憲司告訴我，這個概念就是要讓隊員習慣單獨跑，因爲這是驛傳需要的能力。

單獨，但仍是團體的一部分。驛傳是像一種同時避免衝突對抗，也避免宣揚個人榮耀的方式。

Blooming的年終驛傳結束後，我邀請寬太和光野加入我的隊。他們都說他們可能可以加入，端看比賽的時間是否方便。

那星期稍晚，麥斯打電話給我。他發現二月時，在富士山腳下有一場比賽。需要五位選手，每人跑七公里，這是適合比賽的水準。對手包括大學的B隊、來自東京的頂尖業餘隊，以及高中隊。聽起來很完美。由於報名截止日期快到了，我請他先幫我塡寫報名表，我晚一點再想想誰還可以跑。我只希望我的膝蓋痛能夠撐住，讓我可以成爲這支隊伍的成員。

21 新年驛傳

日本跑步界全年的三個大日子，就從元月一日的全日本實業團新年驛傳開始。這應該是職業實業隊最富盛名的比賽，但對大部分的粉絲而言，這只是元月二日和三日，眞正的大比賽——箱根驛傳——的熱身而已。

對驛傳迷和運動作家而言，要趕去看這兩場比賽，實在是趟舟車勞頓的挑戰。大部分人直接收看電視轉播，難得幾天和家人聚在一起，三不五時觀看一下比賽的進程，一邊享用新年的特殊點心，像是麻糬、御節料理（一盒盒美味的魚、醃菜、黑豆之類的）。對許多日本人來說，在家中收看驛傳已是一種傳統。然而，由於我可能只會在日本過這次年，如果可以的話，我想要親身體驗這兩場賽事。

這意味著我得在元旦一大早趕搭火車，抵達位在東京北邊的群馬。從京都出發，這段路程滿遠的，我太晚到，超過起跑時間了。我搭計程車趕到時，起跑與終點區幾乎都是空盪盪的。在一個小廣場四周，他們搭建了一個小型座位區，也架起一面大電視牆，可以觀看比賽。這天天氣很冷，但天空湛藍，清晨的太陽在寒風中帶來溫暖，所以我坐下來，看看究竟。

在日本的每個人都在談論電視轉播的兩場賽事有多麼的精采，包括許多各隊的背景故事，以及他們如何撐下來的細節。但對我來說，光是看出誰正領先就是一項挑戰了。我抵達的時候，第二區的跑者正要起跑。這一區都是肯亞或衣索比亞跑者。他們一個接著一個跑出去了，包括跑在第三名或第四名的日清食品隊的里奧納德．巴瑟頓。

有幾個隊伍傾向不借重外國選手，但我忍不住同情起那幾位在第二區和肯亞選手並列站在一起的日籍選手。當他們站在那裡，等著隊友跑來時，看起來心都要裂了。肯亞選手起跑時速度之快，日籍選手似乎是被旋風掃到，跑的時候低著頭，彷彿要跑進一陣可怕的大風裡。

在前方，巴瑟頓與其他來自全世界最優秀的東非跑者的競爭中，他維持了隊上的排名，以第二名的成績將接力襷交給下一區的前箱根驛傳寵兒村澤明伸。阿明半秒不停留，直奔到最前面，而且拉開了一段距離。對日本跑者來說，他有一種不尋常的抬高腳步的跑法，他告訴我，這是因爲他喜歡跑越野賽。有趣的是，日清的三位明星大將阿明、佐藤悠基和即將從早稻田大學加入他們的大迫傑，全來自同一所高中，而他們就是以越野路徑訓練選手著稱。看起來，日本對跑非公路的好處，並非一無所知。

「在學校時，我們大多是越野的訓練，」阿明後來告訴我：「這是我跑姿如此的原因。若非如此，我會跑的像其他日本跑者一樣，較少彈性。」

阿明在電視螢幕上跳躍奔跑，在中繼所時領先一大截，並將接力襷交給隊上的頭號選手佐藤。他是位明星，起跑時簡直就像一列火車，速度比他個人的跑道紀錄還快，每一步都加大和對手的距離。遠落後他的一群選手，正上演各種角力戲，但他似乎不爲所動地沉穩向前奔跑。直到大約他跑到十公里處，災難臨頭了。鏡頭拉近佐藤在路邊停下來，抱著他的腿，這時評論員也驚聲大叫。不會吧？他開始慢跑，然後又開始跑，但不像之前那麼順暢，他的臉上露出痛苦的表情。

受了傷的佐藤在交出接力襷時，仍保住領先地位，但贏的不多了。下一區跑完時，日清退到了第三名，並且一直持續到比賽結束皆如此。

選手們跑完之前，我坐的觀衆區已經擠得水洩不通，全是驛傳迷。他們大多揮舞著隊旗，而且穿著隊上的夾克。人們爬上路燈或樹上，以便在萬頭鑽動的情況下看得清楚一點。

在賽前有傷兵，佐藤又在比賽中受傷的情況下，日清獲得第三名算是很不錯的成績了。佐藤因爲負傷繼續跑，將團隊利益置於個人利益之前，使他的名聲不跌反升。這是日本傳承下來的精神。

*

比賽結束後，隊伍各自結集，歡迎他們的支持者大部分是該公司的員工。有些是聚在終點旁邊的草地上，但日清似乎在附近一座摩天大樓入口處，有一塊他們自己的區域。門內有一間不算寬大的大理石大廳，還有一個巨型的階梯，通往建築物的暗凹處。我找到他們時，跑者們正在發表感言，擺姿勢讓大家照相。阿明被一群年輕女子圍攻，想要他的親筆簽名。

「他很受歡迎，」我跟巴瑟頓說，他靜靜地站在附近，沒有得到太多關注。

「他之前是一位很傑出的大學跑者，」巴瑟頓回答說。身爲一位優秀的跑者，有著帥氣的外形，阿明之所以如此受到歡迎，是因爲他是最近的箱根驛傳明星。箱根的光環會延續一陣子，直到下一批明星出現。

總教練白水至少展開了笑顏。我想，他的工作應該可以再保住一年。他仍然話不多，而且他的閉幕詞雖然是透過擴音器說的，但幾乎聽不見。然後，他們全沿著階梯排排站好，包括選手、教練、領隊和支持者，全穿著成套的日清食品夾克與田徑服，一起大合照。那是一個聲勢浩大統一的紅。沒有人特別突出。

*

今天的最後一項節目，是一場速度出奇慢的頒獎典禮。我和一小群東非跑者坐在後面的位子，他們談話的空檔，我向他們自我介紹。他們當中兩位來自衣索比亞，最近才剛到日本，而第三位肯亞選手已經在日本九年了。

我問他們覺得在日本跑步如何？兩位衣索比亞跑者搖搖頭，彷彿情況不太好。

「有什麼問題嗎？」我問，他倆毫不遲疑，異口同聲地說：「沒有森林。」

「在日本，」其中一位說：「都是馬路。」他們捲起田徑褲管，讓我看他們來到日本以後，造成的運動傷害。

肯亞跑者也是滿腹牢騷。他說他得單獨訓練，因爲日本跑者太慢了。

「有時候，我的訓練計畫是根據我肯亞教練的指示，」他說：「或者是我自訂的。日本的計畫表不好。」

我再次問他，有什麼問題嗎？

「太多長跑練習了，」他說：「速度訓練不夠。即使他們到了田徑場，也只跑（每公里）兩分五十八秒的速度。太慢了。」

在堅硬的路面上訓練、跑太遠和速度訓練不夠——這些是反覆出現的課題，至少是我和東非跑者談話時反覆談到的。

這位肯亞選手效力的實業隊，和日清的作法不同，他們每天得進公司上班。幾個星期後，我拜訪了日本電信實業隊，他們的訓練基地在大阪，在新年驛傳中，於三十九支隊伍中得到第二十七名。他們晨間訓練後，全都得趕在九點前進公司上班。他們在不同部門工作，上班到下午兩點，這時他們就可以下班，進行下午的訓練。我一直想像肯亞跑者可以豁免工作，但事實並非如此。爲了團隊和諧，每個人必須分攤工作。我問肯亞跑者對這種情況覺得如何？

「很好，」他說。他相當驕傲地告訴我，他穿西裝上班，有自己的辦公桌，他幫公司處理外國客戶的事務，爲他們寫英文信、打電話。

我問他，結束跑步合約後，是否會留在日本？

「我從來沒有夢想過要留在日本，」他說：「一年後，我要去加拿大。」

*

第二天早上，我又出發了。這次，是去東京市中心，箱根驛傳的起跑點。

比賽是從讀賣新聞的大樓開始，讀賣新聞也是這場賽事的主要贊助廠商。我很早就到了，剛好趕得及早上七點的起跑。路線兩旁的街道已經塞滿十道人牆，大樓中間的空隙裡，各隊的啦啦隊已經就位，而且在整個銅管樂隊和鼓手的伴奏下，邊唱校歌、邊跳舞。和女子啦啦隊一樣，男子啦啦隊也加入戰局，演出一種瘋狂的舞蹈，看起來就像他們想利用一種誇張的旗語來指揮飛機。

熱血的氣氛是會感染的，光線從高聳的摩天大樓低樓層和拱門反彈回來，全拋光的鋼筋帷幕大樓在晨曦中閃閃發亮。頭頂上的天空裡，直升機嗡嗡盤旋；地面上，警察和工作人員在跑道上巡邏，將人群擋在柵欄之外。在此同時，我看見選手們披著長長的拳擊外套，在路邊來回踩步。共有二十三位。他們年輕的臉龐相當冷靜，像是經驗老到的競技者，專注於眼前的任務，等待他們的時刻，在即將上演的重頭戲中大展身手。他們知道隊友在前方跑道的某個地方等待，等待比賽中的比賽。

穿著統一夾克的任務官呼叫選手到起點，我在混亂中看見日清的新隊員大迫傑。選手們穿著各校顏色鮮豔的運動背心，從人群中走向前，如水花般濺開，在穿著黑色與米色夾克的密密麻麻群衆中，特別顯眼。

從街旁的圍欄出來，站上空曠的馬路跑道上，他們來回踱步，認眞做最後一分鐘的深度伸展。有人喊出叮嚀指令。起跑線後面有一列車隊，每臺車頂上都架著一臺擴音器。這些車隊是讓教練搭坐的，開在跑者後面，用擴音器放送指令，以確保不會出現鬆懈的狀況。我看見賽前被看好的駒澤大學的教練，正站在車子旁邊。駒澤大學剛贏得出雲驛傳和全日本大學驛傳的雙料冠軍。這位教練就是在千葉驛傳拒絕和我談話的那一位，他的頭髮今天似乎特別地往後梳，髮色也較深褐色。據說，他以沿途向他的選手厲聲大叫而聞名。

「他是傳統老派教練之一，」憲司告訴我。至少到今年爲止，這個方法對他的團隊滿有效的。

任務官呼叫選手到起跑線，他們排成兩排。照理是較快的隊伍在前面，但這對長達兩百公里的比賽而言，不會有什麼影響。然後，槍聲響起，他們沿著馬路疾奔出去。幾乎不消幾秒，他們就消失在轉角。就是這樣。他們消失地無影無蹤了，這實在是不怎麼適合現場觀看的運動項目。

*

當然，追蹤比賽最好的方式是收看電視。我想辦法拿一張記者證，所以我爬上媒體小巴，裡面有一臺電視播放比賽實況。我在箱根蘆之湖邊的小鎮下車，也是第一天驛傳結束的地點。

在電視螢幕上，選手們跑在一起，成一大團。評論員抱怨他們跑太慢，其實是誤導；因爲事實上，他們在二十一．四公里（幾乎正好是半馬的距離）這一區，跑的是半馬六十分鐘內的速度。令人不可置信的是，全部二十三位跑者都是跑這種速度，幾乎是全國半程馬拉松紀錄內的速度。

全部的跑者都跑這種速度，是導致評論者產生錯亂的原因。這速度並不慢，反而是瘋狂地快。當我們在平行路上前往箱根時，我試著靠電視、推特，以及詢問巴士上的其他記者，跟上比賽實況。

領先群以二十八分三十六秒跑完了十公里，對十位仍在領先群中的多數跑者而言，這是他們十公里的最佳個人成績*，但這時他們還沒跑超過這一區全部距離的一半。在最前面領先半步的是大迫傑，日清新簽的隊員。他堅定流暢、有條不紊的跑步風格，從不左顧右盼，看誰跑在他的旁邊，其氣勢有如音樂劇《西城故事》（*West End*）裡的黑幫老大，他的頭直挺昂揚，晨光照在他身上，閃亮的明星。他知道全國數以百萬的觀眾正注視著他。

結束前，步伐不可避免地往下掉了一些，大迫被超過了。還剩一哩（一．八公里）左右，駒澤大學的跑者出其不備向前衝，衝刺到最前面。這樣的疾速，必然是不可思議的奮力，但最終卻是一個錯誤，因爲在第一區終點前，他開始不穩，慢了下來，讓前一屆（二〇一三年）冠軍的日本體育大學選手先跑過了終線。

這也許算是瘋狂的突襲，但就是類似這種時刻，使得箱根驛傳與其他專業跑者更精密計算控制速度的方式相較，更令人感到興奮和與衆不同。

第一區跑者跑得如此之快，即使是以不平均的步調，前三位領先的跑者都是以相當於低於六十一分鐘的時間跑完半馬。日本史上只有四位半馬選手達到這個成績，但在箱根驛傳，三位選手在第一區就跑出了這樣的成績；而且，這還沒打破這一區的紀錄。還有，大部分該隊最強的選手還等在後面的跑道上。

戰帖已經下來了，當第二區的跑者出發後，他們要努力的還很多。但這就是驛傳，尤其是箱根驛傳進行的眞正樣貌。每一次的表現都會鼓舞下一位選手繼續努力奔跑，他們彼此鼓舞茁壯。就是這樣，這是一場生命的競賽，沒有退縮或後路。對當中許多跑者而言，即使未來在他們的生涯中加入了奧運隊伍，都不及在箱根參賽所達到的巔峰。他們已準備好鞠躬盡瘁，他們

＊在二〇一三年全年之中，英國人十公里最快的成績是二十九分十二秒。

每個人都肩負著隊員的希望與努力，表現在全國觀眾面前。他們跑的樣子，就像是最後一次跑似的。

這是讓這場比賽如此特別的原因。憲司經常說，驛傳帶出了日本跑者最好的部份，但很難了解箇中原因。一旦你跑在跑道上，只剩下你和你的雙腿、以及你的力量，團隊並不能改變什麼。九州的那位肯亞選手對我說的差不多。「團隊沒什麼關聯，」他說：「你跑的時候，你就是自己一個人。」這種心情或許會令許多日本驛傳選手感到震驚，但我的感覺也是如此。當我參加琵琶湖驛傳時，我感到比平常還孤獨，因爲我出發的時候，沒有任何跑者在附近，我不確定自己該如何配速。如果要說有什麼關聯的話，在隊裡似乎能消除一些壓力。我們的團隊跑得那麼差，我個人跑得如何，實在不足爲道。即使當我想到我組成參加富士山驛傳的明星隊，我也知道，我只會是方程式裡的一個變數，不會是全靠我，而這似乎讓驛傳顯得沒那麼重要。

但是對日本人而言，我現在覺得，當他們套上接力襷，就像開關突然彈開了。在正規比賽中從未跑出的成績，都被淹蓋掉了。就如佐藤在新年驛傳中，超過二十二公里的成績超越了日本半馬的紀錄，但這項紀錄並未受到重視。在箱根驛傳，這些年輕人都只是學生，年紀二十或二十一，而三位第一區的選手都跑出半馬低於六十一分鐘的成績。

事實上，比賽全部的十區都接近半馬的距離，而僅僅在兩天之內，有三十位學生不可思議地跑出相當於半馬低於六十三分鐘的成績——這還不包括比賽中速度最快的第六區，因爲這一

區大部分是下坡。

相較之下，在英國的跑者當中，二〇一三年全年度，只有一人以少於六十三分鐘跑完半程馬拉松，而那個人就是奧運雙項冠軍莫．法拉。

在每個中繼所，對比賽的努力和熱情，都刻畫在選手們因用力而扭曲的臉龐。他們似乎跑到兩眼緊閉，嘴角咬牙切齒；就連他們的頭髮也加入演出，從頭頂上張牙舞爪地伸出。他們遞出接力襷的同時，便癱倒在地上，由其他好心的隊員攙扶起來，爲他快解體的身體披上夾克和毛巾；他們的臉部還糾結著，有時還公開地用力哭泣，通常需要兩個人把他們扶起來。一位工作人員通常也在旁協助，以手持罐罩在嘴巴上方，給他們空氣，即使他們正在哭泣中而似乎沒有感覺到。

我已經在其他的驛傳中看過這種在終線癱軟的鏡頭，而且一直認爲至少有些部分是演出來的。即使在業餘的驛傳，選手也正麼做，我猜想是在模仿他們的偶像，這讓我想起足球比賽中想要討得自由球的演戲橋段。在足球賽中，球員想辦法演給裁判看他們摔得有多痛，以搏得裁判的同情；在這裡，跑者想演給他的隊友和觀衆看，讓觀衆知道他們有多麼盡心竭力或「doryoku」（努力），想盡辦法將接力襷帶回來。

在每一場驛傳，很明顯地可以看出，領先的隊伍在中繼所演得比較小一點。在箱根驛傳第一天結束時，東洋大學的跑者第一個跑過終點線，被隊友團團圍住時，還滿臉笑容。他甚至沒有等習慣上會披上的毛巾，雖然他的朋友已經準備好了。

因爲他已經贏了這一區，他不需要演給大家看他多麼盡力。但他後面的跑者，一個演得比一個大，痛苦的樣子愈來愈誇大。愈後面的，演得愈慘，最後幾名跑者整個癱倒，彷彿他們已經跑到他們的雙腿成了沒用的紙漿，拒絕被拖到旁邊站起來，一副希望留在原地、陣亡在路邊的樣子。

然而，即使知道這一幕有部分是演出來的，親眼目睹時還是非常令人動容，尤其是最後我想辦法到終點線附近觀看的時候。一般而言，日本人連互相握手致意都顯得拘謹，寧願矜持地行禮鞠躬。在公開場合，情感的表達是很罕見的。但在這裡，等在終點的隊友表露出他們的關心，而且盡全力安慰與幫助他們的伙伴，不論是用關愛的雙手圍住他們的脖子，或者在他們耳邊輕聲耳語。正如日本電信（NTT）的隊員說的，在驛傳中，你有輸，也有贏。在全國矚目下，精采度超過預期的比賽終點看見這些精神的流露，感覺很像偷窺了日本的集體靈魂。赤裸裸的情感、友愛與戲劇性。我站在那裡觀看、用相機拍照時，幾乎覺得有些不自然，彷彿我侵門踏戶，介入了一個親密的家庭場合。

最後，我看見許許多多的粉絲，大部分是女生，她們都感動到落淚。當我問一位女子她那麼喜歡箱根驛傳的原因，她仍哽咽到幾乎說不出話來。「太令人感動了，」她抿著嘴唇，這是她僅能說出的幾個字。

另一個帶著一臺小型手提收音機在終點線等待的男子，他用一個字回答我相同的問題：「Bushido」。

這是一個複雜的術語，可以大致被譯作「武士道」。一九〇〇年有一本暢銷書名為《武士道》（*Bushido: the Soul of Japan*）[1]，作者新渡戶稻造闡述了他認為最受日本人尊崇的關鍵原則，而且被日本武士尊奉為不成文的榮譽守則。其中最重要的是忠誠、勇敢和榮譽。

這三項特質歷歷體現在箱根年輕跑者的身上。

*

我們的媒體車抵達第一天終點時，只比選手們早一點點。我們沿著與最後一區跑者並排而行的路線蜿蜒上山，在雪線之上龜速前進。

驛傳路線是沿著著名的「東海道」——日本最古老的道路之一——從東京進入山區到箱根，然後在第二天返回。在日本江戶時代，信使就是沿著這條路線傳送東京與京都之間的信息，而這也是最初驛傳的誕生地。

箱根終點處隔著蘆之湖的對面，富士山巍然而立，是明信片裡的日本印象。就在這一

1 《武士道》：原作為英文本，臺灣有多家譯本。

天，元月二日，它對日本人也有著特殊的意義。傳統上，這是新年第一夜後的早晨，稱爲「Hatsuyume」（初夢）*。

以初夢來說，若夢到富士山，加上一隻老鷹和一根茄子，就是個好兆頭。我不確定後面兩者是怎麼算進來的，但在這裡，湖的對岸，壯麗巍然屹立在那裡的，正是富士山。它爲比賽的終點增添了夢幻的質素，爲每件事注入了一股令人目眩神馳的象徵意義，彷彿日本的本質已被提煉精萃至此時此刻。難怪人們感動掉淚。

「箱根驛傳完美地捕捉了新年的心情，」一位記者稍晚在附近飯店的媒體室告訴我。我正在桌上剩下的食物盤中尋覓，想看看裡面到底有沒有素食。「東海道、富士山、團隊合作、傳遞接力襷、選手的努力。它包羅萬象，這就是這個電視節目好看的原因。」

*

那晚，我在哥哥一位住在附近的友人家過夜。他不在家，所以我一個人住。從臥室的窗戶看出去，富士山在黃昏中呈現粉紅色。我站著看它，莫名地受到某種比賽事本身更巨大的精神所感動。我甚至不認識大部分的跑者，但那天的氛圍相當特別，彷彿我所見過的每一場其他賽事，都像是球場觀衆席只有半場滿的足球比賽。而這一場，球場是爆滿的，聲音震耳欲聾。這場長跑是緊張激烈的比賽，每個最後一區的選手都願意死命地追上。這是一篇絕妙的史詩。

第二天早上，我很早起床，趕往第二天的起跑點。當天第一區（也就是比賽的第六區）

的跑者已經準備好回東京的旅程。任務官一行大部分是長者，個個精神抖擻，他們檢查跑者的背號，告訴他們何時前往起跑線。今天在起點的群眾較少。箱根是一個小鎮，能過夜的地方不多。

這些隊伍依據前一天比賽結束的順位和時間差依次出發，前兩位跑者分別來自東洋大學和駒澤大學。他們站在路中間的起跑線後面來回跳動，避免直視對方。

駒澤大學已經奪下前一年（二〇一三年）其他兩場大學驛傳賽——出雲驛傳和全日本大學驛傳，但進行中的箱根驛傳，他們被東洋大學逼退到第二位，其他的隊伍則遠落在後。此刻，是這兩所大學的爭冠之役。

選手起跑後，我搭上媒體小巴，直奔位於東京的終點，再次盯著車上的電視，跟著比賽動態。隨著時間的過去，兩隊廝殺爭第一，比賽的故事主軸開始轉移到兩隊教練風格的對比。

東洋大學的教練酒井俊幸像憲司一樣，屬於新世代的教練，認爲傳統日式的教練方法已經過時了。與其表現成一副全知全能的的獨裁者，以封建式的權威統管他的團隊，他說話柔軟許多，而且稱讚他的隊員是「優秀的年輕人」。沿路可以聽到他鼓勵選手的聲音，說他們表現得

＊初夢：初夢是在元月二日而非元月一日的原因是，在日本，新年夜是不應該睡覺的。

很好，看起來很帥之類的。

在賽後的訪談裡，東洋大學的選手不斷說到教練怎樣讓他們享受跑步這件事。他們說，這是他們團隊力量的一部分。「在這個團隊很有趣，」一位選手說：「這是我們成功的祕訣。」

相對地，駒澤教練大八木弘明大約年長了三十歲，是憲司極力想要擺脫的那種教練典型。首先，我已經領教過他的吼叫了，但在這裡，全年最大的日子，他已經完全失心瘋了。我完全聽不懂他說什麼，但從他的音調和車頂麥克風傳出來的瘋狂尖叫聽起來，他很生氣。而且，他的隊落後愈多，他的指揮更狂暴。

其他的記者聽到他在電視上吼叫時，忍不住笑起來；但當我問他們，他實際上說了什麼？他們沒辦法告訴我。「不好聽的話，」他們輕笑著說。

「例如什麼？」我繼續問。但他們不願覆述。

一位會說英語的部落客在他的網站上寫道：「日本跑步新聞。整場比賽，主教練大八木弘明用他追蹤車上的擴音器，對著他的跑者大聲喊叫一些若在NCAA（美國大學跑步體制），教練會遭解僱的話。」

最後，東洋大學撐住，贏得了冠軍寶座。這可以視為對老派方法的譴責，但小串先生後來告訴我，駒澤大學的教練曾經為該隊改頭換面。他告訴我，這位教練已經在該校任職十六年，戰功無數，包括六次箱根驛傳冠軍。

「他剛到任當教練時，」小串先生跟我說：「他發現該隊的宿舍裡有一臺吃餃子老虎機，有很多人賭博。他把那裡清乾淨，而且制定訓練規則。現在的隊風好多了。」

教練是一種不精確的科學，而且，每一種運動也有不同風格的彈性。然而在日本，根據憲司的說法，現代式的教練對跑者較友善，會向他們解釋訓練的緣由，詢問他們的觀感，但還是屬於被受批評的少數。

他說，他從東洋大學在箱根的勝利得到了鼓舞。

「教練風格正在轉變，」他說：「霸凌的方式近來在報紙上開始受到批評，人們開始改變看法。」

許多涉及教練毆打及辱罵運動員的醜聞，也在日本近年引發關於某些教練霸道作風的自省。二〇一三年一月，日本女子柔道隊的總教練園田隆二在承認以竹劍歐打運動員後，被迫辭職。起初，國家柔道協會僅決定簡單訓斥園田，而保留他主教練的位置；直到後來輿論嘩然，才逼得他辭職。

這起事件後，日本奧運委員會說，在日本，對運動員的凌虐不限於柔道，而這起事件只是冰山一角。

確實如此，二〇〇七年，一位相撲教練因爲下令三位資深摔角手毆打一位青少年相撲學員，被判處六年徒刑。由於他們下手太重，這位十七歲的年輕學員被毆致死。

更近一點，二〇一二年十二月，一位大阪的高中生被他的籃球教練多次毒打後自殺了。

在驛傳界，二〇一三年一月，毆打選手的案例在頂尖的高中隊伍爆發開來。這支隊伍的教練已經帶領這所學校的驛傳隊蟬聯十四屆全國高中驛傳冠軍，被視爲史上最偉大的高中驛傳教練之一。然而，卻有兩位隊員轉學，原因竟是他們受到嚴重的毆打，這件事才因此傳開。其中一位學生的鼓膜受損，得接受兩個星期的治療。

令人驚訝的是，這位冥頑不化的教練竟然公開回應說：「這位學生對事情的反應相當遲鈍，所以我是要讓他看清事實。」

學校方面的處理是，他們詢問其他隊員，是否也曾經受到這位教練的凌辱，其中十位說，他們曾經被甩巴掌、拳打腳踢，或者其他的體罰。許多學生說，他們曾在不同的場合被打過。因爲害怕這次危機而失去他們的總教練，其他教練團的成員團結一致，站在總教練那一邊。其中一人說：「如果我們的驛傳隊要贏得國家錦標賽，那麼，我們需要他的指導和力量。」學校屈服於他們的願望，允許他續任，同時敦促他要更多的自制，彷彿這就是解決問題的辦法。

這種行爲幾乎是根深蒂固，而且受到認可，二〇一四年四月，這位教練被挖角擔任東京另一所高中的總教練，有八位他的驛傳明星跑者跟著他一起轉學。

當然，嚴格與紀律和毆打與辱罵是不一樣的，然而，跑者，尤其是高中的跑者，需要被逼著訓練，這種觀念在日本如此深植人心，連憲司也認同。

「霸凌風格最近受到許多批評，」他說：「但有時候是需要的，尤其在高中，否則選手容易懈怠。」

憲司先前就是高中的教練，但現在回頭看看，他認爲當時他太悲觀了。即使是現在，雖然以日本的標準，他已經明顯是寬鬆型的教練以至於飽受批評，他仍然要求他的副領隊野村每天早上六點起床，確認隊員沒有翹掉他們的晨跑。

這讓我想起肯亞，以及那裡數百、甚至數千名跑者，他們每天早晨六點起床跑步。他們當中，大部分是沒有教練的，即使有，只會每星期一次或兩次來報到。確實，對於固定的晨跑，教練是不必出現的。

這點不同非常鮮明。這是爲什麼？

肯亞跑者——幾乎毫無例外——都來自貧窮的家庭。跑步可以改變他們的人生，不只是對跑者本人的人生，甚至也包括家人和社區的生活——許多成功的跑者最後都爲自己的社區蓋了學校，甚至是醫院。他們的賭注高多了。他們知道，若他們不起床訓練，他們就不能奢望會贏。在肯亞，各隊對比賽和名次不可思議的競爭程度，也同樣會激勵他們。周圍都是優秀傑出的運動員——大部分的肯亞跑者成群住在某些鎮的附近，容易彼此相望——他們同時受到鼓舞，也更有成功的驅力。

自我激勵還有另一項好處：它使你在比賽中更懂得靠自己。當遇到緊急事故，當疼痛不可避免地來叩門，往前進的驅力必須是來自內心深處。如甘地所言：「力量並非來自體力。它來自不屈不撓的意志。」若你不習慣挖掘自己內在的意志，你就不太可能在比賽的最後突然發掘它。反過來說，除非你的教練開車在你身後，用擴音器辱罵你，你很可能會意志不夠堅強。

足球明星克里斯蒂亞諾·羅納度（Cristiano Ronaldo）[2]最近被選爲世界最佳球員，當他第一次爲曼聯踢出精采的自由球得分時，專欄作家和學者開始討論他是如何做到的。是哪一個招式呢？他是否有獨特的踢球方式？

他的經理人艾力克斯·弗格森爵士（Alex Ferguson）[3]覺得很好笑。他笑稱：「所有那些關於用某種方法踢球的某個部位的說法，當中沒有任何祕訣。重要的是練習。練習造就完美，就像我在學校裡學到的一樣。這個男孩每天練習，這是他如此優秀的原因。我們去喝茶，留他自己練習。」

他去喝茶，他說的。他並沒有站在那裡，盤旋在羅納度的頭頂，以防他開溜。

日本高中教練的問題是，他們沒有時間悠閒地坐下來，等待他們的明星跑者感到鼓舞而練習。自發性可能會起起伏伏，尤其是年輕人。身爲教練，有時候你必須要有耐心，給予選手更多時間和空間。但日本高中教練的責任不在於耐心地呵護明日之星，他們只想著現在要贏。由於高中驛傳的重要性幾乎和大學與企業的比賽旗鼓相當，教練本身也肩擔著成功的巨大壓力。

畢竟，他們的工作飯碗和榮譽都得靠它。

這種壓力鍋式的環境從中學開始，而且一直持續，直到這名運動員退休。這並不利於一位運動員的長期發展，發揮他眞正的潛能。相反地，在跑者生涯的每個階段，每個人都想盡量地把他榨光。

爲了嘗試一些小方法來解決這個問題，憲司成立了一支新的團隊，一支全面觀看運動員從中學到職業水準生涯的團隊，焦點放在他們長期的利益上。這是一個激進的想法，他打算要以非營利組織的方式運作，從願意投資未來運動員的企業獲得資金援助。他說，這支隊伍要稱爲Smile Blooming。

不論憲司的團隊結果如何，東洋大學贏了箱根驛傳，就是爲新式教練打了一劑強心針。即將來到的二〇二〇東京奧運也給予當局嘗試新方法的動力。箱根驛傳結束後，我與獲得第四名的早稻田大學教練交談，他和憲司一樣，認爲情況需要改變。

---

2 克里斯蒂亞諾．羅納度：出生於一九八五年，葡萄牙足球選手，目前效力西班牙皇家馬德里隊，也是現任葡萄牙國家足球隊隊員與隊長。

3 艾力克斯．弗格森：出生於一九四一年，已退休的足球運動員及教練，在一九八六至二〇一三年間擔任英格蘭球會曼聯總教練一職。

「如果什麼都不改，日本要奪得（二〇二〇）馬拉松的獎牌是不可能的，」他說：「日本有許多有才情的年輕教練，但他們並未被納入國家聯盟，聯盟仍是由舊式教練所掌控。」

*

東洋大學的教練在箱根驛傳後的記者會以這句話作結：「我們今天不只是靠跑步贏了比賽，而是因爲我們已經長大成人。」

他提到的是日本的一項信念：運動不是只有輸贏。要眞正的接受與慶賀，你不只要贏，而且必須正當地贏。

山內成俊，英國馬拉松跑者馬拉．山內的教練，也是她的夫婿，經歷過兩種運動文化，他說：「在日本，更強調經由運動達到個人的成長。」

他說，在英國每件事都更加競爭，大家對運動的態度是，要不計一切代價爭取勝利。「你們的文化尊敬勝利者，」他告訴我：「但在日本，不只是獲勝，當一位好的隊員也是重要的。你得知道如何與團隊和諧相處。」

他還說，這當中的對比可以從兩種不同文化踢足球賽時清楚看出來：「在英國，每個人都想射門得分，沒有人想傳球。但在日本，完全是相反的。沒有人想射門，他們比較想傳球。」

他說，這種觀念透過無所不在的漫畫，在日本培養出來。許多漫畫故事是關於運動的，但故事的主軸和典型西方的敘事法非常不同。在西方，最普遍、而且重複的運動故事是關於受壓迫者的，如《洛基》（*Rocky Balboa*）[4]，或是《火戰車》（*Chariots of Fire*）[5]裡的哈洛德・亞伯拉罕（Harold Abraham）和艾立克・李代爾（Eric Liddell），他們必須證明自己，必須克服重重的困難，以獲致成功。

他說，日本漫畫的典型故事，則是關於團隊精神。

「通常，故事開始時有一個個人主義很強的人，他想用自己的方式處理每件事，但這就造成了很大的問題。最後，他被帶進了團隊，和團隊和諧相處，然後全隊開始贏球。」

他告訴我，類似這種漫畫對想投入運動的年輕人有很大的影響。但他們是帶著bushido的精神——也就是武士道。

又是這個字。它有著相同的結尾字「道」，意思是「道路」或是「途徑」，如同柔道、劍道、茶道（泡茶的儀式）和花道（插花藝術）。所有的這些休閒活動，在日本主要被視爲一種發展自我的方式。「一種修練自己成爲圓滿的人的方法，」山內說。

日本傳奇棒球教練飛田穗洲，也被尊爲日本棒球之神，他時常將運動比喻成武士道。他曾

---

4 《洛基》：一九七六年的美國電影，講述一位沒沒無名的拳擊手成功的故事。

5 《火戰車》：一九八一年的英國電影，改編自真人故事，敘述一九二四年巴黎奧運的兩位跑步選手——身為猶太人的哈洛德・亞伯拉罕與虔誠基督徒艾立克・李代爾的奮鬥故事。

寫道：「訓練的目的不是健康，而是鍛造靈魂。」

雖然，驛傳並未涵蓋「道」這個字，以我在箱根所親眼所見，驛傳也將參與其中的選手推向了這個崇高的目標。你可能會說，這是「跑者之道」。

22 川內優輝

我離開箱根時，感覺像是剛親眼見證了一場地球上最精采的比賽之一。第二天，當我搭上火車返回京都，就像是剛結束一次偉大冒險的隔天早晨，又像假期結束回到工作崗位的第一天，比賽熱血的餘溫依舊縈繞，令人不太能適應正常的生活。

然而，當我坐在車廂裡，望著冬天的景致飛快倒退，看著原野上或屋頂上片片的殘雪，我想起所有批評箱根驛傳的人，而我也了解了其中的緣故。當單獨一場比賽把整項運動捲入，那是很危險的。尤其是這場比賽舉行的時機，是在大部分的跑者正要展開他的跑者生涯之前。

箱根驛傳和其他的驛傳，被泛指爲眼看日本跑步界日益萎靡的原兇。雖然日本是跑步大國，而且比世界上任何一個國家更著迷於長跑，但是自一九九二年巴賽隆納奧運由森下廣一拿下一面銀牌後，這二十幾年來，日本從未在奧運馬拉松項目拿下任何一面男子賽的獎牌。這段時間，來自摩洛哥、烏干達、義大利、美國、巴西、南非、南韓，當然還有肯亞和衣索比亞的跑者，都拿過獎牌。

「現在，驛傳比我當年跑步時還更風行，」憲司有一天在對立命館大學教授的演講裡提到。那其實是一場由大學召開的小型會議，討論爲什麼頂尖的日本跑者無法在國際舞臺上與肯亞跑者競爭的原因。憲司是受邀的演講嘉賓之一。

「但驛傳毀了我們的選手，」他說，他的聲音隨著他沉重的發言顫抖著。他繼續複述了他的故事，關於他曾經是全世界第二名的年輕跑者，但被逼迫過度訓練。他說，教練並不思考運動員的長遠願景，尤其在高中和大學階段。在驛傳中奪冠的壓力太巨大了，他說，所以教練們逼運動員逼得太緊。

他特別批評箱根驛傳。他說，爲了準備箱根驛傳，學生跑者平常需要跑三十公里。「這太長、太辛苦了，」他說。

憲司繼續說，如果你比較贏得箱根驛傳的東洋大學隊和頂尖的實業團隊，東洋大學是最強的隊伍之一。「大部分的實業團隊會在箱根驛傳中輪掉，」他說。但箱根驛傳的選手中，只有很少數在大學畢業後會繼續走跑步這條路。早稻田大的教練告訴我，他每年畢業的十幾位跑者中，只有一或兩位會繼續任何形式的職業跑步生涯。他同樣對箱根驛傳持批評的看法。

「這比賽的規模太大了，」他說：「選手得了大頭症，他們以爲自己是大明星，但畢業後很快就受到現實的衝擊。他們一下子跌落谷底，動機也跟著暴跌，便停止了訓練。」

一位記者告訴我，很多人相信，因爲沒有箱根驛傳的壓力，所以日本女子選手在國際上的表現亮眼許多。的確是如此，日子女子馬拉松在過去四屆奧運中，贏過兩面金牌。

然而，在日本馬拉松水準降低這件事也許有些爭議，但實際上，即使箱根驛傳的人氣日增，日本跑步的水準還是維持得相當穩定，至少不像其他國家所見的倒退，尤其是在英國。

一九八四年，一位英國威爾斯人史蒂夫．瓊斯（Steve Jones）[1]打破世界紀錄的那一年，有十一位英國人的馬拉松成績低於二小時十四分。同一年，有十七位日本人達到這樣的成績。

然而，時間快轉到二〇一三年，這幅圖像變得很不一樣：不僅沒有一個英國人打破二小時十四分的紀錄，在日本，他們現在的表現好多了，有二十五位男子選手打破二小時十四分的門檻。

從其他已開發國家跑步成績衰退的整體架構中，日本的跑步可說是一則成功的故事，而其中一大部分得歸功於高度發展的驛傳系統。若少了驛傳，當然跑者們便可寬心地將焦點放在馬

1 史蒂夫．瓊斯：出生於一九五五年，英國馬拉松選手，曾於一九八四年以兩小時八分五秒奪得芝加哥馬拉松冠軍，隔年又贏了倫敦與芝加哥馬拉松。

拉松，和肯亞跑者一較長短，但這個國家對跑步的熱情，因爲被類似箱根驛傳的振奮和大場面餵飽了，對其他賽事的熱衷程度自然被削弱了。接著，這會導致實業隊的重要性縮小，或者裁減，而這上千位的跑者只剩下兩種選擇：放棄工作，或者放棄跑步。

這是一道難題，雖然驛傳也許是個阻礙、導致過度訓練的力量，但確實也是日本精英跑者的驅動輪。沒有它，跑步體系也許有分崩離析的危機。

*

要脫離日本的跑步體系，靠自己營生成爲頂尖運動員，對大部分的跑者幾乎是不可想像的事，但是有一個人成功了。他自己當教練、有上進心，而且有一份全職的工作。在日本，他有「市民跑者」的稱號，他的名字是川內優輝。

川內是一個奇葩。他畢業後並未加入任何一個頂尖的實業團，相反地，他選擇將訓練融入他在東京北部一所中學的全職工作[2]。除此之外，他是日本最強的馬拉松選手之一，獲選爲二〇一三年國家代表隊，參加世界錦標賽。

他不僅因爲擁有自己的工作，打破了一般日本跑者的規則，他也對比賽採取一種瘋狂非正統的方式。全世界大部分的馬拉松選手的想法是，你整年只應該跑兩場，最多三場馬拉松。但就在二〇一三年，川內跑了十一場馬拉松，其中的六場成績低於二小時十二分。除此之外，他也跑五十公里的超級馬拉松，以及許許多多半程馬拉松和其他短距離的比賽。日本其他的跑者認為他瘋了。

但他的粉絲們很愛他。他最有名的是，對每一場比賽都全力以赴，以不可思議的 doryoku（努力）來跑。賽跑時，他咬緊牙關，像是拼了命，闖過重重難關，絕不放棄。他讓那些擁有輕鬆薪水和教練團的實業團跑者，看起來像是養尊處優的時髦房車。

我第一次看到川內是在福岡馬拉松，他好幾次衝到第一，跑在肯亞跑者之前。他們不斷把他超回來，只見到他再次衝刺。最後，他沒有成功，得到第三名，落後來自肯亞的冠軍馬丁·馬沙迪（Martin Mathathi）[3]不到兩分鐘。然而，川內總是能在比賽中留下不可磨滅的印記。

後來在頒獎典禮上，我看見日本電視臺訪問他。他穿著他服務的教育機構的田徑服，那是他的辦公室團隊。他的鞋子是一雙沒有牌子的黑色軟運動鞋，大姆趾的地方有些磨損，果然是終極市民跑者。

由於他有一個全職的工作，又沒有經紀人，很難確定他的行蹤，但我很想要問他，他明明可以選擇輕鬆的職業選手生涯，為什麼他選擇走這條業餘路線？

2 川內服務於埼玉縣春日部進修學校。

3 馬丁·馬沙迪：出生於一九八五，肯亞長跑選手，曾於二〇〇七年大阪世界錦標賽獲得一萬公尺賽銅牌。

我終於透過他服務的當地教育委員會，傳送訊息到他的辦公室給他。他回覆說，他將在二月參加當地的驛傳，我可以前往，並在比賽後跟他說話。

*

所以，一個二月寒冷料峭的早晨，我再次站在學校圍牆旁邊，等待驛傳選手經過。但這次我不是等我哥哥，而是等日本最有名的跑者川內優輝。

這裡是崎玉縣的一個狹窄谷地，看著高中跑者一個接一個呼嘯跑過，奮力衝向終中繼所的終線，接力襷已經脫下，拿在手上。隨著愈來愈多選手陸續進來，人們大聲鼓掌，大叫「Gambare」（加油）。在高中隊伍之中，也有大學生，男生女生都有，還有其他的跑者，大部分是業餘隊伍，或是當地的消防隊或稅務機關組成的隊伍。

這是一場社區活動，就像我哥哥多年前參加的那場驛傳一樣。在中繼所，一個穿著圓滾滾的充氣相撲造型的人在一群小孩前跳來跳去。

川內照理是跑這一區，但他還沒現身。

我身旁站著一位老人，揮舞著箱根驛傳的旗子。他說，他帶這支旗，因爲這場比賽沒有發旗子，而他顯然也爲此感到驕傲。「我去了箱根驛傳，」他說：「我家裡有十支。」

我問他爲什麼喜歡來看驛傳？他嘖嘖了一下，不知如何回答。

「這比賽不容易看，」他終於說：「因爲選手幾秒內就通過了，但我喜歡來看選手們非常努力的樣子。」

說時遲，那時快，川內像蒸汽火車一樣吐著氣，出現在轉角，他的表情一如往常的賁張。以他的標準看來，這可能是當地一場好玩的比賽，但他卻完全不鬆懈。

然後，他就不見蹤影了。我和其他人一起擠進火車，趕回終點線參加閉幕典禮，希望能與市民跑者本人說上幾句話。

*

最後，他的團隊獲得第十八名，但川內本人打破了這項比賽他那一區的紀錄。所以，在當地市政府停車場舉行的閉幕式時，他必須和其他區的冠軍坐在一起，等待領獎。

當我們聽名人致詞時，冷冽刺骨的寒風吹過柏油地。川內專心地聽著，他的雙手謙恭地放在膝蓋上。他的腳上依然穿著那雙磨損的鞋，身上還是那件在福岡時穿著的學校團隊的田徑服。他蓄著一種呆呆的、青少年的鬍鬚，像是還和媽媽一起住的人。但所有的目光都在他身上。

在人群中，我發現旁邊站著兩位記者，都是從國家報社來的。他們來這裡，純粹是爲了川內。他們說，川內到哪裡，他們就跟到哪裡，就像一組皇家記者追著威廉王子到各種場合一樣，不管那多麼不重要。

他們知道所有關於川內的事。我問他們，川內爲什麼不加入實業團。

「川內喜歡隨自己的喜好做事，」其中一位記者告訴我：「若你在實業團裡，你會有一份薪水，但你得唯命是從。你不能每個星期去參加比賽。」

「而且，」另一位記者說：「他在高中和大學時受了不少傷。這是爲什麼他剛畢業時，並沒有被實業團挑走的原因。現在他們當然很愛他，但他拒絕了。他說，他擔心因爲過度訓練而再次受傷。他偏愛跟著自己的喜好自由訓練，也就是每天一次。」

閉幕式後，川內很快被引導進入大樓，爬上樓梯。這兩位記者追著他，我也跟在他們後面。我不確定他是否還記得他邀請我來跟他說幾句話，但我們進入小房間時，沒有人阻止我。有一面牆上掛著一片塑膠板子，上面有贊助廠商的公司標章，椅子就放在這片看板前面。川內坐下來了。總共有八位記者和幾名攝影師，他們立刻向他發出連珠炮般的問題。他們問他即將參加的比賽、他今年的計畫、以及他的體能狀況。

我剛好遇到一位願意爲我翻譯的朋友，但他不是記者，所以他很努力地在記者的連環詰問中擠進我的問題。但這時候，川內轉頭看了我一眼，點了點頭，其他人全盯著我。

我從川內那裡得到訊息是，我參加記者會是有條件的。我只能問他關於比賽的事，完全不能問他關於實業驛傳體系的問題。我本來以爲我可以想辦法迂迴地問，但他的雙眼注視著我，我膽怯起來，無法問出更聰明的問題。我只好改問他，爲什麼選擇參加今天的比賽。

我已經事先被警告過，他說話和跑步一樣快，我那位可憐的翻譯很辛苦地追趕上。

「我得爲我學校的同仁參加這場比賽，」他說：「這是我的責任之一。但是，如果你是爲了馬拉松而訓練，一起跑驛傳和馬拉松很不錯。驛傳是很好的速度訓練。」

這是在驛傳凌駕日本的跑步界之前，驛傳的原始目的。

「事實上，」他說：「我大部分的比賽都是訓練的一部分。比起自己跑，參加比賽有許多好處，例如有交通管制、計時、補水站，甚至還有很多人幫我加油。」

「我相信，跑馬拉松完全和經驗有關。若沒有參加眞正的馬拉松賽，跑者就無法獲得比賽時該有的策略和時間感，例如何時加速，何時慢下來。」

他告訴我，他每三到四個星期參加一場比賽——通常是馬拉松，但有時是距離更長的比賽。他有一套跑步的模式：兩到三星期以半速跑，然後在比賽的前一星期做速度練習。

我的翻譯漏了許多他回答的細節，但清楚的是，他是一個很有計畫的人，他並非出於無知或瘋狂而參加許多場的比賽。他有很清晰的方法，而且似乎奏效。他說，他今年的目標是馬拉松成績要達到二小時零七分*。然後，他說，他的目標是打破日本的紀錄。

說完，他便結束了記者會。他爲許多在戶外寒風中等待他的粉絲簽名，大多是學生和年

---

* 川內最佳的馬拉松成績是兩小時八分十四秒。

長的太太。年長的太太們溫暖地和他握手，帶著母愛的眼神看著他。他一邊進入車子，一邊揮手，司機是他的女伴，然後他們就離開了。

我也離開了，雖然沒有向任何人揮手。我穿過安靜的週日街上，回到了火車站。

*

回到英國後幾個星期，我收到川內寄來的信。雖然他在崎玉驛傳後不願意回答我所有的問題，但他請我寄電子郵件給他。他花了一些時間思考，然後寫了一封長長的信，裡面是他深思過後的答案。他所寫的，確認我所聽到的傳聞，以及我自己關於日本跑步界的想法，是正確的。

我問他的第一個問題是，爲什麼他選擇留在實業團的體制之外。若他加入頂尖的驛傳隊，日子一定好過許多。

「我認爲，我有點不贊同日本的精英體制，」他寫道：「我從來都不是跑步菁英，未能參加大學或企業的精英團隊後，我感到有些自卑。但我想要證明，曾經受過嚴重運動傷害，而且曾經沮喪消沉的跑者，可以東山再起。我想在不加入實業團的情況下，戰勝精英跑者。」

「其實，在我大學的最後兩年，只有一個實業團詢問我加入的意願，沒有第二家。但那時我已經知道怎樣自我訓練，這是我兩度被選爲關東精英隊，跑箱根驛傳第六區的原因。所以，我不認爲自己特別需要加入一個實業團。」

「而且，我喜歡自由自在地跑，沒有教練或任何企業的負擔。我不像許多這裡的職業跑者，我的目標不是奧運或驛傳。不像非裔或其他職業跑者，我不會爲了獎金或贊助人而跑。我跑，是爲了滿足自己的興趣，以及我自己的挑戰，所以我不想因爲加入實業團而失去我的自由意志。爲自己跑，和作爲職業跑者而跑，是完全不同的。」

「還有，我想要展現給前途看好的年輕跑者看，不需要教練，自由自在地跑是多麼有樂趣的事。」

從有壓力的高中跑者，到許多教練的專橫，以及實業團一板一眼的專業訓練，在日本跑步界，樂趣是個罕見的物品。但通常，你能找到樂趣的地方，你就會發現成功。看看尤塞恩．博爾特、海勒．格布雷西拉西耶，在肯亞，我遇到的大部分跑者都樂在跑步訓練之中，他們很享受跑步。箱根驛傳冠軍隊東洋大學的教練以及憲司，都鼓勵他們的跑者從跑步中獲得樂趣。我自己跑步也是一樣，除了天冷、下雨和腿酸痛，從來都是深深的愉悅感讓我外出訓練。樂趣也許聽起來是個不起眼的字，但它是跑者之道的核心。正如開悟的大行滿大阿闍梨所言：「真正的挑戰是繼續享受人生。」

川內在回答我下一個問題時，繼續這個主題：爲什麼日本跑者在年輕，以及二十三歲前展現如此過人的好成績，但後來卻後繼無力？雖然他也才年僅二十六歲，以日本的水準看來，川內算是大器晚成的明星。

「年輕人以及二十三歲以下的跑者並不樂在訓練，」他寫道：「這是爲什麼他們年紀稍長後，無法使成績更上層樓的原因。過度訓練，以及身體和心理的壓力太大，一直是個問題。」

「現今的教練採用實業團訓練的方式教這些學生跑者。面對這種訓練時，年輕的跑者成長太快，當他們成年時，便沒有進步的空間了。」

「我認爲，這是年輕跑者和二十三歲以下跑者的水準比十年前高出許多，而較年長的跑者水準卻不見突破的原因。」

他也將很多問題歸咎於舊式思惟的教練。

「教練也是有問題的，」他寫道：「許多日本教練深信，長跑的跑者需要嚴厲、持久的艱苦訓練。但跑者不是機器，跑者不可避免地因過度操練而被摧毀。大部分的跑者通常每個月跑八百公里，我通常每個月跑五百五十公里，即使在最嚴格訓練時，我也不會跑超過八百公里。」

「日式訓練仍然是講求堅強意志的訓練。許多教練依然相信，只有經由過度訓練，才可以鍛鍊出贏得比賽所需要的堅強意志。這是非常典型的日式觀念。我不認爲這是科學的、有效的，或是合邏輯的。過度訓練會導致運動傷害或精神倦怠，這也可能是學生們失去跑步興趣的原因。」

「因爲不斷重複的過度訓練，年輕選手或是學生選手甚至在賽前就受傷了。他們的傷勢變成長期的傷害，他們的成績也無法進步。」

最後，我問川內平日每天的時間分配，想大致了解他如何將一位二小時零八分的馬拉松選手訓練，融入全職上班族的時間。

「平常上班日，我大約早上七點起床，」他寫道：「做九十分鐘到一百二十分鐘的訓練。接著，我十二點四十五分進到辦公室，工作到晚上九點半。在學校放暑假或寒假時，早上五點半起床，做九十分鐘到一百二十分鐘的訓練，然後從八點二十五分上班到下午四點五十五分。」

「如果沒有加班，我每天工作四百六十五分鐘（休息時間不算）。」

雖然我們當中極少人會跑出他的成績，或是達到他付出的水平，但對於所有必須在工作和其他責任當中，卡入跑步時間的人來說，川內給了我們許多啓發。如果我可以鼓動起他那鋼鐵般專注力的百分之一，我必然可以再次跑得更快。富士山驛傳前一星期，我報名了另一場在大阪舉行的一萬公尺賽。我原本認爲一星期跑兩次可能太多，但是與川內訪談過後，我已經迫不及待要跑這兩場比賽了。

23 跑步俱樂部

川內拒絕了企業跑步體系，但對大多數的優秀日本跑者來說，那是攸關他們生存的麵包和奶油，或者說蕎麥麵也行。實業隊的圍牆之中，也是大部分年輕的箱根天才明星最後的落腳處，例如村澤明伸。

我依了先前的約定，在新年驛傳後回去拜訪他，體驗職業跑者正常一天的生活。

我只會在日清食品的會館待一天，但他們還是為我準備了一個自己的房間。這個房間位在大樓裡一個昏暗、有照明的走廊旁，走廊上的地毯已經破舊，每個房門外都堆滿了跑鞋，下個月的培訓時間表已經悄悄地塞進每個房門底下。

我的房間雖然是空的，但是和運動員的房間一模一樣，除了是單人床，以及放了幾個啞鈴。我還來不及放好行李，阿明便帶我出門晨跑，穿過空盪盪的城市。我們跑到了國家體育館，經過一座座的摩天大樓，鑽過好幾座鐵道橋。在一座廣場上，有好幾群年長者在做開合跳，有個人對著我們大喊，阿明向他揮揮手。

回到會館後，我很快洗了一個澡，穿好衣服，把沾滿汗水的衣服掛在欄杆上，坐在床上等阿明。他說，他想外出吃早餐。

有人敲門了。

「好的，我準備好了。」

幾位跑者也加入我們，包括矢野圭吾，他剛代表日本體育大學跑完箱根驛傳，也是今年日清食品隊新進的四名選手之一。在過去兩年的傷兵問題後，他們似乎正重整建立更強大的選手陣容。

我們走過鄰近的街道，這時，城市已經完全甦醒了，穿著西裝筆挺的人們趕著上班、戴著黃色帽子的小孩走路上學。我想像我們會去一間靜巷裡的小餐廳，會有一位有點年紀的太太知道他們每個人的名字，而且，不用點菜，就會把他們最愛的餐點送上桌。然而，約五分鐘後，我們來到一個交通繁忙的十字路口，阿明指著轉角一家明亮的小店，窗戶上的招牌寫著「Denny's」。

「就這裡，」他說。

店裡都是年紀大的老人孤單地坐者，不是玩弄著鹽罐，就是凝望著遠方。服務生帶著一落好幾層薄紙板做成的菜單，上面是各式各樣的冰淇淋照片。雖然夾了奶油的鬆餅和其他美式食物都很誘人，所有的跑者都選了日式食物，豆腐芝麻麵和味噌湯。對一間速食店而言，這實在出乎意料地健康。一位跑者禁不起誘惑，多點了一個冰淇淋，上桌時，它裝在高腳杯裡。

我問新進的選手矢野，高中還是大學的跑者生活比較嚴格？他看了看幫忙翻譯的阿明。他們都笑了。「高中，」他們說。他們幾乎像是鬆了一口氣，就好像兩位經過多年打拼、工作到三更半夜以便擠進企業晉升的窄門，最後終於如願成功的總經理。如今，他們可以坐下來享受輕鬆愜意的生活。早餐後，他們準備就緒後，會回到公寓睡一覺。

「但是現在，比賽結果變得非常重要，」阿明也許感覺到我所得到的印象，擔心有扣分的作用，所以補充說：「現在雖然有更多的自由時間，但是壓力比較大。訓練計畫非常嚴謹。」

他說，他加入日清時，看到頭號選手佐藤悠基的訓練多麼賣力，他很震驚，也很受鼓舞。「這讓我明白，他也是平常人，如果我和他一樣賣力訓練，也許有一天，我能和他一樣厲害。」

然而，他也承認，在經過箱根驛傳的高潮後，動機會是跑者的問題之一。

「箱根驛傳在日本是個問題，」他說：「因爲，畢業後，不再有這麼大型的比賽，所以跑者失去了動力。實業團新年驛傳的人氣沒有這麼高。」

「那奧運或世界錦標賽呢？」我問阿明：「那顯然也是大型比賽，不是嗎？」

「是沒錯，但那只有極少數的選手能參加，」他說：「箱根驛傳爲很多的選手敞開大門。」

相較於和他一起訓練的肯亞隊友里奧納德・巴瑟頓跟我說起將會參加二〇二〇奧運馬拉松時的樂觀，阿明聽起來有些洩氣。對阿明來說，當他生涯的最高點似乎已經出現過，其他的事件在意義上，都不算眞的進步。就像是一隻飛到太靠近光源而燒焦的飛蛾，在箱根驛傳後，職業級的跑者只能勉強掙扎著，再次尋找他們的出路。

*

結果，那天一反常日，日清的跑者在早餐後不回去睡覺。

相反地，像其他大部分實業隊的選手一樣，他們得進公司。我問過另一家實業隊的領隊，當他們簽下一位新跑者，他們需具備相關工作技巧的重要性有多高？

「他們的跑步能力是最重要的，」他告訴我：「但他們也必須是適合僱用的，而且不准蓄長髮或戴耳環。」

這是實業驛傳隊的傳統模式。通常，當他們的跑步生涯結束，選手就留在公司裡繼續他們的工作。然而，日清食品是較現代化的團隊，跑者在公司並沒有固定的工作，在訓練、休息和參加新年驛傳以外，他們極少需要負擔任何工作。除了偶爾，例如今天。

早餐後，阿明穿上他的西裝，我們搭列車前往辦公室。在那裡遇見其他兩位跑者，他們是騎腳踏車來的。他們兩個在日清食品總部寬敞的接待大廳區等待，在幾張舒適的椅子上搖晃嬉鬧，像是兩個參加戶外教學的小學童。我們一到，一位員工便上前來。當阿明向她介紹我時，她一直靦腆地笑著。我想，她的工作就是讓跑者們有事做。他們今天早上的任務，是將接待大廳所有的舊雜誌換成新的。另外，他們也得爲一些新的驛傳商品拍照，例如身上穿著日清食品跑步背心的絨毛玩具鳥。

在辦公室待了幾小時後，我們回到會館。阿明下午的行程是跑步，然後午睡。因爲擔心還未復原的膝蓋疼痛，我決定跳過今天第二次的跑步，所以我整個下午懶洋洋地在床上打盹和寫筆記。我一度鼓起勇氣去了教練的辦公室，兩位教練正與一位跑者討論訓練時程和比賽。他們歡迎我進去，當他們討論時，我就坐在一張旋轉椅上，像是一個學生在進行工作體驗。最後，又小寐一下後，就到了晚餐時間。

現在外面已經天黑了，這次，只有阿明和我出門外食。這次我們沒有回去Denny’s，阿明帶我去一間我之前想像的那種小小的、家庭式的餐廳，一位年紀稍長的女士幫我們點餐，她的頭髮梳理整齊，妝化得很完美。在廚房裡，他的先生穿著一件髒污的圍裙，忙著準備食物。她掀開簾子，向他喊進另一個餐點。

吃過飯，我們走過靜巷回會館。雖然我們是在東京的市中心，卻像是在某處一個沉睡的小鎮。阿明告訴我，他之前有個女朋友，但最近這段感情結束了，說到這裡，他似乎沒有很沮喪。他說，她住在廣島，一個月只能見她一次。

「訓練結束後，」他說：「我實在太累了，我只想睡覺，或者泡溫泉。我通常一個人去。」

我們安靜地走了一陣子。我覺得我已經整天荼毒他很多問題了，現在需要讓他安靜一下。我告訴他，回到會館時，我拿好行李就回家了。

「我很幸運，」他說：「我喜歡跑步，而現在這是我的工作。」他看起來有些驚喜，彷彿他之前從沒這麼想過。

我問他，成為跑者是不是他從小的夢想？

「高中時，我沒辦法想大學以後的事，」他說：「但是現在……現在我的夢想是在東京奧運馬拉松賽奪得獎牌。」原來，他和他的肯亞隊友似乎也沒這麼不同。

*

幾天後，我終於進了京都另一個跑步俱樂部，這個俱樂部是幾個月前憲司告訴我的。

在很多方面，它和英國的跑步俱樂部很類似。最早出現的人通常是年紀最大的會員，他們把會員表格拿出來並攤開在桌子上，在跑道旁邊張羅一個位子放置跑步用具。他們穿著已褪色的跑步裝，走起路來呈外八字。當我向一位男士自我介紹時，他給了我一個大大的瞇眼笑。他拉了我的手臂，也許是怕我走丟，還問我是否講日語。

日本年長跑者的年紀，比英國年長跑者的年紀稍大。今天出席的大約四十名跑者中，至少有十位是超過七十歲的，其他大部分跑者也超過五十歲。如果你仔細看，可以看到幾個零星的年輕面孔。他們必然是憲司提過的，認眞的業餘跑者。他們不如年長者那麼友善，他們是來訓練的，不是來社交聯誼的，當我們準備開始時，他們站著做各式的伸展動作。

跑道本身位在某個工業區的荒地。三面巨大的灰色工廠冒著白煙入雲，而高高的鐵絲網把跑者們圍在中間。這是現代版童話故事的起頭。從前從前，在一個灰色的日子裡……但太遲了。我沒有勇氣告訴這位老先生，我只會來這裡參加一次的訓練活動，而且，再過幾個星期，我就要回英國了。他們在會員中看見這位高大、異國的陌生人感到非常興奮。他們不斷笑著互相催促，鼓動彼此和我說話。

有個人問我住哪裡？「京田邊，」我說。京田邊距這裡只有四個火車站，但他們滿臉狐疑地看著我，好似我說我住在辛巴威。「啊？京田邊。咦！」

我們熱身了一小時，該出發了。一位年約十九的年輕人也是第一次來這裡，他看起來有些茫然，我猜想，他正納悶爲什麼這裡每個人都這麼老？這位青少年告訴他們，他的十公里最佳成績是三十五分鐘，他們全瞠目結舌，不住地點頭，讚嘆不已。他羞赧地笑了。

這時，有人告訴我這一節練習就跟著某一位跑者跑。「coach（教練），」一位年長者告訴我，似乎很高興他使用了一個英文字。教練看起來不爲所動，但他對我稍微點個頭，表示我可以和他一起跑。「Your target（你的目標），」這位年長者又說了一次英文。他現在開始跑了。

我含糊地聽了一些關於這堂練習是怎麼一回事，訊息有些混亂。有一位男子告訴我，這次是連續地跑步，十公里到十六公里之間，累的時候可以停下來。這似乎是他們大多時候做的練習活動。我來日本之前，從來沒有在跑道上跑過十公里，但此時我已經準備好再跑一次。

馬拉．山內說，日本人所有的訓練都是在短距離的環形道來回進行，不論是在跑道或其他地方，這是因爲缺乏長跑的場地。

但也是因爲，這種練習方式在心理上比較困難。這和日本的觀念相符：唯有透過重複的練習和努力，才有成功的希望。在千葉的日清訓練營時，肯亞跑者里奧納德．巴瑟頓也是人生第一遭在跑道上跑十五公里。那只是訓練跑，但他事後告訴我，他很驚訝這種練習竟如此困難。

「當你在路上跑十五公里，」他說：「那很簡單，但在跑道上跑就變得很辛苦。」對日本人而言，困難的選項被認爲是最值得的。

這個跑步俱樂部可能會進行的另一個練習，還是在跑道上繼續跑十公里，但是可以選擇其中幾公里要跑快一點。無論如何，我已準備好跑十公里，而且只要以固定的速度跑。我環顧四周的跑者，覺得我應該可以追上他們，雖然我的膝蓋痛。畢竟，我可是曾經和知名的立命館大學驛傳隊一起訓練過的，這根本不算什麼。

從一開始，八位跑者跑在最前面，形成一個群隊。我的「目標」跑在後面，慢多了，所以我有一陣子進退兩難。如果我超過他，去追趕前面的跑者，會不會令他覺得難堪呢？如果我眞的追上去，結果他們跑太快到我追不上，我會不會看起來像個笨蛋呢？在他們跑太遠之前，我還是逮了機會追上前去，跟在他們後面。那位年輕人和他們一起，他的十公里最佳成績和我一樣，所以我認爲我應該沒問題。

慢慢地，我們進入穩定的節奏，以每公里大約三分五十秒的速度奔跑著。我覺得我應該應付得來，可以跟在隊伍的後面。一圈一圈過了，我們跑了五公里，時間是十八分二十秒，在這個時候，那位年輕人做了一個驛傳式的戲劇化動作，搖搖晃晃地，然後停了下來。我們其他人繼續往前，我一直有跟上。到目前爲止，一切很好，直到大約六公里時，我開始想著重複的圈數。我一直是用兩圈半的概念來算公里數，但突然間我糊塗了。從上個公里數到現在跑了兩圈了嗎？還是一圈？我試著用時間來換算，但我的腦筋已經搞混了。而且，其他的跑者似乎正在加速，我也努力緊跟著。

在大約九公里的時候，致命的差距出現了。當你跟著一群人跑的時候，就像有一條神奇的線把你們綁在一起，幫忙拉著你。一圈又一圈，其他跑者的一舉一動似乎把你拉得更近，讓你覺得很輕鬆。但這時，線斷了，突然間，你漂走了，每個動作都得靠自己，地面現在像是洶湧的大海，風往你的臉上直吹。

但我快要成功了。另外兩名跑者正跑在我前面約五十公尺處，在下一圈起跑點前停下來了。我們已經跑十公里了嗎？我的錶顯示的時間是三十五分三十秒，比我的個人最佳成績還好。我們不可能跑這麼快啊？我疲憊的大腦認為還有兩圈半要跑，所以我繼續加足馬力跑。

我是唯一一個繼續跑，停在我計算的十公里終點的人。我站在溫暖的冬陽裡，一頭霧水。我的錶顯示三十九分五十秒，比我預期的還慢。也許我跑了二十六圈？

我在跑道上走著，四名跑者還繼續跑。我忖想，他們必然是打算跑十六公里。其中一人加了速度，遠離其他人了，愈跑愈快。他年紀大約四十五歲，他跑步的姿勢很怪，手臂和雙腿幾乎沒有動，看起來像是一個裝了輪子的人體模型，由搖控操作，在跑道上移動。他的表情剛毅，而且一成不變，他的頸子筆直。當大家跑了一圈又一圈後，其他人無不大汗淋漓，或亂了陣腳，但這位跑在最前面的男士卻毫不退縮。最後，他通過了終線，看了一下時間，然後靜靜地去做緩和操。

後來，沒有人再跟我說話了。他們都獨自或兩人一組去做緩和操，每個動作都一絲不苟。長者們仍然在跑道上輕跳，我決定在他們問我什麼時候再來之前，趕快溜走。

走回車站的路上，我突然感到一抹奇特的悲哀襲來。我無法追上這些跑者。我追不上立命館大學隊的跑者，這還情有可原，但這只是日本一個不起眼郊區的一個不知名跑步團體。而這裡有六名跑者，他們沒有去過肯亞，他們沒有知名的教練來指導，他們只是繞著這個工業區的跑道跑，就足以讓我陣腳大亂。在日本的每個城鎮，也許都有六個像他們這樣的跑者。我追求更快、更好成績的願望，似乎瞬間灰飛煙滅。我所有的核心訓練、山林訓練、跑步表格上的紀錄……而本質上，我仍在原地踏步。

而我不只是爲自己徒傷悲。那位最快的、用他剛毅的表情和幾乎沒在動的雙腿擊潰其他人的飛毛腿跑完後，他坐下來，穿上運動外套，做緩和操之前，他凝視著前方好幾分鐘。沒有人走過去拍拍他的背，說他是今天的大明星。那短暫的沉澱時光，就是他今天的收穫。

我知道，跑步可以帶來快樂和幸福感，但對這些人而言，永遠敦促自己跑得更快、更努力，打破紀錄、贏得幾場小比賽，這種令人心頭爲之一振的無用之用，可以感染全場。我今天上午感覺到它了，非常動人。

因此，我來了，繼續計畫我的下一場比賽，在大阪舉行的十公里路跑賽，然後是富士山驛傳。這一切都有意義，我確定，只是我現在說不出那是什麼。無論如何，我得先去好好看一下我的膝蓋痛。

24 為何要跑？

膝蓋痛的情況愈來愈糟。每次跑步，以及每次在我們鞋盒般的斗室上下樓梯時，我都能感覺到。我最近一次跑姿改變的完美方案，終極的防彈機器，就這樣到此爲止了。爲了找出我膝蓋的問題，我去了一家位於大阪的運動傷害診所。

在診所裡，我指著我的腿，告訴他們哪裡痛。我們的隔壁鄰居理惠已經用日文幫我在一張白紙上寫下我的症狀，我把它交給櫃臺的一位女士，她請我稍等一會兒。診間感覺比較像是英國的社區診所，而不像是運動傷害診所，不禁懷疑自己是否走錯地方，尤其是當我看醫生時，他第一件請我做的事情是去照一張膝蓋部位的X光片。

我試著告訴他，沒有那麼痛，只是隱隱作痛，但他只是微微笑，便把我送進X光室。當然，這令我很擔心，如果眞的出了嚴重的問題該怎麼辦？這可能就是完結篇了，我的膝蓋有可能毀了。

幸好，仔細看過X光片後，醫生告訴我，情況很好。我只是在腳踝、腳和小腿處有點緊。他按摩了一會兒我的腳，便把我打發走了。

「跑太多柏油路了，」他說。我點點頭，但願我有其他的選擇。

幾乎每一個我在日本的跑友都曾經受傷過。當然，人們受傷的原因有很多種，但在日本，大部分的跑者因爲長時間在地板上蹲坐，有很好的核心力量；而且當中大部分跑者的體態輕盈，很適合跑步。最大的問題，似乎就是混凝土路。

在美國《戶外》（*Outside*）雜誌[1]一篇題目爲〈薩拉扎的十大跑步金律〉（Alberto Salazar's 10 Golden Running Rules）的文章中，這位偉大教練的第四條金律是：「在步道上跑。」他說：「鋪設的路面會傷害關節、肌腱、韌帶和肌肉。你愈常跑在草地上、木屑或泥土路上，成效愈好。我的運動員百分之九十都是在軟路面上訓練的。」

憲司一向很欣賞薩拉扎，當他聽到這一段，終於相信了。他開始在跑前叮嚀時告訴 Blooming 的跑者，跑在軟路面上的好處有多好。

「肯亞人從來不在柏油路上訓練，」他告訴他們，而跑者們只是坐在那裡心不在焉地聽著。心不在焉，因爲之後，我們就出發跑在混凝土上。在大阪的練習場地，柏油路旁有一條泥土跑道，它的長度和寬度和馬路是一樣的，只是有一些凸起，但從來沒有人利用過它。即使當憲司傷後重新開始跑步，膝蓋還有點彎，他也不會跑在那條泥土路上，就連熱身也不會。跑在平整、有標記的路上的跑步模式如此根深蒂固，彷彿已經進入潛意識。

當我建議憲司帶領他的立命館大學隊去圍繞著京都的山裡跑步，去僧侶完成「千日回峰行」挑戰的山路上跑，他只是笑著。我不厭其煩地告訴他，那就像阿迪斯阿貝巴（Addis Ababa）2郊外，所有偉大的衣索比亞跑者訓練的山一樣時，憲司說，若他帶隊去那裡跑步，他可能會被大學炒魷魚。他說，他們擔心的是，選手可能會被樹根絆倒，或是跌落山邊。

遺憾的是，在我們京田邊住家附近，並沒有步道可跑。所以，就在我下週末即將搭火車，參加富士山驛傳大賽之前最後一次的比賽——大阪環大山公園十公里賽——之前的六個星期，我只能屈著一邊的膝蓋，做極少的訓練。

Blooming的一位跑者——亞瑟士的業務主任六川和我一起參賽，這樣我不會跑錯地方。他告訴我，他正在為一場超馬做訓練。但是，他的膝蓋也受傷了。他的兩個膝蓋都貼上了藍色的肌肉運動醫療用貼布。「沒問題，沒問題，」我問他時，他這麼說，還比了一個大拇指的手勢。

---

1 《戶外》雜誌：於一九七七年在美國創刊的雜誌，主旨為鼓勵讀者參與戶外活動。
2 阿迪斯阿貝巴：衣索比亞首都。

膝蓋傷可說是日本跑者的家常便飯。

那是一個潮濕的天氣。寒冬已經被幾乎快要令人生厭的溫暖所取而代之。當六川看到我穿著一件無袖運動衫參賽，相當驚訝，但也很高興。「喔，認真的跑者，」他說。根據公園的溫度計，當時的氣溫是攝氏十六度。許多跑者將背號別在運動與跑步夾克的外面，他們等一下就會熱得像悶鍋一樣了。六川穿著一件輕垮的長袖跑步上衣和短褲，相當明智，但不如我的運動背心這麼大膽和招搖。

我們在起跑線等待時，那是一個禮讓之海，沒有人願意站在最前面。就在我們看個時鐘滴答滴答快到十點的起跑時間時，大部分穿著層層緊身衣和發熱上衣的人，還在抱歉地互相推託。早晨的微雨已經揮別，陽光開始推散愈來愈薄的雲層，天氣更加地和煦溫暖。

比賽起跑的汽笛響起，把我們從尷尬地等待中解救出來。跑了幾百公尺後，我發現自己和另外三名跑者跑在最前面，其他大約四百名的競爭者已經遠落在後，不見人影了。我最初的想法是，能得到前四名就很不錯了——這可不是意志堅決的優勝者的心態，但很快地，我想到我可不是常常有機會跑在比賽的最前面，而且我的雙腿今天感覺特別輕快。不知怎地，我的膝蓋痛消失了。我感到很有力，腳步很輕盈，雙腿用力向後踢。就像我和日清食品隊在千葉一起練跑那天一樣，那時我的膝蓋還沒開始痛。

出乎意想地，我開始向前衝，加起速度，測試我周圍的三名跑者。我覺得我的雙腿似乎渾然忘我，飛奔有如興奮的小精靈，我得努力把它們駕馭住。但是在跑完兩圈中的第一圈後，兩名跑者已經大幅落後，只剩下我們兩個在最前面。我們並肩穿梭過在公園散步的人們之間，然後超過還在第一圈苦苦掙扎的落後者。

跑在最前面，領先群雄的感覺實在令人振奮。我們正演出一部好戲，我們兩個，亦步亦趨，你消我長。這是一個眞正的戰場。

當然，沒有人在看，除了兩位坐在板凳上的老太太，每次我們經過時，她們總投以微笑。但我的想像跑得和我的雙腿一樣快，我不斷想著，另一名跑者只是在等待機會衝上前去，把我拋在後面。我想，我沒贏過比賽，總是得第二，我討厭終點前的衝刺，在終點時我會禮讓他。這是我當時眞正的想法，雖然我也從未在比賽時得第二名——爲什麼會想到這些呢？但這時，活蹦亂跳的雙腿奮力跑了幾分鐘，我往前挺進，步步進逼，試圖超越他，其實就是想要贏。在這個時候，我的大腦想著：「好的，爲什麼不呢？就試試看吧。」但每一次他都緊跟著我。還剩一．五公里時，我使勁向前推進，超前了五公尺。但我無法維持這光景，還剩一公里時，他突然衝刺超過我，而且開始拉大差距。一部分的我早已料到這種情況。「看吧，」我對自己說：「我就知道會這樣。他只是在等待時機，就像我說的。」當我們奔跑在最後一個直跑道時，我已經完全接受第二名的成績。但我仍然奮力跑，以獲得好成績，我的雙腿依然很有力。

突然間，我發覺他不再遙不可及。他就在那裡，在我前面，而終點線也近在眼前。我的大腦很快地計算了一下，如何將我的精力除以剩下的距離，再乘上我和這位跑者的差距。但我的雙腿已經動起來了。加油啊，你這個呆子，我們還沒結束。我全力衝刺，追上他。我如疾風掃過，像瘋子似地向終點突擊。他就在我後面，但太遲了，我到了，我贏了！

之後，我想要和他握手，拍拍他的背。多麼美好的一役！但他已怯怯地消失在公園的茫茫人海裡了。

*

我不確定怎麼會這樣。最後，我以三十六分六秒跑完十公里，只比我最佳成績差了十六秒。但是這次我帶著傷，而且在賽前好幾個星期幾乎沒跑步。在此之前，我們千里迢迢來到日本以來，我也剛回復到我最快的速度；然而現在我卻站在這裡，由大阪某位知名的喜劇演員頒發勝利獎盃，當地的報紙也拍了照。唯一我可以歸結的原因，是我跑姿的再進步。我但願現在已能夠以正確的跑姿跑完全程，而不是只有一半。

只要我的膝蓋能撐住，它便能為此行的高潮——富士山驛傳——帶來好預兆。不幸的是，我的明星隊尚未完全底定。運動傷害、年齡限制與工作分身乏術等，使這支隊伍只剩下我和光野（Blooming的教練與兼職模特兒），以及立命館大學的跑者。我決定邀請幾位一年級的跑者加入。「教授」和他的朋友，那位會說英說的笠原。

我在立命館大學的一次訓練活動時，把我的計畫告訴憲司。「可以，」他說，並叫我跟著

他。訓練開始前，大家圍著一大圈，我知道他正告訴他們關於驛傳的事，而且也說我已經選了「教授」和笠原加入我的隊伍。他們看起來很驚訝，尤其是「教授」，他看起來彷彿剛被刺眼的聚光燈打在身上。

憲司告訴他，他必須全力以赴，他點點頭，在大家注目下，顯得有些侷促不安。其他人則是一臉困惑，納悶爲什麼我沒選跑得比較快的選手？像是頭號或二號選手。我想告訴他們，我認爲我這場比賽、這支隊伍的程度比他們差一點，我不想待在一個會讓我上氣不接下氣的明星隊裡。但我的日語沒這麼好，所以我只是行個禮，謙虛地表示對他們所有人的感謝。

*

比賽前兩天，我們京田邊的死巷子覆上了一層厚厚濕濕的雪，很快變成了雪泥。聽說這裡很少下雪，街上的小孩坐在塑膠和塑膠板上，從小坡上滑下來。那天結束前，雪就融光了。

我的小孩已經結束學校的課程。畢竟他們已經歷了這一段，到日本旅行、上了幾個月的日語課。在返回英國前幾個星期，我們讓他們放假，休息一陣子；讓他們可以沉澱一下，也趁此在家自學的機會，追上一些在英國漏掉的課程。

計畫趕不上變化。我的膝蓋開始漸入佳境，所以我在行程表裡插進一些最後倒數的練跑，和日本跑者追趕幾場最後的練習，而梅瑞爾塔仍然受著皮膚搔癢之苦。她嘗試從世界各地訂購每一種解藥，但無一奏效。她喝了麥斯自製的酵素、泡在鄰居送的藥草祕方裡、喝神奇藥水，但完全看不出效果。最後，我們的鄰居理惠和她去了醫院，做了一系列的過敏原檢查。結果發現，她對日本的塵蹣嚴重過敏。所以，我們用理惠一種特殊的蒲團加熱器來加熱我們的蒲團，用吸塵器吸每個物體表面，並且把我們從當地回收店買來的沙發扔了，梅瑞爾塔買了一些抗組織胺藥片。騷癢的問題減緩了，她終能重新回到世界。剩下幾星期了，與其教孩子們數學，她帶著他們去造訪她錯過許久的神社和山林。數學可以晚一點再補起來。

*

和我們住家附近的短暫下雪一樣，我聽到日本境內幾個地方降雪的消息。這些是從電視螢幕上局部的小地圖和火車上的對話聽來的。然而，幾天後，當我出發前往富士山參加比賽的那個二月清晨，天氣似乎相當溫和。我的計畫是趕上往京都的火車，在那裡和其他的隊員會合。除了光野，「教授」和憲司在立命館的助理教練笠原、野村也同意加入。憲司告訴我，他一直在訓練，現在狀況極佳，可以在十六分鐘內跑完五公里，比我快多了。他也同意幫我安排這趟旅程。

我們五個算是還滿像樣的隊伍，有能力——至少我這麼希望——挑戰驛傳中較好的名次。我會跑第三區。憲司告訴我要安排兩位一年級學生，也是我們最強的隊員跑前兩區。如此一來，我們有希望取得領先，給別隊壓力，讓他們驚慌、亂掉陣腳，太早跑太快。而且，若隊伍有好的開始，在某方面也立下一個典範，我們其他人會受到感召，比平常跑得更快，以維持我們的名次。理論上是這樣。所以，我披上接力襷的時候，可能是在強勢位置，也許是第一，讓整支隊伍的希望扛在我肩上。那麼，我將終於體驗到驛傳選手是什麼感覺，感受到我的能量被更大的善美所昇華，發現自己為高於個人毀譽的榮光而奮鬥、而競技。

我的手機響了。因爲我正在電車上，所以沒有立刻接聽；相反地，我很快把手機轉成靜音。在日本，即使手機在電車上鈴聲大響，也是一件失禮的事。我看了一眼是誰打來的。是光野。他那天在東京，依計畫，當天晚上他要直接上富士山附近的旅館和我們其他人會合。我真的希望他不是要退出，這個時間點已找不出替代人選了。我的手機靜靜地震動了一下，是一則簡訊。我打開來看。

「芬桑。你和憲司說過話了嗎？請回電給我。」

即使在這個時候，在列車上打電話感覺仍是不應該的行爲，所以我等到列車抵達京都時才回電。

「哈囉，光野嗎？我是芬。」

「你聽說了嗎？富士山下雪了。你認爲我們應該取消這趟旅程嗎？」

他顯然不了解這場比賽對我有多重要，我不會因爲幾片雪就取消這趟旅程的。飯店已經向我們保證，即使下雪，路還是暢通的。

「不，」我說：「我認爲我們還是應該去。」

「喔，」他說：「我不覺得其他人會來，他們以爲你會取消。」

我不知道該說什麼。我已經租好了車，過幾天，我就要回英國了。這是我參加驛傳的最後機會，如果情況必要，我會全程自己跑。就在這時，穿過京都車站廣場上熙來攘往的人群，其他幾位隊友穿著帥氣，拉著有輪子的行李箱，慢慢地向我走過來。

「他們來了，」我跟光野說：「我們要去參賽。待會兒見？」

「喔，」他說：「好的。待會兒見。」

他們見到我時，都笑了。我穿著運動裝備和背包站在那裡時，覺得有些狼狽，彷彿我誤判了派對的服裝規定。

「Ikimashoka，」我說，我們該走了嗎？

野村領著路，我們一起前往租車行。

*

我們在細雨中沿著高速公路，駛離了京都，慢慢地爬上山區，山丘上覆滿了薄雪。雲霧在山間飄動，蓋住了森林頂端。笠原插進他的 iPod，播放吉卜力工作室[3]其中一部奇想動畫的動人音樂。有那麼一瞬間，我被彈回到剛抵達日本前幾天所體驗到的神奇世界，那時覺得，似乎一切都是由某位卡通畫家描繪出來的。在這裡，我們是一支年輕的戰士隊伍，各自有自己的性格和能力：飛毛腿「教授」，他穿著氣墊涼鞋；笠原，他是語言專家；我們的隊長野村；和我，芬桑，長腳的 gaijin（外國人）。在飯店等待我們的是我們最英勇的光野，連他的名字聽起來都很英勇。我們加起來，稱爲「驛傳人」。

野村用一隻手放在方向盤上開車，帽舌轉向後面。他的電話響了，他接聽了。

「呃？」他又比劃出誇張的動作。其他人也湊過去，說一些我聽不懂的話，看起來很關心的樣子。放下電話，他眼睛直視前方，不發一語。

「一切還好嗎？」我問。

他起先沒有回答，他們全盯著他。

「比賽取消了，」他說：「雪太多了。」

＊

幾分鐘後，我們開進了高速公路旁的服務區。我們別無選擇，只得回頭返回京都。原來，二十年來最大的降雪就在那一晚傾倒在我們比賽的路線上。在這項比賽六十年的歷史中，這僅是第二次被迫取消，其他人全和我一樣沮喪。

3 吉卜力工作室：著名的動畫工作室，作品主要由宮崎駿、高畑勳負責創作。作曲家久石讓為許多吉卜力工作室的作品製作過不少動聽的電影音樂。

「也許我們可以跑另一場比賽？」我提議說。他們面面相覷，思考著。笠原率先點點頭。「也許可以，」他說。我知道第二天在神戶有一場驛傳，甚至幾天後，有另一場在立命館大學。那時正好是午餐時間，所以我們決定先吃點東西，再從長計議。我們一坐下來，他們拿出手機，查看其他的比賽場次。笠原找到了神戶那場比賽，立刻撥電話給主辦單位。我心裡禱告著。

他輕聲細語，很有禮貌地說話。「Ah, so desune,」他說：當然，我同意。

他放下手機，搖搖頭。

「報名截止時間已經過了，」他說。日本大部分比賽的截止時間都在賽前好幾個月，要臨時擠進名額的機會渺茫，這次在東日本的怪雪天並無法軟化嚴格的規定。他們試著打電話給其他的比賽單位，但得到的答案都是一樣的。我建議說，告訴他們這是爲了一位想要撰寫驛傳賽的英國記者，但我看得出來他們覺得這樣不妥。結果，每一次他們只問截止日是否已經過了，回覆當然是過了，然後他們便抱歉地說太晚打電話了。

笠原試著打給憲司，詢問參加立命館大學賽事的可能性。當然，至少我們可以跑這一場。我得在往機場的路上跑這場比賽，因爲這場比賽舉行的時間，正好是我們飛回英國的那一天。但應該是可行的，這場驛傳是我們有效簽證的最後倒數幾小時，戲劇性的最後一招。

「高尾桑（高尾憲司）會問問主辦單位，」他放下電話後，這麼跟我說。

如果大學的教練都沒辦法爲我們安插自己大學的驛傳，那我們就完全沒機會了。在等待憲司回電時，我們決定吃一些蕎麥麵。在人聲嘈雜的餐廳裡幾處掛著的電視螢幕上，及時新聞報的都是暴風雪和孩子在街上堆雪人的畫面。地圖上的箭頭顯示，這場暴風雪是從西伯利亞吹來的，直接吹到了我們驛傳賽的路徑上。我忍不住再次咒罵起西伯利亞，想起那無邊無際的曠野，和牛步而且搖晃的火車。

當一場怪雪讓每件事停擺，沒有人可以責怪。你無法對任何人生氣。我很想知道，有幾個人來了又回頭？這是最糟的情況，經過千里跋涉，走過千山萬水，經過這麼多場的訓練、似懂非懂的會議、火車往返、在靜巷中困坐愁城的日子，向模糊、未知的日本跑步世界摸索、滑入熱水浴、爬上巴士，做了這麼多，竟落得在半途鎩羽而歸。這最後一役，這場驛傳，就這樣埋進了西伯利亞的大雪。

就在此時，不知爲何，我突然想起我曾經看過的一個關於一位禪學技師的卡通。當客人現身來取車的時候，技師淡定地看著他，雙手還念珠祈禱，然後說：「這裡沒車。」

這裡沒有比賽。這很禪。我們爲什麼需要世俗的比賽結構？它能達成什麼目的？沒錯，這是完成一個目標，但這個目標只是促使我們去跑步的一種機制嗎？若沒有參加比賽，那些訓練的日子也不會是一種浪費。如果你錯過了一個科目的期末考，並不表示你沒學到東西。要說的話，也許，比賽正阻礙我們看清這項本質。也許，完賽的焦點反而使人分心，所以我們從未看清或了解爲什麼跑步？然而，當比賽在最後一刻被取消了，我們被迫懸在這個虛無的、充滿情緒的空間，在這裡，問題於焉升起。我爲什麼要跑？而在寂靜的暫停裡，我們得到了答案。在每一次的訓練跑步中，我們爲自己注入了人生的經驗，空氣在肺部流動，我們的心臟砰然跳動。也許是比賽的念頭催促我們出門，但那只是引誘人的胡蘿蔔。有時候，我們吃不到胡蘿蔔，我們早就知道；即使眞的去參賽了，那是只飛逝的快感。即使打破了個人紀錄，或者贏了比賽，幾天過後，我們又再次綁上鞋帶出門。就像大行滿阿闍梨所言，開悟並非結束，而是漫漫人生長旅的另一步，比賽不是我們所認爲的結束。不論發生什麼事，第二天，我們還是得全新開始。

然而，雖然我打心底知道比賽並不重要，但我仍然無法揮去我的失落感。練習時，我從來不會像在比賽時那樣奔跑。在起跑槍聲響起後向前衝時，某樣東西在我身上起了作用。一九六〇年代，芝加哥大學的匈牙利籍心理學教授米哈里·齊克森米哈里（Mihaly Csikszentmihalyi）[4]創造了「心流」的概念：一種你的感知與動作融合的完美集中狀態，心流產生時，你沒有自我，只是完全沉浸在你眼前的任務裡。我最接近這種狀態的時刻，幾乎總是在比賽當中。部分的原因是，比賽時，所有外部的因素都安排好了——道路封閉、人群隔離在跑道外、路線已規劃並標示出來——我可以純粹地專注在跑步這件事上。在比賽裡，數英里的距離可以在不知不覺中呼嘯而過，訓練時認爲瘋狂的速度，在比賽裡覺得平順又輕鬆。不是每場比賽皆如此，但有時的確是這樣。也不是整場比賽如此，但就是不時出現的一段時間，迷失在自我存在的曠野之中。

笠原的手機響了。是憲司。So desune。So desune。原來如此，原來如此。

他搖搖頭。「他們說截止日已經過了。」當然已經過了。截止日不會爲任何人更動。在一個清晨六點空盪盪的街上也沒有人會闖紅燈的國度，他們很難爲報名驛傳這件事破例。

「高尾桑建議我們一起在田徑場上跑十公里，幫你打破紀錄。要不要明天？」

這是善意的邀約，但我想要體驗的是驛傳的精神，不是隨便的一場比賽來驗證我的訓練成果，或者給我一劑心流。這場比賽在所有比賽中，是不一樣的。我想要知道，爲一支隊伍而跑是什麼感覺。不知爲何，這件事一直與我錯身而過。沒錯，我已經參加過驛傳了，但不是帶著我慕名已久的那種沉重的責任感。我想要試看看，當我這支隊伍的命運寄託在我身上時，我是否能超越自己的極限？雖然，可能是一種自私的渴望。也許，我現在最好的應對方式，也是大部分日本人遇到這種情況的反應，是要愛惜比賽主辦單位的羽毛，別試圖要他們打破慣例，或是請他們想辦法安插另一場比賽，導致我們這支隊伍和憲司處在尷尬的處境。也許，爲了整體

4 米哈里．齊克森米哈里：出生於一九三四年，曾任芝加哥大學教授，目前任教於加州克萊蒙研究大學（Claremont Graduate University）。他創造了心理學中「心流」（Flow）的概念，指的是一種將個人精神力完全投注在某種活動上的感覺；心流產生時同時會有高度的興奮及充實感。

的和諧，最好就是接受現實，返回京都。畢竟，我們別無選擇。

回程路上，大家坐在車裡聽笠原的音樂，車上靜默無聲。幾小時前出發時的興奮，已經消逝無蹤了。我們不再是跑步超級明星隊，只是徒勞而返的一群人。我們已經開始思考我們這個週末該做的事。毫無疑問的，他們還有課業、訓練，以及爲其他的驛傳準備；而我必須開始打包，準備返回英國老家。

笠原的 iPod 正在播放他最喜愛的「酷玩樂團」（Coldplay）。這是一支來自我英國德文郡家鄉附近的樂團，似乎很合這個場景。

「沒人說那很容易，」歌手充滿沉痛情感的吟唱著：「我們的分手實在可惜……帶我回到最初的地方。」[5]

5 出自酷玩合唱團的歌曲〈The Scientist〉

25 文化與制度

幾天後，我回到了英國。從日本回來後，英國的每樣東西感覺起來都難以掌控，而且令人處在神經緊張的邊緣。我們搭的第一班車晚點了、椅座套磨損了，坐在我後面的男士對著他的手機大聲咆哮，宣傳他宿醉後的複雜關係。另一位男子站在車廂之間的通道，拒付車票；當車掌告訴他要叫警察時，他還威脅地左閃右躲。

甚至一踏出機艙，我立刻就被與日本的對比重重打擊。飛行了十四小時後，我的小孩累壞了，所以我一個人提了五個背包。飛機外面的走廊裡有一個行李推車，我鬆了一口氣，把全部的行李放上去。

「不行，老兄，那是故意放在那裡的，」一位機場工作人員出現在我身後，他的聲音帶著不耐地嘲諷。

「不是給有背包的乘客用的嗎？」我反駁。

「不是的，老兄。」

他叫我把袋子拿走，自己提走。在日本，這種事絕對不會發生的。如果推車是爲別人準備的，他們會幫你找另一個，或者至少會表現出一點歉意。我看到一大群由航空公司人員揮著小旗子帶領著的日本人，三三兩兩向入境大門前進，我爲他們感到恐慌。當心啊，我想告訴他們，前面是叢林猛獸。

然而，另一個明顯的不同，是當我們搭火車緩緩返回德文郡時，綿延不絕的英格蘭鄉村景致。每個地方都是田野，縱橫交錯著小徑和靜巷，是跑步的絕佳地點。我一回到家，便出發小跑過步道，享受泥土和不平整的地面，跳過我上次來時就已傾倒的那些樹木。

跑步時，我回想自己在日本期間學到了什麼？其中一部分，我了解了日本人爲什麼如此擅長長跑。從某個角度來看，道理很簡單。他們喜歡將跑步當作運動，而且嚴肅以待，就像肯亞人一樣，他們組成龐大、專注的團體，一起訓練、互相激勵、互相鼓舞。另一個與肯亞的相似點，是長跑在日本也是被讚賞的標的。不像世界其他地方，在日本和肯亞，跑步是一種可行的生涯選項，而且他們有一套文化與制度，能夠支撐運動選手的需要與野心。

我從日本回來幾個星期後，英國的半馬賽在英格蘭的雷丁（Reading）[1]舉辦，這場比賽的特色是主辦單位宣稱的史上最佳陣容的英國精英跑者。冠軍得主是史考特．歐費歐爾（Scott Overall）[2]，他的成績是六十四分四十四秒。同一天，在日本，全國大學半馬錦標賽也同時登場。成績落到第一百名的學生，他的成績是六十四分四十七秒，與英國的冠軍得主幾乎相同。

所以，沒錯，他們很棒。但最後，更令人感興趣的問題是，爲什麼他們後來的表現沒有更傑出？爲什麼，擁有一個全世界無出其右的高度發展跑步體系的日本，當天大學錦標賽的冠軍，跑在一百名之前的選手，只跑出六十二分九秒？雖然這是很快的成績，但還不足以在國際舞臺上激起一絲漣漪。

這個問題可能有兩個答案。一是更多的日本跑者都跑出他們的極限了，或者，他們做錯了某些事。

高水平的支持系統與機會，當然意謂與其他國家相較，日本在這項運動中漏網的傑出選手較少。但既然有這麼多人達到高水平，你便會期待至少當中有幾個人在最後脫穎而出，能跑出與肯亞和衣索比亞選手一較高下的成績。但這種情況並未發生。

《運動基因》的作者大衛．艾普斯坦，告訴我，這種期待是太過於先入爲主。「如果關於人口的其他面向都是是標準化的，你才能有這種期待，」他說：「然而，事實

1 雷丁：位於英格蘭東南部的伯克郡。
2 史考特．歐費歐爾：出生於一九八三，英國跑步選手，在隔年的二〇一五年倫敦馬拉松以兩小時十三分十三秒得到第十三名。

當然不是。」

當然，日本和東非有很大的不同，關於培育長程跑者，很少人喜歡日本。首先，日本缺乏訓練所需要的步道和高海拔。人們廣泛接受，長時間在高海拔能提高身體的含氧能力，大多數各國的頂尖運動員，至少有幾年是生活在高海拔的。但這完全無法複製在高海拔地區出生、長大的強項優勢，就如同所有偉大的肯亞和衣索比亞跑者一樣。

日本缺乏步道，也是一項明顯的劣勢。在我離開日本前，憲司已經相信在步道訓練的必要性，而非在混凝土路面，所以他不斷重複他遇到前馬拉松世界紀錄保持人卡利得．卡努奇（Khalid Khannouchi）[3]的故事。那是在日本一場馬拉松的前夕，卡努奇看見了憲司，把他攔下來，說：「我認識你，我記得你年輕的時候。我以爲你會成爲我的競爭對手，可是後來我觀察你，就知道你會輸。」

憲司問他：「你怎麼會知道？」

憲司在這時停頓了一下，製造懸疑效果。「他跟我說了一件事，」憲司說：「他說：『你跑在柏油路上。』太硬了。」

憲司帶領他的團隊上比叡山，和僧侶們一起訓練，必然是遲早的事。

但這兩個國家的差異，比海拔高度和在軟路面跑還多。另一個不同，是跑者的動機問題。在肯亞，當一個「好的」跑者，你將一無所得。那裡的競爭激烈無比，機會如鳳毛麟爪，因此你必須要加倍努力成爲極傑出的跑者，才能成功。在日本，跑者留在一般的實業隊就能領薪水，容易過得太安逸。

「實業隊的保護和支持，可能也有缺點，」馬拉．山內說：「當你必須成功才能混得一口飯吃，你的動機會高一點。」有時候想，在日本實業驛傳隊裡覓得一個跑者缺額太容易了。」

日本的選手在箱根驛傳的高潮後，要繼續維持動力也很不容易。在二十二歲之前，你已經歷了人生的高點，就像大多數日本的職業跑者，要繼續保持動力，持續辛苦的訓練過程，將自己推向新的水平與境界，可能是很困難的。

日清食品的教練岡村曾告訴我，他擔任教練最大的挑戰，是讓他的跑者保持動力與鬥志。「要成爲頂尖跑者有五個關鍵，」他告訴我：「一、吃得好。二、睡得飽。三、顧好身體。四、訓練。五、動力。擔任教練最重要的是就是和選手保持溝通，確認這第五點是沒有問題的。」

除了可能讓跑者的生活太安逸，實業隊的體制也可能導致對比賽採取規避風險、安全第一的態度。沒有人願意甘冒讓團隊輸掉的風險，或者像個傻瓜一樣，魯莽地以不能持久的步伐衝

---

3 卡利得．卡努奇：出生於一九七一年，摩洛哥出生的美國馬拉松選手，他的馬拉松最佳成績是兩小時五分三十八秒。

在比賽隊伍的最前面。憲司告訴我，有一次他在一場大型驛傳賽裡這麼做過一次，雖然最後成功贏了第二名的對手一大截，他的教練事後還是對他很惱怒。日本的方式，就如我經常說的，是用平均的步伐跑。

然而，肯亞跑者是全力以赴的跑法，大膽衝刺，最終呈現一流的演出。當然，事事常與願違，但正如雷那多．卡諾瓦所說，爲了贏得大賽，「你得有點大膽。」

這種大膽是來自肯亞人跑步時的自由與放縱感。即使成功能完全改變人生是一項豪賭，他們卻在態度上顯得放鬆與自在。如果輸了一場比賽，他們不會耽溺在那裡。「我下次會成功，」他們喜歡這麼說，而且臉上通常帶著大大的笑容。就像尤塞恩．博爾特在奧運一百公尺決賽之前要四處大步走動一樣，他的理論是：你愈放鬆，表現可能愈好。

與其對比的，是日本人加諸自己身上的巨大壓力。在日本精英賽的起跑線上，通常充滿緊張氣氛。失敗不會輕輕帶過。川內優輝在東京馬拉松跑得第十四名，他宣稱自己的表現太不體面，因此剃了光頭以向粉絲謝罪。另一個更極端的例子，一九六四年的東京奧運馬拉松賽時，円谷幸吉因爲「只」拿到了銅牌，極爲心煩意亂；他告訴他的同袍：「我在日本人民面前犯了一個不可饒恕的大錯。」他發誓要在下一次奧運時「彌補」。然而，即將參加一九六八年奧運前他受了傷，迫使他停止訓練，他隨後卻自殺了。他被發現時，手裡還握著那面銅牌。

當然，壓力可以是成功的驅力，但太多、太大的壓力也可能使身體熄火，限縮正常的表現。

除此種種之外，在日本還有許多問題與青少年時期的過度訓練相關，這也是由過度霸道、只關心短期結果的教練造成的。這種情況導致了高比例的運動傷害與倦怠。沒錯，日本最出色的是大學的跑者，他們的跑步成績甚至能和同齡的優秀肯亞長跑者一較長短。但到二十五歲前，日本的頂尖選手數量逐漸減少，最快的選手的成績，也相形遜色。*

然而，當檢討爲什麼日本人在世界長跑賽中無法奪牌時，他們最常引用的，是另一個原因。日清食品教練向我解釋：「肯亞人比日本人擁有更強健的體能。他們有比較大的肺，他們比較強壯。」

這是在日本公認的觀點。雖然擁有馬拉松的理想身高，但日本人比較常提到他們的短腿，據他們說，這點讓他們無法獲勝。

科學家對此鑽研多年，他們發現愈多，愈難將基因上的優勢歸因到特定族群。有一天，憲司邀請我參加一場在立命館大學舉行的研討會，一組科學家正從肯亞考察回來做匯報。他們做

* 相較於丹尼斯．基美托（Dennis Kimetto，一九八四年生）這位在我回到日本後六個月，在柏林以令人興奮的兩小時兩分五十七秒成績打破世界馬拉松紀錄的肯亞選手，他在二十六歲後才開始正規的訓練。

了廣泛的調查，試圖找出肯亞人在長跑方面，是否眞的比日本人具有先天的優勢？

結果是無法下定論的。例如，科學家發現，一般而言，日本跑者的肌肉在觸地前比較緊張，這意謂他們消耗比較多能量。然而，他們說，這是因爲日本跑者是採取腳跟先著地的方式，這種方式身體比較難以承受；然而，肯亞跑者比較採前腳或腳腹先著地的跑姿。

研究人員說，這使得日本跑者在年紀輕時，便承受了肌肉勞累過度和肌腱炎，再加上過度訓練，這意謂許多跑者在他們名列資深等級之前，雙腿就已經失去彈力了。

他們也發現，肯亞跑者有比較長的肌腱，這讓他們多出百分之十六的效能。然而，他們也指出，肌腱的長度不是固定的，能隨著環境和訓練而改變。他們研究了一對雙胞胎，他們參加不同的運動比賽，結果發現他們的肌腱長度不一樣。

座談結束時，主持這次研究的教授舉起他的雙手，簡單地說：「眞的，我們仍然不了解，我們無法找到重大的不同點。也或許並不存在。」

最後一項限制日本跑者在國際舞臺表現的因素，是這個國家封閉式的跑步文化，尤其高度集中在驛傳。如我們所見，將日本的半馬賽成績與世界其他地方的半馬賽成績相比，眞的很像拿練習賽與正式比賽相比。要看日本跑者究竟有什麼本事，要看他們在眞正在意與認眞準備的比賽中全力以赴，必須從驛傳來推斷他們的表現。

由於箱根驛傳與實業團新年驛傳之類的賽事基本上在日本以外地區鮮爲人知，他們的最佳

表現也依然不被外界注意。

當我結束在熟悉的原野上跑步，天空是有些迷濛的白和褪卻的藍，我的臉頰因二月清新的空氣而泛紅，我不禁想，自從前往日本這幾個月以來，我跑步的方法有什麼進化？我學到了什麼祕訣嗎？事實是，我在日本學到比較重要的是：不要做什麼。在混凝土上少跑一點、無所畏懼地跑、不要有壓力、不要仰賴碼錶。在日本，令人印象深刻的傑出跑者，大多可以歸結到全心專注、良好的支援系統與苦練。但苦練也是許多問題的癥結。想到日本跑步界的未來，尤其是二〇二〇年的東京奧運，要在苦練的意願，以及知道何時該休息的智慧之中找到最佳平衡點，是憲司和其他人正在努力研究的。

有一件我希望在日本學到，但從未眞正達成的是：身爲跑步團隊的一員，是否能夠激起我的比賽魂到新的境界？爲了最後一次試著了解與體驗驛傳中的跑步壓力與責任，就在回到英國後幾個月，我報名了英國南部的南丘（South Downs）馬拉松接力賽。英國的確也有長程的接力賽。但它們不像日本的驛傳被密切關注，而且俱樂部的跑友通常把它視爲「有點好玩」的東西；和驛傳有點不一樣，但基本上是一樣的。一隊跑者裡，每個人跑長程比賽的其中一段。

南丘比賽整個是一場馬拉松賽，分由四位跑者完成。我希望我的隊伍是有競爭力的。如果我要複製我在富士山驛傳的經驗，我的名單上需要幾位優秀的跑者。我們必須要跑在前幾名，挑戰勝利。當我接下接力襷的時候——雖然我得想像有接力襷，因爲在英國的接力賽裡，只是一位跑者跑完，另一位跑者起跑，沒有任何象徵性的綵帶需要交付——一切都仰賴在我身上。

在我必殺名單上的第一位，是在倫敦偶遇、一起訓練的伙伴湯姆．佩恩（Tom Payn）。他幾乎是我認識的人之中，跑得最快的英國跑者。我第一次遇見他是在肯亞，他在那裡受訓，希望進入二〇一二年奧運馬拉松代表隊。雖然沒有如願，但他的馬拉松成績快達二小時十七分。我問他要不要加入，他答應了。

名單上的第二位跑者是瑟瑞．雷斯（Ceri Rees）。他是前英國校園的越野賽冠軍，他已年近四十，仍健步如飛，贏了很多大賽，尤其是越野賽。他有著一頭狂野的頭髮，他說他痛恨跑混凝土路。有一次，他帶我去跑達特穆爾（Dartmoor）[4]的二十四哩（約三十九公里）徒步旅行，結果我最後淪落到急診室。這個故事說來話長，但簡單來說，我的建議是，絕對不要在下冰雹的時候試圖超過他。

這支隊伍的最後一位成員是我在本地托貝跑步俱樂部（Torbay AC）的一位跑者西蒙．隆索坡（Simon Longthorpe）。雖然他不如湯姆和瑟瑞那麼快，他的馬拉松成績是二小時四十分，而且從我自日本回來後，狀況一直很好，我們固定週二晚上練跑時，他總是衝在最前面。

我是這支隊裡跑得最慢的，但不管怎樣，也算是剛進入最佳狀況。我不確定為什麼，或者是怎麼變成這樣的，但我從日本回來後，跑得比以往都快。我的運動傷害結果只是髂脛束摩擦症候群，也就是大腿外側的筋膜太緊。定時伸展幾天後，情況好多了。只是這點傷使我沒辦法在日本的最後兩個月盡情地跑，如今，我回來了，我快如風，閃如電。原來，我贏得大阪那場比賽並非僥倖。

我回到英國後不久，參加了達特穆爾邊境的一場十公里路跑。起跑時，我並未懷抱很大的希望。風從耳邊呼嘯，天空灑下如尖刺的雨滴。跑線也有相當的坡度，所以，我毫不考慮時間成績的問題，決定不看手錶。

大約起跑兩公里後，我們轉進一個陡丘。我剛好跟在一位當地我平常的對手後面，我從來沒有在比賽裡贏過他。然而，幾乎不費什麼力，我就超前跑上了山丘。到了山丘頂，我仍然充滿跑步的能量，可以感覺自己在加速中。兩位領先的跑者就在眼前，我開始升起追過他們的念頭。這時，我的車鑰匙從我的口袋裡掉了出來。

當我聽到鑰匙叮鈴一聲落地的聲音時，我的第一個念頭是不要管它。我的狀況太好，不能停下來。我迎著風，風用力吹著，所以我跑了幾秒鐘才意識到我不能把我的車鑰匙留在荒郊野外的地上。這樣太愚蠢了。我要怎麼回家呢？我停下來，回頭，往回跑。

當鑰匙回到我的口袋裡，我重新出發，飛跑過我的對手，重新苦追兩位領先者。這時，跑

4 達特穆爾：位於英國西南部。

下一個陡坡幾分鐘後，我的鑰匙又掉出來了。

我後來才道，我放錯了口袋。我的短褲有一個口袋有拉鍊，用來放重要物品，例如鑰匙；還有另一個比較寬大的口袋，用來放能量果膠。我把鑰匙塞進了寬大的口袋。鑰匙第二次掉出來時，至少我很快地撿起鑰匙，然後把它握在手裡繼續跑。但我已經浪費了更多珍貴的秒數，而且被後面一小群跑者追上。

我們在每小時三十英里的逆風（約每秒十三．五公里）中一起跑了五公里，像是一群被一條鐵鏈鎖在一起做戶外勞役的囚犯，一個跟著一個成一縱隊，輪番帶頭頂著風。就像一個大部隊，我們把好幾個被我逮到、單獨在風中跑的競爭者一起拉進了隊伍，不知不覺中，我們已經轉進了最後一個彎道。時間才剛過三十五分。我奮力衝向終點線，以三十五分二十秒的成績，即使有逆風、坡道和鑰匙的鬧劇，我還是比之前的最佳個人成績大幅進步了三十秒。

很難知道到底是什麼促使我在成績方面的新進展。在大多方面，我的跑步型態和前往日本之前沒什麼改變。但在跑出十公里最佳個人成績後的幾個星期，我贏了一場當地的十英里（約十六公里）越野賽。這已經是這一年裡第二次拿到冠軍了。在我之前從未贏過任何獎項的跑步歲月後，短短數個月，我贏了三座獎杯、兩瓶酒和兩張運動券。

日本行後，我唯一在跑步上真正的不同，是我在跑姿上的進步。自從與那位電視節目主持人一起在立命館大學跑道的那關鍵的一天，當時我發現自己的跑姿完全走樣，之後，我一直著力在我的技術上。我瘋狂地練習深蹲、建立我的核心力量，以避免我每次跑步到中途時跑姿走樣。而這麼做似乎奏效了。

26 站上起跑線

南丘馬拉松賽的前一晚，我接到瑟瑞的電話，說他受傷了，沒辦法跑。少了第四名跑者，我們全都不能參賽了。這就是團體賽的問題，你得仰賴別人。在日本，他們總是幫你準備好幾位替補選手，以防類似的情況發生，但我可沒那麼有組織。我和湯姆約在倫敦見面，準備那晚開車南下到薩塞克斯郡（Sussex）[1]的比賽地點。他到的時候，我告訴他這個壞消息。在時間這麼緊迫的情況下，我們要怎麼找到第四名跑者？

湯姆的人生就是跑步。他的工作是在一個大多爲肯亞跑者的團隊 Run Fast 擔任仲介。他立刻快速滑動他的手機。

「不知道詹姆斯．艾利斯（James Ellis）有沒有空，」他說：「他住在南丘。我來打電話給他。」

簡短交談後，他掛上電話。「他參加，」湯

姆說。就這麼簡單。

「太好了，」我說：「他厲害嗎？」

「他剛贏了罕布夏郡（Hampshire）[2]五千公尺冠軍，」湯姆說：「所以，應該還不賴。」

*

比賽的前一晚，我們住在西薩塞克斯郡（West Sussex）阿倫德爾（Arundel）附近A27號公路旁走簡約風的普利米爾（Premier Inn）飯店。在微溫的傍晚，坐在街燈下的長椅喝了一杯後，湯姆遞給我們每個人一套跑步裝——黑色短褲和背心。我還留著富士山驛傳主辦單位發放的跑步帽。我也把帽子遞給他們。爲了紀念野村、笠原、光野和「教授」，我們把隊名取作「驛傳人」（Ekiden Men）。

「好了，該睡覺了，」湯姆說：「明天是大日子。」

看見每個人認眞的樣子，我很驚訝，彷彿正與我的日本朋友組成的隊伍一樣。我想，這股霸氣正是他們成爲跑步好手的部分原因。對我而言，因爲這是一場團體賽，讓氣氛不那麼嚴

1 薩塞克斯：位於倫敦南邊、英格蘭東南部，分為東薩塞克斯郡與西薩塞克斯郡。
2 罕布夏郡：位於西薩塞克斯郡的西邊。

肅。壓力並沒有變大，反而似乎被隊員們分散了。將跑步策略的責任分擔開來，我們每個人的責任都減少了一些。這是我的感覺。不管怎樣，我沒有平常賽前的緊張，雖然我是跑最後一棒。把跑最慢的選手安排在最後一棒，這似乎與直覺相反，但這是我問憲司時，他建議我的。

我並沒有完全信服。如果有選擇，我寧願最後是跑得快的跑者追趕跑得比較慢的跑者，而不是跑得慢的跑者被追上。但我懂什麼？憲司是專家，所以大家同意了：湯姆第一棒，我最後一棒。

*

比賽當天一早，陽光明媚，天氣炎熱。穿上田徑外套太熱了，所以我們都穿著黑色的跑步裝，進了湯姆的車。車子是一臺四輪傳動車，貼了隔熱貼的車窗，Run Fast 這幾個大字印在車子的一側。當我們開進比賽場地的停車場，滑開車門，跳下車時，還引起了一陣小騷動。堪稱是電影《霸道橫行》（*The Reservoir Dogs*）[3]的跑步版。

「喔，你們看起來跑很快，」一位女士評論道：「你們會贏吧？」

我們沒有搭腔，相反地，我們緊張地面面相覷，彷彿我們是一幫臥底的人，正有人有說我們看起來像臥底，然後問我們是否眞的是臥底？

「喔，天啊，」因爲我們沒有立刻聲明得名無望——正常的英國人遇到這種問題，應該要這麼反應——她便驚呼：「你們一定會贏的！」

「我需要上洗手間。」我說，用尿遁的方式，避開更多的詰問，然後便慢跑去找廁所了。

爲了要抵達各個起跑點，我們安排了一套複雜的方式，包括兩臺車和往返駕駛。所以，詹姆斯先開車到第一個中繼所，西蒙和我則在起點看湯姆起跑。這場比賽大約有一百支參賽隊伍，是在阿倫德爾附近斯林頓學院（Slindon College）修剪整齊的草坪起跑。還不到第一個轉彎，湯姆已經明顯跑在最前面。當他飛奔經過我們面前時，還對著我們咧嘴笑。驛傳人啓動了。西蒙和我爬進第二臺車，開往我們的起跑點。

*

我到最後一區的起點時，主辦單位還在布置中繼所。這裡是一個山丘頂，可以俯瞰薩塞克斯的鄉村風光。人們都出門散步、騎腳踏車，享受和煦的陽光。一個小男孩帶著一把塑膠製的弓和箭，他把箭射向空中，然後追它。放眼四望，看不到其他任何一位跑者。

路人停下來和比賽的工作人員聊天。

「這是要做什麼呢？」他們問：「自行車賽嗎？」

3《霸道橫行》：一九九二年上映的犯罪劇情電影，講述一個警察臥底在珠寶打劫集團的故事。在美國上映時票房普通，但在英國上映後卻大為成功，漸成為經典犯罪電影之一。

「馬拉松接力賽，」正在布置場地的人說：「只是，第一個跑到的人還要一陣子。」

他們站著，沿著伸向遠方的小路望過去：「啊，還好是他們，不是我。」

接近中午時，才有其他幾位最後一區的跑者出現。太陽炙烤著我的黑色跑步裝，灼燒我的肩膀。其中一位跑者看見我的隊號二十二。

「你們那一隊跑得很好，」他說：「在第三個中繼所，他們贏其他隊五分鐘。」

「是第九十一隊領先吧，」布置場地的男子說：「我從收音機裡聽到的。」

「不可能啊，」另一位跑者說：「除非發生什麼意外。這隊的傢伙一直遙遙領先。」他指著我，我可是一無所知。

這些臆測使我更緊張了。西蒙迷路了嗎？還是跌倒受傷了？突然間，他出現了，從樹林間衝出來，他的臉刻畫著痛苦，就像眞正的驛傳跑者。

「剛開始不要太快，」當我衝下陡坡時，這是他的臨別贈言。

刻在西蒙臉上的努力，似乎跟著我穿越樹林。這是認眞的。我瞬間感覺到這支隊伍的希望，溫暖地吹過我的頸項。但這並沒有追趕我匆促沿著路徑快跑，反而讓我克制了一下。我不想要跌倒。他們完成了他們的部分，現在輪到我了。我不想要當最弱的那一環，失去領先地位，然後龜龜縮縮地告訴他們，我已經盡力了。給他們看我跌倒時膝蓋的裂傷，不能當作藉口。

同時，我也必須要快。若我後面那個人跑超快怎麼辦？我不想要他看到我，那只會增強他的信心。我得繼續奮力向前，保持差距。分秒必爭。

這是一條孤獨的路途。跑道路線沿著一條被踏得很平的步道，但並沒有太多標誌，標示比賽正在進行中。沿途遇到幾位逆向而來的行人，似乎一臉困惑地看著我。我滿臉通紅，很拼命，比平常週日慢跑的人拼命許多。我一定看起來很像一個逃犯，不時地回頭往後看，眼神裡還充滿了恐懼；除了我一身跑步裝，胸前別著號碼。等第二位和第三位跑者經過時，他們就會了解，而且讓路，甚至，也許還會幫他們加油呢。但是我，我只是一個穿著全身黑的瘋子，在步道上奮力地跑。

在寧靜的長路上，我不斷聽到聲音。有一度我覺得聽到腳步聲跟在我後面跑，我驚慌地四處張望，原來只是衣服上的背號拍打的聲音。我又回頭看一次，四處不見人影。

一方面我想努力向前，一方面也得多加小心。當我開始感到一點刺痛，我就慢下來。一點刺痛會使戰力削弱，最好慢下來一點讓它過去，而不是被擊倒。但接著，我擔心起會放掉許多寶貴的秒數，所以我又開始加速。

我不確定對後面發生了什麼事，這一切擔心是否有助於我的跑步，尤其我對與第二名跑者的差距毫無所悉。我一方面臆測差距可能很大，那麼，我根不需要太擔心。但這是危險的想法。每當我想到這件事，雖然起跑時已有一大段差距，但煮熟的鴨子飛了的恐懼會不斷出現。我的隊友稱此爲榮耀的差距，彷彿結果只會有一種。另一種結果則不堪想像。我繼續奔跑，再次加速。

我想起箱根驛傳結束後，一位跑者對我說的話。那是一位東洋大學的跑者。「在驛傳裡，」他說：「你無法一直看到你的對手，所以你必須拼命地跑。對於他們可能做出什麼舉動的恐懼，促使你愈跑愈快。」

最後，我搖搖晃晃地在濛濛的熱氣中，仍以第一名之姿跑過終點。只有西蒙趕上，在終點後方爲我加油打氣。我全程沒有見到其他的跑者，而現在也幾乎是一樣地安靜。只有大大的拱門，寫著「終點」字樣，以及一位拿著麥克風，含糊不清地說了一些第二隊抵達的話。

在終點處，幾位女士交給我四個禮品袋，並向我道賀。湯姆和詹姆斯現在也到了。我們擁抱在一起。我們成功了！我想，我們早就知道我們會成功。

我們站在附近等著下一支隊伍抵達。湯姆說，他跑錯路，但仍然想辦法回到原路，而且是他那一區的第一名。從那時開始，領先的距離愈來愈多。原來，西蒙交棒給我時，贏過第二名的隊伍十五分鐘，而我也努力加大差距，多贏了額外的五分鐘。簡直是大獲全勝。

賽後，我坐在草地上，思索自己是否眞正體驗了驛傳的精髓，爲了團隊而跑的動態變化遊戲。這次，我肯定感受到期望的重負、責任感，以及不能把事情搞砸的必要。我帶著恐懼跑、頻頻往後看、加速，被看不見的對手追趕。如果恐懼能將你提升到更高點，那麼，這可能眞的有效。在我那一區超過六英里（約九．六公里）的距離，我從最近的對手那裡，搶下了額外的五分鐘。成績不壞。

當我們上前領獎，司儀支唔地念出我們的隊名「驛傳人」（Ekiden Men），他在驛傳（ekiden）前停頓了一下。然而，頒發獎盃的是麥克．葛拉頓（Mike Gratton），他曾贏得一九八三年的倫敦馬拉松，他對司儀的遲疑搖了搖頭。「你們顯然是眞正的跑者，」他說：「你們知道驛傳的意義。」

我禮貌地點點頭。是的，我想，我終於知道了。

身體文化135

跑者之道：一趟追索日本跑步文化的旅程

作　者—亞德哈羅南德・芬恩（Adharanand Finn）
譯　者—游淑峰
主　編—湯宗勳
特約編輯—吳致良
封面設計—陳恩安
內文排版—時報出版美術製作中心
行銷企劃—廖婉婷

董事長—趙政岷
出版者—時報文化出版企業股份有限公司
108019臺北市和平西路三段二四〇號四樓
發行專線—（〇二）二三〇六—六八四二
讀者服務專線—〇八〇〇—二三一—七〇五
（〇二）二三〇四—七一〇三
讀者服務傳真—（〇二）二三〇四—六八五八
郵撥—一九三四四七二四時報文化出版公司
信箱—10899臺北華江橋郵局第九十九信箱

時報悅讀網—http://www.readingtimes.com.tw
電子郵件信箱—history@readingtimes.com.tw
法律顧問—理律法律事務所　陳長文律師、李念祖律師
印　刷—勁達印刷有限公司
初版一刷—二〇一六年五月六日
初版二刷—二〇二〇年三月十三日
定　價—新臺幣三六〇元

時報文化出版公司成立於一九七五年，
並於一九九九年股票上櫃公開發行，於二〇〇八年脫離中時集團非屬旺中，
以「尊重智慧與創意的文化事業」為信念。

跑者之道：一趟追索日本跑步文化的旅程/亞德哈羅南德・芬恩（Adharanand Finn）作 -- 初版. -- 臺北市：時報文化，2016.5
面；公分. --（身體文化;135）
譯自：The Way of The Runner：A journey into the fabled world of Japanese running

ISBN 978-957-13-6602-9(平裝)

1.馬拉松賽跑 2.民族性 3.日本

528.9468　　105004830

THE WAY OF THE RUNNER by Adharanand Finn

ISBN：978-957-13-6602-9
Printed in Taiwan